Anne Buscha · Szilvia Szita

A-Grammatik

Übungsgrammatik Deutsch als Fremdsprache

Sprachniveau A1 • A2

Mit Zeichnungen von Jean-Marc Deltorn

Das vorliegende Lehrwerk beinhaltet Hörtexte.

Hörtext

Die Hörmaterialien stehen in unserer App **SCHUBERT-Audio** und auf unserer Website unter **schubert-verlag.de/medien** zum Download zur Verfügung.

Dieses Buch wurde hergestellt mit 100 % Ökostrom aus ökologischer Erzeugung, welcher durch den TÜV Nord und das ok-Power-Label zertifiziert ist.

Es ist gedruckt auf zertifiziertem Papier aus nachhaltigen und verantwortungsvollen Quellen.

Redaktion: Albrecht Klemm
Layout und Satz: Diana Liebers; Jeanette Frieberg, Buchgestaltung | Mediendesign, Leipzig
Coverlayout: Markus Drapatz
Zeichnungen: Jean-Marc Deltorn
Englische Übersetzung: Leslie Ocker, Szilvia Szita, Andrew Thean

Die Hörtexte wurden gesprochen von:
Patrick Becker, Beatrix Hermens, Greta Hermens, Philipp Oehme

2., vollständig überarbeitete Auflage 2023

Printed in Germany
ISBN: 978-3-96915-057-3

Wachsmuthstr. 10a
D-04229 Leipzig
produkt@schubert-verlag.de

Inhaltsübersicht

3 Pronomen

4 Adjektive

5 Präpositionen

6 Adverbien und Partikeln

7 Einfache Sätze

8 Zusammengesetzte Sätze

9 Anhang

Vorwort

Die A-Grammatik ist eine Übungsgrammatik für Lernende auf den Niveaustufen A1 und A2 des Gemeinsamen Europäischen Referenzrahmens für Sprachen. Sie eignet sich sowohl als kursbegleitendes Zusatzmaterial als auch für die individuelle Arbeit.

Um die deutsche Grammatik für beginnende Deutschlernende einfach, verständlich und motivierend darzustellen, enthält die A-Grammatik nur grammatische Strukturen, die für die Niveaustufen A1 und A2 von Bedeutung sind. Im Vordergrund steht nicht die Vollständigkeit, sondern die Relevanz grammatischer Erscheinungen für den Sprachgebrauch.

Jedes Grammatikthema ist übersichtlich gegliedert in:

- ein illustriertes Beispiel zur Einführung in das Thema
- eine Übersicht über die grammatischen Formen
- Hinweise zu Strukturen und Gebrauch
- besondere Hinweise zur Syntax
- kommunikative Übungen zum Thema.

Zum Erlernen und Einüben der grammatischen Strukturen werden unterschiedliche Übungsformen angeboten. Dazu gehören unter anderem Zuordnungsübungen, Lückentexte und das vorgabeorientierte Formulieren von Sätzen oder Texten. Die Übungen sind in kommunikative Kontexte wie Dialoge, E-Mails oder Zeitungsinformationen eingebunden. Die Situationen beziehen sich auf das Alltags- und das Arbeitsleben und greifen Wortschatz aus beiden Bereichen auf.

Der Anhang des Buches enthält als zusätzliches Angebot Sprechübungen für Gruppen und Tandemlernende zum gezielten Training grammatischer Strukturen. Er beinhaltet außerdem Verblisten, eine thematische Übersicht der Übungen, die zur Wortschatzerweiterung dienen und/oder als Sprechanlässe benutzt werden können, und einen Lösungsschlüssel.

Ausgewählte Texte stehen zur Aussprachehilfe und Kontrolle der Lösungen in der App **SCHUBERT**-Audio sowie im MP3-Format auf unserer Website zur Verfügung. Außerdem ist die Grammatik auch digital als interaktive Ausgabe erhältlich, wozu sie unter *schubert-verlag.de/digital* weitere Informationen finden. Wir wünschen Ihnen viel Freude beim Lernen.

Anne Buscha und Szilvia Szita

Preface

A-Grammatik is a grammar workbook that focuses on the requirements for the A1 and A2 levels of the Common European Framework for Languages. The book can be used in both group-lesson and self-study settings.

In order to present German grammar in a simple, understandable and motivating manner for beginners, the **A-Grammatik** workbook only contains grammatical structures that are important for levels A1 and A2. The focus is not on completeness, but on the relevance of grammatical phenomena for linguistic usage. Each grammar section is clearly structured and includes

- an illustrated example to introduce the topic,
- an overview of the grammatical forms,
- notes on structures and use,
- special information on syntax and
- communicative exercises on the respective topic.

Various types of exercises are offered for learning and practicing the grammatical structures: e.g. matching exercises, cloze exercises and the generation of sentences or texts based on certain specifications. The exercises are integrated into communicative contexts, such as dialogues, emails and newspaper reports. The texts cover both everyday and work-related situations, providing useful vocabulary for both areas.

The appendix includes speaking exercises for practicing specific grammatical structures in groups or with a partner, along with an answer key, verb lists and a thematic overview of all exercises that can be used for expanding the learner's vocabulary and/or as an opportunity to speak.

Selected texts are available as MP3 audio files to help learners train their pronunciation and check their answers. These recordings can be accessed via both our website and our free **SCHUBERT** Audio app. An interactive digital version of the **A-Grammatik** workbook is also available. More information can be found at *schubert-verlag.de/digital*. We hope you enjoy your learning journey!

Anne Buscha and Szilvia Szita

Buchstaben – Wörter – Wortgruppen – Sätze Letters – Words – Word Groups – Sentences

Buchstaben Letters

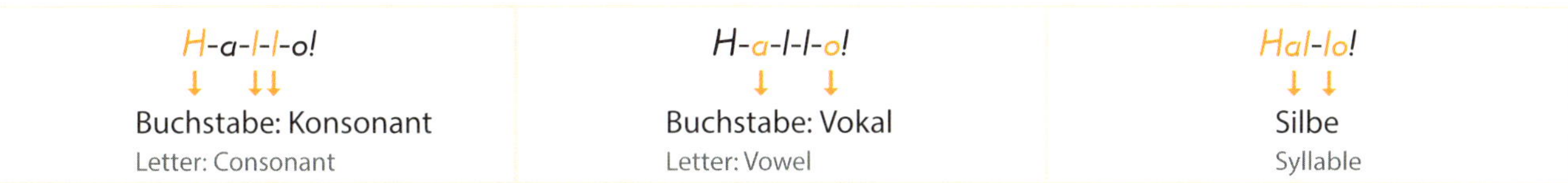

Wörter und Wortarten Words and parts of speech

Ich sitze oft auf dem sonnigen Balkon. I often sit on the sunny balcony.

Ich	sitze	oft	auf	dem	sonnigen	Balkon.
I	sit	often	on	the	sunny	balcony.
↓	↓	↓	↓	↓	↓	↓
Personalpronomen	Verb	Adverb	Präposition	Artikel	Adjektiv	Nomen
Personal pronoun	Verb	Adverb	Preposition	Article	Adjective	Noun

ich	Personalpronomen Personal pronoun	Pronomen sind Stellvertreter der Nomen. Man kann sie deklinieren: z. B. ich – mir – mich. (➤ Seite 91–93) Pronouns take the place of nouns. They can be declined: *ich – mir – mich* (I – me – me).
sitze	Verb Verb	‣ Verben sind Tätigkeitswörter. Sie bezeichnen eine Tätigkeit, ein Geschehen. Sie stehen mit einem Subjekt und werden konjugiert: z. B. ich sitze – wir sitzen. Verbs are action words. They denote an action or a state of being. They require a subject and are conjugated: *ich sitze – wir sitzen* (I am sitting – we are sitting). ‣ Verben drücken auch die Zeit des Geschehens aus: z. B. ich sitze = Gegenwart • ich habe gesessen = Vergangenheit (➤ Seite 10–44) The form of the verb indicates the tense of the action: *ich sitze – ich habe gesessen* (I am sitting – I was sitting). ‣ Manchmal hängen an Verben bestimmte Ergänzungen: z. B. Ich baue ein Haus. (Akkusativergänzung) Ich danke dir. (Dativergänzung) Wir reden über Politik. (präpositionale Ergänzung) (➤ Seite 59–68) Verbs can have certain complements: *Ich baue ein Haus.* (I am building a house./accusative complement) *Ich danke dir.* (I thank you./dative complement). *Wir reden über Politik.* (We talk about politics./prepositional complement). ‣ Verben können auch Höflichkeit ausdrücken: z. B. Könnte ich bitte Herrn Müller sprechen? (➤ Seite 51–53) The form of the verb can also indicate politeness, e.g.: *Könnte ich bitte Herrn Müller sprechen?* (Could I please talk to Mr Müller?)
oft	Adverb Adverb	Adverbien geben z. B. eine Anzahl: *oft*, *selten*, einen Ort: *oben* oder eine Zeit: *jetzt*, *heute* an. Adverbien werden nicht dekliniert, sie bleiben unverändert. (➤ Seite 133–135) Adverbs can indicate many things, such as frequency: *oft* (often), *selten* (seldom), location: *oben* (above) and time: *jetzt* (now), *heute* (today). Adverbs cannot be declined. They are invariable.
auf	Präposition Preposition	Präpositionen werden ebenfalls nicht dekliniert. Sie bestimmen den Kasus der nachfolgenden Nomen oder Pronomen. Man braucht sie z. B. zur Angabe von Ort: *auf dem Balkon* oder Zeit: *in den Ferien*. (➤ Seite 117–128) Prepositions cannot be declined either. They determine the case of the noun or pronoun that follows them. They can indicate place: *auf dem Balkon* (on the balcony), time: *in den Ferien* (during the holiday) etc.
dem	bestimmter Artikel Definite article	Artikel sind Begleiter der Nomen. Sie kennzeichnen mit ihrer Endung Genus (Geschlecht), Numerus (Anzahl) und Kasus (Fall) des Nomens. (➤ Seite 82–85) Nouns are usually preceded by an article. The ending of the article indicates the gender, the number and the case of the noun.

sonnigen	Adjektiv Adjective	Adjektive beschreiben ein Nomen oder eine Tätigkeit näher. Vor einem Nomen werden Adjektive dekliniert: der sonnige Balkon, ein sonniger Balkon (➤ Seite 105–109) Adjektive können auch gesteigert werden: Otto läuft schnell, Felix läuft schneller. (➤ Seite 110–113) Adjectives give more information about a noun or an action. Adjectives are declined if they precede a noun: *der sonnige Balkon* (the sunny balcony), *ein sonniger Balkon* (a sunny balcony). They also have comparative forms: *Otto läuft schnell, Felix läuft schneller.* (Otto runs fast. Felix runs faster.)
Balkon	Nomen Noun	Nomen haben ein Genus: der Balkon, die Blume, das Haus und können im Singular oder Plural auftreten: das Haus, die Häuser. (➤ Seite 69–76) Nomen werden dekliniert. Die Deklination hängt von ihrer Funktion im Satz ab: Sie schenkt dem Kind einen Ball. (➤ Seite 77–81) Nouns have a gender: *der Balkon* (the balcony/masculine), *die Blume* (the flower/feminine), *das Haus* (the house/neuter). They can be used in the singular or in the plural: *das Haus, die Häuser.* Nouns are declined. The declension depends on the function of the noun in the sentence: *Sie schenkt dem Kind einen Ball.* (She gives the child/dative a ball/accusative.)

Wortgruppen Word groups

- Leon zeigt seiner neuen Kollegin ihren Arbeitsplatz. Leon is showing his new colleague her workplace.

Leon zeigt Leon is showing	seiner neuen Kollegin his new colleague ↓ Dativergänzung Dativobjekt Dative complement	ihren Arbeitsplatz. her workplace. ↓ Akkusativergänzung Akkusativobjekt Accusative complement

- Ich sitze am Nachmittag mit meiner Freundin auf dem Balkon. I sit with my (female) friend on the balcony in the afternoon.

Ich sitze I sit	am Nachmittag in the afternoon ↓ Temporalangabe (Zeit) Adverbial of time	mit meiner Freundin with my (female) friend ↓ Modalangabe (Art und Weise) Adverbial of manner	auf dem Balkon. on the balcony. ↓ Lokalangabe (Ort) Adverbial of place

- Ich tue das alles aus Liebe für dich. I do all this out of love for you.

Ich tue das alles I do all this	aus Liebe out of love ↓ Kausalangabe (Grund) Adverbial of cause	für dich. for you. ↓ Finalangabe (Zweck) Adverbial of reason

Sätze Sentences

- Wo **bist** du?
  Where are you?
  → Fragesatz mit Fragewort: Das konjugierte Verb steht an 2. Stelle.
  Wh-question: The conjugated verb is in the second position.
- **Sitzt** du gerade auf dem Balkon?
  Are you sitting on the balcony right now?
  → Fragesatz ohne Fragewort: Das konjugierte Verb steht an 1. Stelle.
  Yes-no question: The conjugated verb is in the first position.
- Ich **sitze** auf dem Balkon.
  I am sitting on the balcony.
  → Aussagesatz: Das konjugierte Verb steht an 2. Stelle.
  Statement: The conjugated verb is in the second position.
- **Komm** schnell ins Wohnzimmer!
  Come to the living room quickly.
  → Aufforderungssatz: Das konjugierte Verb steht an 1. Stelle.
  Imperative sentence: The conjugated verb is in the first position.

Ich **sitze** auf dem Balkon, I am sitting on the balcony ↓ Hauptsatz Main clause Das konjugierte Verb steht an 2. Stelle. The conjugated verb is in the second position.	weil die Sonne **scheint**. because the sun is shining. ↓ Nebensatz Subordinate clause Das konjugierte Verb steht an letzter Stelle. The conjugated verb is at the end of the sentence.

1 Verben Verbs

1.1 Tempora Verb tenses

1.1.1 Gebrauch der Tempora The use of verb tenses

Immer unterwegs:

Heute fahren wir nach Köln.
Morgen fahren wir nach Hamburg.

Gestern sind wir nach Berlin gefahren.
Die Ministerin fuhr gestern nach Paris.

Im Deutschen benutzen wir hauptsächlich die Zeitformen Präsens, Perfekt und Präteritum, um gegenwärtiges, zukünftiges oder vergangenes Geschehen auszudrücken.
In German, there are three main verb tenses that are used to talk about future, present or past events: the present, the perfect and the preterite tenses.

- **Gegenwärtiges Geschehen** drücken wir mit der Tempusform **Präsens** aus.
  The present tense is used when talking about things that are happening in the present.
  Wir **fahren** nach Köln. Wir **besuchen** den Kölner Dom.
- **Zukünftiges Geschehen** drücken wir oft mit der Tempusform **Präsens** und einer **Zeitangabe** aus.
  The present tense together with an adverbial of time is often used to indicate that something will take place in the future.
  Wir **fahren morgen** nach Hamburg. **Übermorgen besuchen** wir die Kunsthalle.
- **Vergangenes Geschehen** können wir mit zwei Tempusformen ausdrücken:
  Das **Perfekt** benutzen wir meist mündlich und in der schriftlichen Alltagskommunikation wie in E-Mails.
  Das **Präteritum** verwenden wir in formellen Texten wie Zeitungsartikeln, Berichten oder in literarischen Texten. Außerdem wird es bei den Verben *haben* und *sein*, den Modalverben und bei bestimmten Wendungen als Vergangenheitsform bevorzugt.
  When talking about events that happened in the past, we can use two different verb tenses:
  We mostly use the perfect tense in speaking and in everyday written communication, such as emails.
  We use the preterite tense in formal texts, such as newspaper articles, reports and literary texts. In addition, the preterite tense is preferred with the verbs *haben* and *sein*, with modal verbs and in certain phrases.

Perfekt: Wir **sind** gestern nach Berlin **gefahren**.
Dort **haben** wir das Pergamonmuseum **besucht**.

Präteritum: Die Ministerin **fuhr** gestern nach Paris.
Dort **besuchte** sie am Nachmittag den Louvre.

	Beispiele Examples	**Tempusform** Verb tense
Geschehen in der Gegenwart Events happening in the present	wir **fahren** wir **besuchen**	Präsens Present tense
Geschehen in der Zukunft Future events	wir **fahren** wir **besuchen**	Präsens Present tense
Geschehen in der Vergangenheit Events that happened in the past	wir **sind gefahren** wir **haben besucht**	Perfekt (meist mündlich und in informellen Texten) Perfect tense (mainly in speaking and in informal texts)
	wir **fuhren** wir **besuchten**	Präteritum (meist schriftlich in formellen Texten und bei einigen Verben) Preterite (mainly in writing in formal texts and with some verbs)

Tempora: Präsens

1.1.2 Präsens Present tense

Verben ohne Vokalwechsel im Präsens Verbs without vowel change in the present tense

Formen Forms

	Singular		
1. Person	ich		koche
2. Person	du		kochst
3. Person	er sie es man	(Otto) (Sarah) (das Kind) (allgemein)	kocht

	Plural	
1. Person	wir	kochen
2. Person	ihr	kocht
3. Person	sie	kochen
formelle Anrede (Singular + Plural)	Sie	kochen

- Es gibt drei Personen im Singular und im Plural.
  There are three grammatical persons in both the singular and the plural.
- Die formelle Form im Singular und Plural entspricht der 3. Person Plural: Sie kochen.
  The formal singular and plural forms are the same as the third-person plural: *Sie kochen.*
- Fast alle Verben haben im Präsens die Endungen: **Singular:** *-e/-st/-t*; **Plural:** *-en/-t/-en*.
  Almost all verbs have the following present tense endings: singular: *-e/-st/-t*; plural: *-en/-t/-en*.

Satzbau Sentence structure

Im Aussagesatz steht das konjugierte Verb an 2. Stelle.
In indicative sentences (statements) the conjugated verb is in the second position.

I.	II.	III.
Ich	koche	gern.

Im Fragesatz mit Fragewort steht das konjugierte Verb an 2. Stelle.
In wh-questions the conjugated verb is in the second position.

I.	II.	III.
Was	kocht	Otto gern?

Im Fragesatz ohne Fragewort steht das konjugierte Verb an 1. Stelle.
In yes-no questions the conjugated verb is in the first position.

I.	II.	III.
Kochst	du	gern?

Übungen

1 Welche Form passt? Markieren Sie die richtige Lösung.
Aussprachehilfe: Hören Sie die Lösungen und sprechen Sie die Sätze nach. (2)
Find the matching form. Mark the correct answer. Pronunciation help: Listen to the answers and repeat the sentences.

●	Ich *besuche* einen Freund.	○ besuchen	○ besucht	✕ besuche
1.	Er .... Informatik.	○ studierst	○ studieren	○ studiert
2.	.... du meinen Kaffee?	○ Bezahlt	○ Bezahlst	○ Bezahle
3.	.... Sie Deutsch?	○ Lernt	○ Lerne	○ Lernen
4.	.... ihr einen Sprachkurs?	○ Machst	○ Macht	○ Machen
5.	Wir .... zwei Nächte in München.	○ bleiben	○ bleibt	○ bleibe
6.	.... du noch eine Cola?	○ Trinkst	○ Trinkt	○ Trinken
7.	Wo .... das Auto?	○ stehen	○ steht	○ stehst
8.	Der Künstler .... in Frankfurt.	○ lebe	○ leben	○ lebt

2 Jeder macht etwas anderes. Ergänzen Sie die Sätze.
Everyone is doing something different. Complete the sentences.

eine E-Mail schreiben • ein Bild malen • telefonieren • Tennis spielen • Nachrichten hören • Deutsch lernen • Bier trinken • eine Wanderung machen

3 Ergänzen Sie die Verben in der richtigen Form.
Add the verbs in the correct form.

1. gehen
   a) Ich *gehe* nach Hause.
   b) Wohin .... du?
   c) Meine Freundin .... ins Theater.
2. machen
   a) Was .... ihr am Wochenende?
   b) .... du viele Fotos?
   c) .... Sie Ihre Hausaufgaben?
3. reservieren
   a) .... ihr für heute Abend einen Tisch?
   b) Ich .... zwei Karten für das Konzert.
   c) Paula .... einen Sitzplatz im Zug.
4. kommen
   a) Woher .... ihr?
   b) Ich .... aus Australien.
   c) Mein Freund .... aus Japan.
5. bestellen
   a) Ich .... eine Suppe.
   b) Die Gäste .... Rotwein.
   c) Wir .... alles im Internet.
6. schreiben
   a) .... du eine E-Mail an Vera?
   b) Wann .... Sie den Bericht?
   c) Eva .... gern Gedichte.

4 Hobbys. Bilden Sie Sätze.
Aussprachehilfe: Hören Sie die Lösungen und sprechen Sie die Sätze nach. 3
Hobbies. Form sentences. Pronunciation help: Listen to the answers and repeat the sentences.

1. ich: Gitarre spielen (gern) – Musik hören (gern) – ins Konzert gehen (oft)
   Ich spiele gern Gitarre, höre gern Musik und ....
2. du: im Internet surfen (oft) – Nachrichten an Freunde schreiben (oft) – Computerspiele spielen (gern)
   ....
3. Vera: Sprachen lernen (gern) – Sprachkurse besuchen (gern) – Online-Übungen machen (gern)
   ....
4. wir: fotografieren (gern) – ins Museum gehen (oft) – Ausstellungen besichtigen (gern)
   ....
5. ihr: Lebensmittel im Delikatessenladen kaufen (oft) – kochen (gern) – Partys organisieren (gern)
   ....
6. sie *(Pl.)*: wandern (gern) – schwimmen (gern) – Fußball spielen (oft)
   ....

5 Was passiert nächstes Wochenende? Ergänzen Sie die Verben in der richtigen Form.
What will happen next weekend? Add the verbs in the correct form.

1. Ich .... zu Hause. *(bleiben)*
2. Du .... ins Kino. *(gehen)*
3. Otto .... das Abendessen. *(kochen)*
4. Wir .... Freunde. *(besuchen)*
5. Ihr .... Musik. *(hören)*
6. Klaus und Eva .... einen Flug. *(buchen)*

Besonderheiten bei bestimmten Konsonanten
Special rules for verb stems ending in certain consonants

Die neue Kollegin heißt Hanna.

Sie arbeitet seit gestern in unserer Firma.

Sie öffnet gerade ein Dokument.

▶ **Formen** Forms

	Verben auf *-t/-d/-n/-m*		
	arbeiten	**reden**	**öffnen**
ich	arbeite	rede	öffne
du	arbeit**est**	red**est**	öffn**est**
er/sie/es	arbeit**et**	red**et**	öffn**et**
wir	arbeit**en**	red**en**	öffn**en**
ihr	arbeit**et**	red**et**	öffn**et**
sie/Sie	arbeit**en**	red**en**	öffn**en**

→ Bei Verben auf *-t* oder *-d* steht in der 2. und 3. Person Singular und der 2. Person Plural ein *-e-* vor der Endung: du arbeitest • er arbeitet • ihr arbeitet. Das erleichtert die Aussprache.
Verb stems ending in *-t* or *-d* receive a connecting *-e* for the second- and third-person singular, as well as for the second-person plural, to facilitate pronunciation: *du arbeitest • er arbeitet • ihr arbeitet.*

→ Das Gleiche gilt für Verben auf *-m* oder *-n*, wenn ein anderer Konsonant (aber nicht: *r*) davorsteht: du öffnest • er öffnet • ihr öffnet.
The same applies to verb stems ending in *-m* or *-n* if the *-m* or *-n* is preceded by another consonant (other than *r*): *du öffnest • er öffnet • ihr öffnet.*

Formen Forms

	Verben auf *-s/-ss/-ß/-z*			Verben auf *-eln*
	reisen	**heißen**	**tanzen**	**sammeln**
ich	reise	heiße	tanze	sammle
du	reist	heißt	tanzt	sammelst
er/sie/es	reist	heißt	tanzt	sammelt
wir	reisen	heißen	tanzen	sammeln
ihr	reist	heißt	tanzt	sammelt
sie/Sie	reisen	heißen	tanzen	sammeln

→ Für Verben auf *-s/-ss/-ß/-z* gilt:
2. Person Singular = 3. Person Singular: du heißt – er heißt.
For verb stems ending in *-s/-ss/-ß/-z* the second- and third-person singular are identical: *du heißt – er heißt*.

→ Bei Verben auf *-eln* entfällt das *-e-* in der 1. Person Singular: ich sammle.
For verb stems ending in *-eln* the *-e-* is omitted in the first-person singular: *ich sammle*.

Übungen

6 Ergänzen Sie die Verben in der richtigen Form.

Add the verbs in the correct form.

studieren • tanzen • reisen • sammeln • singen • heißen • wohnen • spielen • arbeiten • reden

1. Wie *heißen* Sie? – Ich .... Frank.
2. Was .... Marie? – Sie .... Medizin.
3. .... du gern? – Ja, ich .... gern Tango.
4. Wo .... ihr? – Wir .... in München.
5. .... Sie ein Instrument? – Nein, aber mein Bruder .... sehr gut Klavier.
6. .... ihr oft nach Italien? – Ja, wir .... oft nach Italien.
7. .... Sie etwas? – Ja, ich .... alte Gläser.
8. .... du im Chor? – Nein, aber meine Freunde .... im Chor.
9. .... du am Wochenende? – Nein, aber mein Mann .... am Wochenende.
10. .... Bert immer so laut? – Nein, er .... nur beim Telefonieren so laut.

7 Was passiert im Büro? Ergänzen Sie die Verben in der richtigen Form. 

Aussprachehilfe: Hören Sie die Lösungen und sprechen Sie die Sätze nach.
What is happening at the office? Add the verbs in the correct form. Pronunciation help: Listen to the answers and repeat the sentences.

reparieren • bezahlen • begrüßen • arbeiten • schreiben • telefonieren • speichern • reden • lösen • buchen

1. Otto .... bis 17.00 Uhr.
2. Die Assistentin .... mit einer Kollegin.
3. Edward .... ein Hotelzimmer.
4. Ich .... 30 E-Mails.
5. Die Verwaltungsleiterin .... die Rechnungen.
6. Herr Schneider .... die Gäste.
7. Frau Fischer .... mit Kunden.
8. Der Hausmeister .... den Kopierer.
9. Ich .... ein wichtiges Dokument.
10. Du .... die Probleme mit dem Computer meist selbst.

Tempora: Präsens

Verben mit Vokalwechsel im Präsens — Verbs with vowel change in the present tense

Marcus schläft.

Anton liest Fachbücher.

Frau Körner weiß alles über das Projekt.

▶ Formen Forms

	e → i(e)			*a → ä*			*i → ei*
	geben	**nehmen**	**lesen**	**fahren**	**schlafen**	**laufen**	**wissen**
ich	gebe	nehme	lese	fahre	schlafe	laufe	weiß
du	gibst	nimmst	liest	fährst	schläfst	läufst	weißt
er/sie/es	gibt	nimmt	liest	fährt	schläft	läuft	weiß
wir	geben	nehmen	lesen	fahren	schlafen	laufen	wissen
ihr	gebt	nehmt	lest	fahrt	schlaft	lauft	wisst
sie/Sie	geben	nehmen	lesen	fahren	schlafen	laufen	wissen

→ Einige Verben haben einen Vokalwechsel in der 2. und 3. Person Singular: *e → i(e), a → ä*:
e → i(e): geben, brechen, essen, helfen, nehmen, sprechen, vergessen
e → ie: empfehlen, lesen, sehen, stehlen
a → ä: halten, fahren, fallen/gefallen, fangen, laden, laufen, schlafen, tragen, waschen
The stem vowel of a few verbs changes in the second- and third-person singular: *e → i(e), a → ä:*

→ *Wissen* hat besondere Formen im Singular: ich weiß, du weißt, er weiß.
Wissen (to know) has special forms in the singular: *ich weiß, du weißt, er weiß.*

▶ Satzbau Sentence structure

Im Aussagesatz und im Fragesatz mit Fragewort steht das konjugierte Verb an 2. Stelle.
In statements and wh-questions the conjugated verb is in the second position.

I.	II.	III.
Laura	liest	gern Krimis.
Was	liest	du gern?

Im Fragesatz ohne Fragewort steht das konjugierte Verb an 1. Stelle.
In yes-no questions the conjugated verb is in the first position.

I.	II.	III.
Liest	du	auch gern Krimis?

Übungen

1 Ergänzen Sie die Tabelle. Complete the table.

nehmen	fahren	laufen	geben	sprechen
er *nimmt*	ich *fahre*	ihr	du	ich ....
ich	wir	der Film	Tim	der Lehrer ....
ihr	Gudrun	die Kinder	wir	ihr ....

lesen	essen	schlafen	tragen	sehen
er	ich	das Kind	er	ich ....
ich	du	die Gäste	ihr	du ....
Sie	wir	du	wir	die Besucher ....

2 Was macht Claudia heute? Ergänzen Sie Verben in der richtigen Form. 
Aussprachehilfe: Hören Sie die Lösungen und sprechen Sie die Sätze nach.
What is Claudia doing today? Add the verbs in the correct form. Pronunciation help: Listen to the answers and repeat the sentences.

halten • sehen • helfen • ~~tragen~~ • nehmen • sprechen • empfehlen • essen

- Sie *trägt* einen roten Mantel.

1. Sie .... heute den Bus.
2. Sie .... im Büro mit einer Mitarbeiterin.
3. Sie .... einen Vortrag.
4. Sie .... in der Kantine.
5. Sie .... der Praktikantin.
6. Sie .... ein Werbevideo.
7. Sie .... ein Produkt.

3 Das ist Bruno. Ergänzen Sie die Verben in der richtigen Form. 6
Aussprachehilfe: Hören Sie die Lösungen und sprechen Sie die Sätze nach.
This is Bruno. Add the verbs in the correct form. Pronunciation help: Listen to the answers and repeat the sentences.

Bruno ...

- *gibt* viele Autogramme. *(geben)*

1. .... keine Bücher. *(lesen)*
2. .... nicht gern allein. *(schlafen)*
3. .... oft seine Termine. *(vergessen)*
4. .... gern altmodische Kleidung. *(tragen)*
5. .... oft mit seinen Fans. *(sprechen)*
6. .... gern Motorrad. *(fahren)*
7. .... gern Pommes frites. *(essen)*
8. .... gern alte Filme. *(sehen)*
9. .... viel über Elvis. *(wissen)*
10. .... oft durch den Wald. *(laufen)*

4 Zwei ungleiche Schwestern. Ergänzen Sie die Verben in der richtigen Form.
Two sisters, two different personalities. Add the verbs in the correct form.

- Carla *geht* langsam durch den Park. – Julia *läuft* sehr schnell. *(gehen – laufen)*

1. Carla .... – Julia .... *(schweigen – sprechen)*
2. Carla .... Gedichte. – Julia .... Zeitung. *(schreiben – lesen)*
3. Carla .... gern Musik. – Julia .... gern Filme. *(hören – sehen)*
4. Carla .... zu Fuß zur Arbeit. – Julia .... mit dem Auto. *(gehen – fahren)*
5. Carla .... gern. – Julia .... gern. *(kochen – essen)*
6. Carla .... ein Glas Mineralwasser. – Julia .... ein Bier. *(trinken – nehmen)*
7. Carla .... die Wäsche. – Julia .... *(waschen – schlafen)*

5 Mit Vokalwechsel oder ohne Vokalwechsel? Bilden Sie informelle Fragen im Singular.
With or without vowel change? Ask informal questions in the singular.

	du	ihr
•	*Lernst du gern Fremdsprachen?*	Lernt ihr gern Fremdsprachen?
1.	.... ?	Esst ihr gern Schokolade?
2.	.... ?	Kauft ihr oft neue Schuhe?
3.	.... ?	Fahrt ihr im Winter in die Berge?
4.	.... ?	Nehmt ihr heute den Bus?
5.	.... ?	Geht ihr gerne ins Kino?
6.	.... ?	Lauft ihr viel?
7.	.... ?	Wisst ihr viel über Albert Einstein?

Tempora: Präsens

Besondere Verben: *haben, sein* und *werden* Special verbs: *haben, sein* and *werden*

Formen Forms

	haben	sein	werden
ich du er/sie/es	habe hast hat	bin bist ist	werde wirst wird
wir ihr sie/Sie	haben habt haben	sind seid sind	werden werdet werden

→ Als Vollverben werden *haben, sein* und *werden* mit einer Ergänzung (Nomen oder Adjektiv) verwendet: Ich bin krank. Ich habe Angst. Ich werde Ärztin.
As main verbs, *haben, sein* and *werden* are always used with a complement (a noun or an adjective): *Ich bin krank. Ich habe Angst. Ich werde Ärztin.*

→ Meistens werden *haben, sein* und *werden* als Hilfsverben gebraucht (zum Beispiel beim Perfekt oder beim Passiv).
In most sentences, *haben, sein* and *werden* are used as helping verbs (e.g. perfect tense, passive voice).

Satzbau Sentence structure

Im Aussagesatz und im Fragesatz mit Fragewort steht das konjugierte Verb an 2. Stelle, die Ergänzung steht am Satzende.
In statements and wh-questions the conjugated verb is in the second position. The complement is placed at the end of the sentence.

I.	II.	III.	Satzende
Franz	ist	heute	krank.
Er	wird	bald wieder	gesund.
Wann	wird	Franz wieder	gesund?

Im Fragesatz ohne Fragewort steht das konjugierte Verb an 1. Stelle, die Ergänzung steht am Satzende.
In yes-no questions the conjugated verb is in the first position. The complement is placed at the end of the sentence.

I.	II.	III.	Satzende
Ist	Franz	schon lange	krank?

Übungen

1 Ergänzen Sie *haben, sein* und *werden* in der richtigen Form.

(7)

Aussprachehilfe: Hören Sie die Lösungen und sprechen Sie die Sätze nach.
Add *haben, sein* and *werden* in the correct form. Pronunciation help: Listen to the answers and repeat the sentences.

1. □ Was *sind* Sie von Beruf? *(sein)*
   △ Ich .... Krankenschwester. *(sein)*
2. □ Wo .... ihr? *(sein)*
   △ Wir .... hier, im Nachbarzimmer! *(sein)*
3. □ .... du heute Zeit? *(haben)*
   △ Nein, ich .... leider keine Zeit. *(haben)*
4. □ Du .... so blass. .... du krank? *(sein, werden)*
   △ Ich .... schon krank, ich .... eine Erkältung. *(sein, haben)*
5. □ Wie alt .... der Junge? *(sein)*
   △ Er .... 12 Jahre alt und .... später vielleicht ein guter Fußballer. *(sein, werden)*
6. □ Es .... kalt. .... du keine warme Jacke? *(sein, haben)*
   △ Doch, ich .... eine warme Jacke. *(haben)*
7. □ Wie .... das Wetter in Italien? *(sein)*
   △ Schlecht, aber morgen .... es besser. *(werden)*
8. □ Wann .... du Geburtstag? *(haben)*
   △ Ich .... am 6. März Geburtstag. Ich .... dieses Jahr 30! *(haben, werden)*

2 Der Arbeitstag von Frau Müller. Ergänzen Sie die Verben in der richtigen Form.

(8)

Aussprachehilfe: Hören Sie den Text und kontrollieren Sie Ihre Lösungen.
Mrs Müller's working day. Add the verbs in the correct form. Pronunciation help: Listen to the text and check your answers.

Das *ist (sein)* Frau Müller. Sie .... *(arbeiten)* als Managerin bei einer großen Firma. Ihre Arbeit .... *(beginnen)* um 9.00 Uhr. Sie .... *(fahren)* morgens mit der Straßenbahn zur Arbeit. Der Tagesablauf von Frau Müller .... *(sein)* immer gleich: Zuerst .... *(begrüßen)* sie ihre Kolleginnen und Kollegen, dann .... *(lesen)* sie viele E-Mails. Einige Mails .... *(beantworten)* sie sofort. Um 10.00 Uhr .... *(leiten)* Frau Müller eine Besprechung. Von 12.30 bis 13.00 Uhr .... *(haben)* sie Mittagspause. Oft .... *(gehen)* sie in der Pause in ein kleines Restaurant, manchmal .... *(essen)* sie in der Kantine. Nachmittags .... *(schreiben)* sie Berichte und .... *(vereinbaren)* Termine für Gespräche mit Kundinnen und Kunden. Um 17.30 Uhr .... *(haben)* sie Feierabend.

3 Eine E-Mail aus Leipzig. Ergänzen Sie die Verben in der richtigen Form.

(9)

Aussprachehilfe: Hören Sie den Text und kontrollieren Sie Ihre Lösungen.
An email from Leipzig. Add the verbs in the correct form. Pronunciation help: Listen to the text and check your answers.

Liebe Susanne,

viele Grüße aus Leipzig *senden (senden)* dir Andrea und Maximilian!
Wir .... *(wohnen)* in einem schönen Hotel direkt am Augustusplatz in der 8. Etage und wir .... *(haben)* einen schönen Ausblick über die Stadt. Unser Zimmer .... *(haben)* einen großen Fernseher und eine Sitzecke. Es .... *(sein)* sehr gemütlich. Ich .... *(sein)* von der langen Reise ein bisschen müde. Maximilian auch, er .... *(liegen)* im Bett und .... *(schlafen)*. Morgen .... *(haben)* wir ein volles Ausflugsprogramm. Zuerst .... *(besichtigen)* wir das Völkerschlachtdenkmal, danach .... *(gehen)* wir ins Museum für moderne Kunst. Dort .... *(hängen)* viele Bilder aus dem 20. Jahrhundert. Abends .... *(geben)* der Thomanerchor in der Thomaskirche ein Konzert. Wir .... *(hören)* Musik von Johann Sebastian Bach. Du .... *(wissen)* doch: Ich .... *(lieben)* die Musik von Bach.

Bis bald
Andrea

Tempora: Präsens

Besondere Verben: Modalverben Special verbs: modal verbs

Katharina will später Lehrerin werden.
Sie möchte gern Kinder unterrichten.
Sie mag Kinder.

Formen Forms

	können	müssen	sollen	dürfen	mögen	wollen	möchten
ich	kann	muss	soll	darf	mag	will	möchte
du	kannst	musst	sollst	darfst	magst	willst	möchtest
er/sie/es	kann	muss	soll	darf	mag	will	möchte
wir	können	müssen	sollen	dürfen	mögen	wollen	möchten
ihr	könnt	müsst	sollt	dürft	mögt	wollt	möchtet
sie/Sie	können	müssen	sollen	dürfen	mögen	wollen	möchten

→ Modalverben beschreiben das Verhältnis einer Person zur Handlung: Katharina will Lehrerin werden. Otto kann gut kochen. Otto muss heute kochen.
Deshalb stehen Modalverben meistens mit einem Infinitiv: Otto **kann** gut **kochen**.
Modal verbs add different kinds of meaning to a statement: *Katharina will Lehrerin werden. Otto kann gut kochen. Otto muss heute kochen.* Modal verbs are therefore usually used with an infinitive: *Otto kann gut kochen.*

→ Manchmal verwendet man Modalverben als Vollverben: Katharina **mag** Kinder. **Kannst** du Türkisch? Ich **muss** zur Arbeit.
Modal verbs are occasionally used as main verbs: *Katharina mag Kinder. Kannst du Türkisch? Ich muss zur Arbeit.*

→ Das Verb *möchten* ist ein besonderes Verb und unterscheidet sich in der Konjugation von den anderen Modalverben: Katharina **möchte** gern Kinder **unterrichten**.
The verb *möchten* is a special verb whose conjugation differs from that of the other modal verbs: *Katharina möchte gern Kinder unterrichten.*

Gebrauch Use

können	Otto **kann** sehr gut kochen. Du **kannst** jetzt mit Michael sprechen. (Er hat gerade Zeit.) **Kann** ich das Dokument hier kopieren?	Fähigkeit Ability Gelegenheit Possibility Erlaubnis Permission (➤ *dürfen*)
müssen	Ich **muss** die E-Mail heute noch beantworten.	Notwendigkeit Necessity
sollen	Ich **soll** nicht so viel Kaffee trinken. (Mein Arzt hat das gesagt.) **Soll** ich dir ein Brötchen mitbringen?	Auftrag Obligation, assignment Frage nach dem Wunsch einer anderen Person Asking about another person's wishes
dürfen	Man **darf** bis 22.00 Uhr Musik machen. Wir **dürfen** nicht mit dem eigenen Laptop arbeiten. **Darf** ich hier mein Fahrrad abstellen?	Erlaubnis Permission Verbot Ban, prohibition höfliche Frage Polite question
mögen	Ich **mag** die Musik von Johann Sebastian Bach.	Vorliebe Preference
wollen	Katharina **will** Lehrerin werden.	Absicht Intention
möchten	Ich **möchte** am Fenster sitzen. Wir **möchten** gern ein anderes Zimmer.	Wunsch Wish, desire (freundliche Form von *wollen*) (friendly form of *wollen*)

Satzbau Sentence structure

Im Aussagesatz und im Fragesatz mit Fragewort steht das Modalverb an 2. Stelle, der Infinitiv steht am Satzende.
In statements and wh-questions the modal verb is in the second position. The infinitive is placed at the end of the sentence.

I.	II.	III.	Satzende
Katharina	will	später Lehrerin	werden.
Warum	will	Katharina Lehrerin	werden?

Im Fragesatz ohne Fragewort steht das Modalverb an 1. Stelle, der Infinitiv steht am Satzende.
In yes-no questions the modal verb is in the first position. The infinitive is placed at the end of the sentence.

I.	II.	III.	Satzende
Kann	ich	das Dokument hier	kopieren?

Übungen

1 Ergänzen Sie die Modalverben in der richtigen Form.

Add the modal verbs in the correct form.

1. können
   a) Ich *kann*
   b) Klaus ....
   c) Wir .... — dich am Wochenende nicht besuchen.
2. müssen
   a) Du ....
   b) Ihr ....
   c) Wir .... — die Rechnung noch bezahlen.
3. sollen
   Die Hausärztin hat gesagt:
   a) Timo ....
   b) Ich ....
   c) Du .... — viel Obst essen.
4. dürfen
   a) Du ....
   b) Man ....
   c) Sie .... — hier nicht telefonieren.
5. wollen
   a) Der Manager ....
   b) Ich ....
   c) Wir .... — ein Jahr im Ausland arbeiten.
6. möchten
   a) Du ....
   b) Ich ....
   c) Meine Kollegin .... — das neue Projekt leiten.
7. mögen
   a) Du ....
   b) Ich ....
   c) Mein Hund .... — die Nachbarin nicht.

2 Ergänzen Sie die Modalverben in der richtigen Form.

Add the modal verbs in the correct form.

- Georg *muss* noch viel lernen. *(müssen)*

1. .... ich mal Ihren Kopierer benutzen? *(dürfen)*
2. Wann .... Sie Urlaub nehmen? *(wollen)*
3. .... du keine Schokolade? *(mögen)*
4. Alle Kollegen .... an der Besprechung teilnehmen. *(müssen)*
5. .... Sie noch etwas trinken? *(möchten)*
6. .... du mich vom Bahnhof abholen? *(können)*
7. Peter .... dieses Problem nicht alleine lösen. *(können)*
8. .... ich dir das mal erklären? *(sollen)*
9. .... du wirklich kein neues Handy? *(möchten)*
10. Fritzchen .... heute nicht in die Schule gehen. *(wollen)*
11. Was .... ich für Sie tun? *(können)*

Tempora: Präsens

3 Bilden Sie aus den vorgegebenen Wörtern Sätze. (10)
Aussprachehilfe: Hören Sie die Lösungen und sprechen Sie die Sätze nach.
Use the given words to form sentences. Pronunciation help: Listen to the answers and repeat the sentences.

- ich – sprechen – bitte – Herrn Klein – möchten *Ich möchte bitte Herrn Klein sprechen.*

1. müssen – Rainer – das Protokoll – schreiben ....
2. die meisten Kollegen – keine langen Besprechungen – mögen ....
3. sollen – du – Frau Krüger – heute noch – zurückrufen ....
4. wir – die Rechnung – bezahlen – noch – müssen ....
5. der neue Kollege – eine Dienstreise – wollen – machen ....
6. Martina – drei Tage in der Woche – im Homeoffice – arbeiten – dürfen ....
7. ich – den Drucker – reparieren – nicht – können ....

4 Ein Anruf im Hotel. Lesen Sie den Dialog und ergänzen Sie die passenden Modalverben. (11)
Aussprachehilfe: Hören Sie den Text und kontrollieren Sie Ihre Lösungen.
Calling the hotel. Read the dialogue, and complete the sentences with the appropriate modal verb. Pronunciation help: Listen to the text and check your answers.

können • möchten • wollen • sollen • müssen • dürfen • mögen

Rezeptionist: Hotel „Sonnenschein". Guten Tag. Was *kann* ich für Sie tun?
Frau Schüler: Ich .... (1) im Juli in Heringsdorf eine Woche Urlaub machen, aber es gibt auf Ihrer Webseite keine freien Zimmer mehr. Stimmt das? Sind alle Zimmer im Juli belegt?
Rezeptionist: Wann .... (2) Sie denn anreisen?
Frau Schüler: Am 12. Juli.
Rezeptionist: Und wie lange .... (3) Sie bleiben?
Frau Schüler: Eine Woche, bis zum 19. Juli.
Rezeptionist: Ich schaue mal, Moment. Ah, ich sehe gerade, zwei Zimmer haben wir noch. .... (4) Sie ein Zimmer mit Seeblick oder mit Gartenblick?
Frau Schüler: Mit Seeblick bitte. Hat das Zimmer auch einen Balkon?
Rezeptionist: Ja, es hat einen großen Balkon Richtung Süden. Dort .... (5) Sie den ganzen Tag in der Sonne liegen.
Frau Schüler: .... (6) ich meinen Hund mitbringen?
Rezeptionist: Nein, das tut mir leid. Haustiere .... (7) Sie im Sommer nicht mitbringen.
Frau Schüler: Ach, das ist kein Problem. Dann .... (8) meine Schwester den Hund für eine Woche nehmen. Haben Sie auch Wellnessangebote?
Rezeptionist: Aber ja! Sie .... (9) gerne unser Schwimmbad benutzen oder eine Massage buchen.
Frau Schüler: Das Hotel hat drei Restaurants, das steht jedenfalls auf der Webseite.
Rezeptionist: Wir haben ein Restaurant mit deutschen Spezialitäten und eins mit internationalen Gerichten. Das italienische Restaurant ist leider geschlossen.
Frau Schüler: Schade, ich .... (10) die italienische Küche.
Rezeptionist: Es gibt ganz in der Nähe auch andere Restaurants. Vielleicht .... (11) Sie ja auch spanisches Essen. Dann .... (12) ich Ihnen das Restaurant „Barcelona" empfehlen.
Frau Schüler: Was kostet das Zimmer eigentlich pro Nacht?
Rezeptionist: Es kostet 120 Euro pro Nacht.
Frau Schüler: Und wie .... (13) ich bezahlen? .... (14) ich mit Kreditkarte bezahlen?
Rezeptionist: Sie .... (15) bezahlen, wie Sie .... (16): mit Kreditkarte, mit einer Bankkarte oder bar.
Frau Schüler: .... (17) Sie das Zimmer für mich bitte reservieren und mir eine Bestätigung schicken?
Rezeptionist: Gern. Ich brauche dafür noch einige Angaben von Ihnen …

Verben mit Präfix Verbs with a prefix

Die Besprechung *fängt* in 10 Minuten *an*.

Moritz *druckt* für die Besprechung einige Dokumente *aus* und *übersetzt* eine Mail.

Inga *nimmt* nicht *teil*. Sie *besucht* einen Kunden.

▶ Formen Forms

Verben mit trennbarem Präfix *ab-, an-, auf-, aus-, ein- ein-, fern-, mit-, nach-, statt-, teil-, vor-, weg-, weiter-, zu-, zurück-, zusammen-* (usw.)	ich fahre **ab**, fange **an**, stehe **auf**, drucke **aus**, kaufe **ein**, sehe **fern**, mache **mit**, denke **nach**, nehme **teil**, schlage **vor**, leite **weiter**, höre **zu**, komme **zurück**, arbeite **zusammen** Die Besprechung findet **statt**.
Verben mit trennbarem oder nicht trennbarem Präfix oft trennbar: *durch-, um-, wieder* oft nicht trennbar: *über-, unter-. wider-*	ich lese **durch**, buche **um**, komme **wieder** (aber: *ich wiederhole*) ich **über**setze, **unter**richte, **wider**spreche
Verben mit nicht trennbarem Präfix *be-, emp-, ent-, er-, ge-, miss-, ver-, zer-*	ich **be**suche, **emp**fange, **ent**spanne, **er**kläre, **ge**höre, **miss**achte, **ver**stehe, **zer**reiße

→ **Verben mit trennbarem Präfix:**
Verben, die als Präfix ein Wort haben, das auch alleine stehen kann (eine Präposition oder ein Adverb), sind meist trennbar. Das Präfix ist betont.
Verbs with a separable prefix: Verbs whose prefix is a word that can also be used on its own (a preposition or an adverb) are usually separable. The prefix is stressed.

→ **Verben mit trennbarem oder nicht trennbarem Präfix:**
Bei den Präfixen, die trennbar oder untrennbar sein können, werden einige meist getrennt *(durch-, um-, wieder-)* und einige meist nicht getrennt *(über-, unter-, wider-)*.
Das Präfix ist betont, wenn es trennbar ist, unbetont, wenn es nicht trennbar ist.
Verbs with a separable or inseparable prefix: Among the prefixes, which can be separable or inseparable, some are mostly separated *(durch-, um-, wieder-)* and some mostly not separated (*über-, unter-, wider-*).
The prefix is stressed if it is separable and unstressed if it is not separable.

→ **Verben mit nicht trennbarem Präfix:**
Präfixe, die als Wörter **nicht** alleine stehen können *(be-, emp-, ent-, er-, ge-, miss-*, ver-, zer-)* sind niemals trennbar.
Das Präfix ist nicht betont. Besonderheit: Bei *missverstehen* ist das Präfix betont.
Verbs with an inseparable prefix: Prefixes that cannot stand alone as words (*be-, emp-, ent-, er-, ge-, miss-*, ver-, zer-*) are never separable. The prefix is unstressed. Exception: The prefix in *missverstehen* is stressed.

▶ Satzbau Sentence structure

Bei trennbaren Verben steht das konjugierte Verb im Aussagesatz und im Fragesatz mit Fragewort an 2. Stelle, das trennbare Präfix steht am Satzende.
In statements and wh-questions with separable verbs the conjugated verb is in the second position. The separable prefix is placed at the end of the sentence.

Tempora: Präsens

I.	II.	III.	Satzende
Peter	steht	jeden Morgen um 7.00 Uhr	auf.
Wann	steht	Peter jeden Morgen	auf?

Im Fragesatz ohne Fragewort steht das konjugierte Verb an 1. Stelle, das trennbare Präfix steht am Satzende.
In yes-no questions the conjugated verb is in the first position. The separable prefix is placed at the end of the sentence.

I.	II.	III.	Satzende
Stehst	du	jeden Morgen um 7.00 Uhr	auf?

Übungen

1 Hören Sie die Verben. Markieren Sie die Präfixe und ordnen Sie die Verben zu. (12)
Listen to the verbs. Underline the prefixes, and write the verbs in the appropriate column.

absagen • bestellen • fernsehen • anrufen • aufstehen • verlieren • zusehen • aussteigen • empfangen • weiterarbeiten • erfinden • zerstören • vorstellen • ausleihen

trennbar	nicht trennbar
ich sage ab, ...	....
....	....
....	....
....	....

2 Nele hat viel zu tun. Beschreiben Sie ihren Tagesablauf. (13)
Aussprachehilfe: Hören Sie die Lösungen und sprechen Sie die Sätze nach.
Nele has a busy day. Write her schedule. Pronunciation help: Listen to the answers and repeat the sentences.

- um 8.00 Uhr – aufstehen
  Um 8.00 Uhr steht Nele auf.

1. um 8.30 Uhr – frühstücken
....
2. um 9.00 Uhr – zur Arbeit – gehen
....
3. um 9.30 Uhr – mit der Arbeit – anfangen
....
4. zuerst – ihre E-Mails – lesen + beantworten
....
5. danach – eine Besprechung mit zwei Kolleginnen – haben
....

6. um 12.00 Uhr – die Gäste – vom Flughafen – abholen
....
7. dann – den Gästen – das Programm – erklären
....
8. um 14.00 Uhr – mit den Gästen – über neue Projekte – sprechen
....
9. nachmittags – ein paar E-Mails – schreiben + Termine mit Kunden – vereinbaren
....
10. um 16.00 – Frau Schröder – anrufen + mit ihr über ein Problem – diskutieren
....
11. um 17.30 Uhr – Feierabend – machen
....
12. danach – im Supermarkt – etwas zum Abendessen – kaufen
....

13. zu Hause – das Abendessen – vorbereiten

....

14. um 19.00 Uhr – gemeinsam mit ihrem Freund – essen

....

15. um 23.00 Uhr – einschlafen + etwas Schönes – träumen

....

3 **Was Tom alles am Computer macht. Bilden Sie Sätze.**

Tom does lots of things on his computer. Form sentences.

- Computer einschalten — *Er schaltet den Computer ein.*

1. das Passwort eingeben ....
2. den Posteingang kontrollieren ....
3. unwichtige E-Mails löschen ....
4. wichtige E-Mails ausdrucken ....
5. Dokumente weiterleiten ....
6. Texte bearbeiten ....
7. Sätze ausschneiden und sie einfügen ....
8. nach Informationen suchen ....
9. Rechnungen bezahlen ....
10. Gebrauchsanweisungen herunterladen ....

4 **Meine Waschmaschine ist kaputt! Lesen Sie den Dialog und ergänzen Sie die Verben in der richtigen Form.** (14)

Aussprachehilfe: Hören Sie den Text und kontrollieren Sie Ihre Lösungen.

My washing machine is broken! Read the dialogue, and add the verbs in the correct form. Pronunciation help: Listen to the text and check your answers.

funktionieren • wohnen • können *(2 x)* • vorbeikommen • ansehen • sein • verstehen • wollen • verbinden • brauchen • versprechen • erwarten • haben *(2 x)*

Zentrale:	„Schnelle Hilfe für den Haushalt". Was *kann* ich für Sie tun?
Herr Beier:	Klaus Beier hier. Ich ....(1) ein Problem. Meine Waschmaschine ....(2) kaputt.
Zentrale:	Ihre Waschmaschine … Einen Moment, bitte. Ich ....(3) Sie mal mit meinem Kollegen.
Herr Kaiser:	Kaiser.
Herr Beier:	Ja, guten Tag, hier ist Klaus Beier. Meine Waschmaschine ....(4) nicht mehr. ....(5) Sie heute oder morgen vorbeikommen und die Waschmaschine reparieren? Ich .... (6) die Maschine dringend.
Herr Kaiser:	Das ....(7) ich. Wie alt ist denn die Waschmaschine?
Herr Beier:	Zehn Jahre.
Herr Kaiser:	Was? Zehn Jahre alt! Und Sie ....(8) wirklich keine neue Waschmaschine kaufen?
Herr Beier:	Nein, dafür ....(9) ich kein Geld.
Herr Kaiser:	Gut. Ich ....(10) am Donnerstag ....(10) und ....(11) mir die Maschine mal ....(11). Aber ich ....(12) keine Wunder.
Herr Beier:	Gut. Dann ....(13) ich Sie am Donnerstag.
Herr Kaiser:	Wo ....(14) Sie, Herr Beier?
Herr Beier:	In der Sonnengasse 3.

1.1.3 Perfekt The perfect tense

Vergangenheitsformen Past tense forms

Gestern sind wir nach Frankfurt gefahren.
Dort haben wir ein Museum besucht.

Der Minister fuhr gestern nach Warschau.
Dort begrüßte er den polnischen Wirtschaftsminister.

Perfekt oder Präteritum? Perfect or preterite tense?

Perfekt	Wir **sind** nach Frankfurt **gefahren.** Wir **haben** ein Museum **besucht.**	Das Perfekt verwenden wir meist im Gespräch, in mündlichen Berichten oder in der schriftlichen Alltagskommunikation (bspw. in E-Mails). The perfect tense is mainly used in discussions, oral reports and everyday written communication, such as emails.
Präteritum	Der Minister **fuhr** nach Warschau. Er **begrüßte** den polnischen Wirtschaftsminister.	Das Präteritum verwenden wir in formellen Texten wie Zeitungsartikeln, Berichten oder in literarischen Texten. Außerdem wird es bei den Verben *haben* und *sein*, den Modalverben und Wendungen wie *etwas/nichts wissen, etwas gut/richtig finden, etwas geht/läuft gut* als Vergangenheitsform bevorzugt. We use the preterite tense in formal texts, such as newspaper articles, reports or literary texts. In addition, the preterite tense is preferred with the verbs *haben* and *sein*, modal verbs and some expressions *(etwas/nichts wissen, etwas gut/richtig finden, etwas geht/läuft gut.)*

Perfekt mit *haben* Perfect tense with *haben*

A Regelmäßige Verben Regular verbs

Was haben die Leute am Sonntag gemacht?

Michaela hat gekocht.
↓ Hilfsverb ↓ Partizip II

Emma hat auf Max gewartet.
↓ Hilfsverb ↓ Partizip II

Jakob hat zwei Stunden telefoniert.
↓ Hilfsverb ↓ Partizip II

Formen Forms

			Verben auf *-t/-d*		Verben auf *-ieren*	
	kochen		**warten**		**telefonieren**	
ich	habe	gekocht	habe	gewartet	habe	telefoniert
du	hast		hast		hast	
er/sie/es	hat		hat		hat	
wir	haben		haben		haben	
ihr	habt		habt		habt	
sie/Sie	haben		haben		haben	

→ Die meisten Verben bilden das Perfekt mit dem Hilfsverb *haben* und dem Partizip II. (Perfekt mit *sein* ➤ Seite 28)
The perfect tense of most verbs is formed with the helping verb *haben* and the past participle. (Perfect tense with *sein* ➤ page 28)

→ Regelmäßige Verben bilden das Partizip II mit: *ge-* + Verbstamm + *-(e)t*: gekocht • gewartet.
The past participle of regular verbs is formed with *ge-* + the verb stem + *-(e)t*: *gekocht* • *gewartet*.

→ Verben auf *-ieren* bilden das Partizip II mit: Verbstamm + *-t*: telefoniert.
The past participle of verbs ending in *-ieren* is formed with the verb stem + *-t*: *telefoniert*.

B Unregelmäßige Verben Irregular verbs

▶ Formen Forms

	lesen		trinken		schreiben		schneiden		helfen	
ich	habe		habe		habe		habe		habe	
du	hast		hast		hast		hast		hast	
er/sie/es	hat	gelesen	hat	getrunken	hat	geschrieben	hat	geschnitten	hat	geholfen
wir	haben		haben		haben		haben		haben	
ihr	habt		habt		habt		habt		habt	
sie/Sie	haben		haben		haben		haben		haben	

➤ Seite 176: Übersicht *Unregelmäßige Verben*

Unregelmäßige Verben bilden das Partizip II mit: *ge-* + Verbstamm + *-en*.
Oft ändert sich der Stammvokal: schreiben → geschrieben,
manchmal auch der Konsonant: schneiden → geschnitten.
The past participle of irregular verbs is formed with *ge-* + the verb stem + *-en*.
The vowel(s) of the verb stem often change: *schreiben* → *geschrieben*.
Sometimes the consonant also changes: *schneiden* → *geschnitten*.

▶ Satzbau Sentence structure

Im Aussagesatz und im Fragesatz mit Fragewort steht das Hilfsverb *haben* an 2. Stelle, das Partizip steht am Satzende.
In statements and wh-questions the helping verb *haben* is in the second position. The participle is placed at the end of the sentence.

I.	II.	III.	Satzende
Ben	hat	gestern einen Bericht	geschrieben.
Was	hat	Ben gestern	geschrieben?

Verben

Tempora: Perfekt

Im Fragesatz ohne Fragewort steht das Hilfsverb an 1. Stelle, das Partizip steht am Satzende.
In yes-no questions the helping verb is in the first position. The participle is placed at the end of the sentence.

I.	II.	III.	Satzende
Hat	Ben	gestern einen Bericht	geschrieben?

Übungen

1 Regelmäßig oder unregelmäßig?
Markieren Sie die Endungen und eventuelle Vokal- oder Konsonantenwechsel. Wie heißt der Infinitiv?
Is the verb regular or irregular? Mark the ending and the change of vowel/consonant where appropriate. Write the infinitive.

- gewartet *warten*

1. gesehen ……………
2. genommen ……………
3. gewohnt ……………
4. gearbeitet ……………
5. geholfen ……………
6. geschnitten ……………
7. gefunden ……………
8. getrunken ……………
9. gegessen ……………
10. geschlafen ……………
11. gelöst ……………
12. gekauft ……………
13. geschrieben ……………
14. gesungen ……………

2 Hast du/Habt ihr/Haben Sie schon einmal …? Bilden Sie Fragen und antworten Sie. (15)
Aussprachehilfe: Hören Sie die Lösungen und sprechen Sie die Sätze nach.
Have you ever …? Ask questions and answer them. Pronunciation help: Listen to the answers and repeat the sentences.

- du – im Hotel Ritz – in Paris – schlafen
  □ *Hast du schon einmal im Hotel Ritz in Paris geschlafen?*
  △ *Ja, ich habe schon einmal/oft im Hotel Ritz in Paris geschlafen.*
  △ *Nein, ich habe noch nie im Hotel Ritz in Paris geschlafen.*

1. ihr – Musik von Wolfgang Amadeus Mozart – hören
   ……………? – ……………
2. Sie – Schokolade aus der Schweiz – essen
   ……………? – ……………
3. ihr – warmes Bier – trinken
   ……………? – ……………
4. Sie – im Urlaub – arbeiten
   ……………? – ……………
5. du – die Mona Lisa – im Original – sehen
   ……………? – ……………
6. ihr – in New York – wohnen
   ……………? – ……………
7. du – ein Liebesgedicht – schreiben
   ……………? – ……………
8. du – über dich selbst – lachen
   ……………? – ……………
9. Sie – einen Science-Fiction-Roman – lesen
   ……………? – ……………
10. Sie – einen Fehler – machen
   ……………? – ……………
11. du – einer Nachbarin/einem Nachbarn – helfen
   ……………? – ……………
12. du – eine fremde Sprache – lernen
   ……………? – ……………

13. Sie – ein Portemonnaie auf der Straße – finden
....? – ....
14. du – ein Fünf-Gänge-Menü – kochen
....? – ....
15. ihr – ein Computerproblem – lösen
....? – ....
16. du – ein wichtiges Dokument – löschen
....? – ....
17. ihr – in einem Chor – singen
....? – ....
18. Sie – Schach – spielen
....? – ....

3 **Was haben diese Leute in Deutschland gemacht? Bilden Sie Sätze.**
What did these people do in Germany? Form sentences.

1. Ich war in Berlin: eine Currywurst essen – im Hotel Albertin schlafen – das Neue Museum besuchen
Ich habe eine Currywurst gegessen, im Hotel ....
....
2. Rudi war in Köln: den Kölner Dom besichtigen – ein Kölsch trinken – im Rhein-Energie-Stadion ein Fußballspiel sehen
....
....
3. Wir waren in München: Freunde treffen – im Englischen Garten sitzen – technische Erfindungen im Deutschen Museum bewundern
....
4. Carola und Susanne waren in Rostock: im Meer baden – eine Hafenrundfahrt machen – Seemannslieder singen
....
5. Ihr wart in Leipzig: Tiere im Zoo fotografieren – in der Thomaskirche ein Konzert hören – auf dem Marktplatz alte Gläser kaufen
....

4 **Theo berichtet über seine Reise nach Paris. Ergänzen Sie die Verben im Perfekt.** 16
Aussprachehilfe: Hören Sie den Text und kontrollieren Sie Ihre Lösungen.
Theo is talking about his trip to Paris. Add the verbs in the perfect tense. Pronunciation help: Listen to the text and check your answers.

Letztes Wochenende waren meine Frau und ich in Paris. Wir *haben* den Zug *genommen* *(nehmen)*. Die Tickets .... ich im Internet .... *(buchen)*. Die Reise .... fünf Stunden .... *(dauern)*. In Paris .... wir bei einer deutschen Freundin .... *(wohnen)*. Am ersten Tag .... es .... *(regnen)*, da .... wir Geschenke .... *(kaufen)*. Am Abend .... wir unsere französischen Freunde .... *(treffen)*. Wir .... sie seit fünf Jahren nicht .... *(sehen)*. Wir .... zusammen .... *(essen)*, lange .... *(diskutieren)* und ziemlich viel Rotwein .... *(trinken)*. Am nächsten Tag .... wir bis 12.00 Uhr .... *(schlafen)*.

Tempora: Perfekt

■ Perfekt mit *sein* Perfect tense with *sein*

A Regelmäßige Verben Regular verbs

Was haben die Leute am Samstag gemacht?

Beate ist gewandert.
Unterwegs ist sie Bernd begegnet.
ist ↓ Hilfsverb
begegnet ↓ Partizip II

▶ Formen Forms

	wandern		reisen		landen	
ich	bin	gewandert	bin	gereist	bin	gelandet
du	bist		bist		bist	
er/sie/es	ist		ist		ist	
wir	sind		sind		sind	
ihr	seid		seid		seid	
sie/Sie	sind		sind		sind	

B Unregelmäßige Verben Irregular verbs

▶ Formen Forms

	laufen		fahren		bleiben		sein	
ich	bin	gelaufen	bin	gefahren	bin	geblieben	bin	gewesen
du	bist		bist		bist		bist	
er/sie/es	ist		ist		ist		ist	
wir	sind		sind		sind		sind	
ihr	seid		seid		seid		seid	
sie/Sie	sind		sind		sind		sind	

→ Einige Verben bilden das Perfekt mit *sein*:
Some verbs form the perfect tense with *sein*:

1. Verben, die einen Ortswechsel beschreiben und keine Akkusativergänzung haben, z. B.:
Verbs that indicate a change of place and do not require an accusative object, for example:
Regelmäßige Verben: landen, reisen, starten, wandern
Unregelmäßige Verben: aufstehen, fahren, fallen, fliegen, gehen, kommen, laufen, schwimmen, springen, steigen

2. Verben, die eine Zustandsveränderung beschreiben, z. B.:
Verbs that indicate a change of state or condition, for example:
Regelmäßige Verben: explodieren, passieren, aufwachen
Unregelmäßige Verben: einschlafen, sterben, wachsen, werden

3. Einige besondere Verben:
Some special verbs:
Regelmäßige Verben: begegnen
Unregelmäßige Verben: bleiben, sein

→ Alle anderen Verben bilden das Perfekt mit *haben*.
The perfect tense of all other verbs is formed with *haben*.

▶ Satzbau Sentence structure

Im Aussagesatz und im Fragesatz mit Fragewort steht das Hilfsverb *sein* an 2. Stelle, das Partizip steht am Satzende.
In statements and wh-questions the helping verb *sein* is in the second position. The participle is placed at the end of the sentence.

I.	II.	III.	Satzende
Das Flugzeug aus Rom	ist	pünktlich	gelandet.
Wann	ist	das Flugzeug aus Rom	gelandet?

Im Fragesatz ohne Fragewort steht das Hilfsverb an 1. Stelle, das Partizip steht am Satzende.
In yes-no questions the helping verb is in the first position. The participle is placed at the end of the sentence.

I.	II.	III.	Satzende
Ist	das Flugzeug	aus Rom schon	gelandet?

Übungen

1 Bilden Sie Fragen im Perfekt mit *sein*.
Ask questions in the perfect tense. Use the verb *sein*.

- wann – Flugzeug – landen — *Wann ist das Flugzeug gelandet?*

1. was – passieren ....?
2. wohin – Susi – laufen ....?
3. warum – du – so schnell – schwimmen ....?
4. wann – die Maschine – starten ....?
5. wann – er – krank – werden ....?
6. wohin – Luis – fahren ....?
7. wie lange – du – in London – bleiben ....?
8. wann – ihr – das letzte Mal – ins Kino – gehen ....?
9. wohin – Eva – reisen ....?
10. woher – der Zug – kommen ....?
11. wie oft – du – schon – nach New York – fliegen ....?
12. wann – du – das letzte Mal – beim Zahnarzt – sein ....?
13. warum – die Preise – für Lebensmittel – steigen ....?

Tempora: Perfekt

2 **Eine E-Mail von Knut. Ergänzen Sie *haben* oder *sein* in der richtigen Form.** (17)
Ausprachehilfe: Hören Sie den Text und kontrollieren Sie Ihre Lösungen.
An email from Knut. Add *haben* or *sein* in the correct form. Pronunciation help: Listen to the text and check your answers.

Liebe Kathrin,

wie geht es dir? Mir geht es gut. Ich *bin* drei Tage bei Tante Emma und Onkel Klaus in Ottobrunn gewesen und .... interessante Neuigkeiten gehört: Mein Cousin Alex .... 50 000 Euro im Lotto gewonnen! Er .... sich von dem Geld ein neues Auto gekauft und .... damit sofort nach Italien gefahren. In Italien .... er dann seine Traumfrau getroffen. Sie heißt Nora und .... vorgestern mit Alex nach Ottobrunn gekommen. Gestern .... wir alle zusammen in einem tollen Restaurant gegessen. Nora und Alex haben uns gesagt, dass sie heiraten wollen. Was für eine Überraschung!

Liebe Grüße
Knut

3 **Was ist gestern alles passiert? Bilden Sie Sätze im Perfekt mit *haben* oder *sein*.** (18)
Ausprachehilfe: Hören Sie die Lösungen und sprechen Sie die Sätze nach.
What happened yesterday? Form sentences in the perfect tense using *haben* or *sein*. Pronunciation help: Listen to the answers and repeat the sentences.

- Frank – zur Firma – laufen — *Frank ist zur Firma gelaufen.*

1. er – zu spät – zur Arbeit – kommen ....
2. alle – auf Frank – warten ....
3. Beate – keinen Parkplatz – finden ....
4. Adrian – mit dem Fahrrad – fahren ....
5. die Besprechung – nicht pünktlich – beginnen ....
6. Martha – alle E-Mails – löschen ....
7. Stefan – das Computerproblem – nicht – lösen ....
8. Herr Müller – nach Madrid – fliegen ....
9. das Flugzeug – in Madrid – mit Verspätung – landen ....
10. ich – den ganzen Tag – hart – arbeiten ....
11. Melanie – Dokumente – kopieren ....
12. Niklas und Moritz – über einen Auftrag – diskutieren ....
13. Steffi – mal wieder – im Internet – surfen ....
14. Thomas – einen wichtigen Termin – vergessen ....

4 **Katharina hatte gestern einen freien Tag. Was hat sie gemacht?**
Bilden Sie Sätze im Perfekt mit *haben* oder *sein*.
Katharina had a day off yesterday. What did she do? Form sentences in the perfect tense using *haben* or *sein*.

1. um 9.00 Uhr – frühstücken — *Um 9.00 Uhr hat Katharina* ....
2. beim Frühstück – ihre Nachrichten checken ....
3. um 10.30 Uhr – ins Fitnessstudio gehen ....
4. gegen 13.00 Uhr – im Restaurant einen Salat essen ....
5. danach – durch den Park laufen ....
6. gegen 17.00 Uhr – neue Schuhe kaufen ....
7. um 18.00 Uhr – mit einer Freundin telefonieren ....
8. ab 20.00 Uhr – auf einer Party mit Alexander tanzen ....
9. um 23.30 Uhr – ins Bett gehen ....
10. im Bett – einen Krimi lesen ....

Verben mit Präfix   Verbs with a prefix

A Verben mit trennbarem Präfix   Verbs with a separable prefix

Was hat Otto gestern gemacht?

Otto ist sehr früh aufgestanden.
Er hat am Computer sein Passwort eingegeben und viele Dokumente ausgedruckt.

Formen Forms

	regelmäßige Verben		unregelmäßige Verben			
	ausdrucken		eingeben		aufstehen	
ich	habe		habe		bin	
du	hast		hast		bist	
er/sie/es	hat		hat		ist	
wir	haben	ausgedruckt	haben	eingegeben	sind	aufgestanden
ihr	habt		habt		seid	
sie/Sie	haben		haben		sind	

Seite 21: Übersicht *Verben mit Präfix*

→ Verben mit Präfix bilden das Perfekt mit *haben* oder *sein* und dem Partizip II.
The perfect tense of verbs with a prefix is formed with *haben* or *sein* and the past participle.

→ Bei trennbaren Verben steht beim Partizip II *-ge-* zwischen Präfix und Verbstamm:
- regelmäßige Verben: Präfix + *-ge-* + Verbstamm + *-(e)t*: ausgedruckt
- unregelmäßige Verben: Präfix + *-ge-* + Verbstamm + *-en*: aufgestanden

With separable verbs *-ge-* is placed between the prefix and the verb stem:
- Regular verbs: prefix + *-ge-* + verb stem + *-(e)t*: *ausgedruckt*
- Irregular verbs: prefix + *-ge-* + verb stem + *-en*: *aufgestanden*

B Verben mit nicht trennbarem Präfix   Verbs with an inseparable prefix

Was hat Melanie gestern gemacht?

Melanie hat viele E-Mails bekommen und beantwortet.
Sie hat mit Kunden Termine vereinbart.

Tempora: Perfekt

Formen Forms

	regelmäßige Verben				unregelmäßige Verben	
	vereinbaren		beantworten		bekommen	
ich	habe	vereinbart	habe	beantwortet	habe	bekommen
du	hast		hast		hast	
er/sie/es	hat		hat		hat	
wir	haben		haben		haben	
ihr	habt		habt		habt	
sie/Sie	haben		haben		haben	

Verben mit nicht trennbarem Präfix bilden das Partizip II ohne *ge-*:

- regelmäßige Verben: Verbstamm + *-(e)t*: vereinbart
- unregelmäßige Verben: Verbstamm + *-en*: bekommen

The past participle of inseparable verbs is formed without *ge-*:

- Regular verbs: verb stem + *-(e)t*: *vereinbart*
- Irregular verbs: verb stem + *-en*: *bekommen*

Satzbau Sentence structure

Im Aussagesatz und im Fragesatz mit Fragewort steht das Hilfsverb an 2. Stelle, das Partizip steht am Satzende.
In statements and wh-questions the helping verb is in the second position. The participle is placed at the end of the sentence.

I.	II.	III.	Satzende
Otto	ist	gestern sehr früh	aufgestanden.
Wann	bist	du gestern	aufgestanden?

Im Fragesatz ohne Fragewort steht das Hilfsverb an 1. Stelle, das Partizip steht am Satzende.
In yes-no questions the helping verb is in the first position. The participle is placed at the end of the sentence.

I.	II.	III.	Satzende
Hast	du	schon einen Termin mit dem Kunden	vereinbart?

Übungen

1 Viel Arbeit im Haushalt. Bilden Sie Fragen und antworten Sie. (19)
Aussprachehilfe: Hören Sie die Lösungen und sprechen Sie die Sätze nach.
Household tasks. Ask questions and answer them. Pronunciation help: Listen to the answers and repeat the sentences.

- mal das Geschirr abspülen
  Spülst du mal das Geschirr ab? – *Ich habe das Geschirr schon abgespült.*

1. das Zimmer heute noch aufräumen
   ....? – ....
2. die Teller mal in den Küchenschrank einräumen
   ....? – ....
3. das Paket heute von der Post abholen
   ....? – ....
4. morgen die Stromrechnung bezahlen
   ....? – ....
5. das Waschbecken heute noch anbauen
   ....? – ....
6. bald den alten Kühlschrank verkaufen
   ....? – ....

7. bald einen neuen Kühlschrank bestellen
   ....? – ....
8. das Bild heute noch aufhängen
   ....? – ....
9. mal die Gläser abtrocknen
   ....? – ....
10. heute frisches Obst einkaufen
   ....? – ....
11. mal die Musik im Wohnzimmer ausmachen
   ....? – ....
12. mal den Fernseher im Schlafzimmer einschalten
   ....? – ....
13. das Licht im Arbeitszimmer noch ausschalten
   ....? – ....

2 Wann? Bilden Sie Fragen im Perfekt und antworten Sie.
When? Ask questions in the perfect tense and answer them.

- wann – du – gestern – einschlafen *(um 23.00 Uhr)*
  Wann bist du gestern eingeschlafen? – *Ich bin um 23.00 Uhr eingeschlafen.*

1. wann – du – heute – aufstehen *(um 9.00 Uhr)*
   ....? – ....
2. wann – der Sprachkurs – anfangen *(am Montag)*
   ....? – ....
3. wann – du – Tante Annelies – anrufen *(gestern)*
   ....? – ....
4. wann – der Zug – ankommen *(um 17.00 Uhr)*
   ....? – ....

3 Viel Arbeit im Büro. Bilden Sie Sätze im Perfekt. 20
Aussprachehilfe: Hören Sie die Lösungen und sprechen Sie die Sätze nach.
Lots to do at the office. Form sentences in the perfect tense. Pronunciation help: Listen to the answers and repeat the sentences.

Das hat Felix heute alles gemacht:

- alle Computer einschalten
  Felix hat alle Computer eingeschaltet.

1. verschiedene Passwörter eingeben
   ....
2. alle Computerfunktionen kontrollieren
   ....
3. einige Probleme lösen
   ....
4. viele Dokumente ausdrucken
   ....
5. die Kollegen über Veränderungen informieren ....
6. eine neue Mitarbeiterin vorstellen ....
7. über schwierige Probleme diskutieren ....
8. zwei Softwarefirmen anrufen ....
9. viele Termine vereinbaren ....
10. eine Präsentation vorbereiten ....
11. einen Vertreter vom Bahnhof abholen ....
12. an einer Besprechung teilnehmen ....
13. Gespräche mit der Marketingmanagerin führen ....
14. einen Vertrag unterschreiben ....

1.1.4 Präteritum The preterite tense

Vergangenheitsformen Past tense forms

Gestern sind wir nach Frankfurt gefahren.
Dort haben wir ein Museum besucht.

Der Minister fuhr gestern nach Warschau.
Dort begrüßte er den polnischen Wirtschaftsminister.

Perfekt oder Präteritum? Perfect or preterite tense?

Perfekt	Wir **sind** nach Frankfurt **gefahren**. Wir **haben** ein Museum **besucht**.	Das Perfekt verwenden wir meist im Gespräch, in mündlichen Berichten oder in der schriftlichen Alltagskommunikation (z. B. in E-Mails). The perfect tense is mainly used in discussions, oral reports and everyday written communication, such as emails.
Präteritum	Der Minister **fuhr** nach Warschau. Er **begrüßte** den polnischen Wirtschaftsminister.	Das Präteritum verwenden wir in formellen Texten wie Zeitungsartikeln, Berichten oder in literarischen Texten. Außerdem wird es bei den Verben *haben* und *sein*, den Modalverben und Wendungen wie *etwas/nichts wissen, etwas gut/richtig finden, etwas geht/läuft gut* als Vergangenheitsform bevorzugt. We use the preterite tense in formal texts, such as newspaper articles, reports and literary texts. In addition, the preterite tense is preferred with the verbs *haben* and *sein*, modal verbs and some expressions *(etwas/nichts wissen, etwas gut/richtig finden, etwas geht/läuft gut)*.

Besondere Verben: *haben, sein, werden* und *wissen*

Special verbs: *haben, sein, werden* and *wissen*

Wo warst du am Montag?

Ich war beim Arzt.
Ich hatte eine Erkältung.

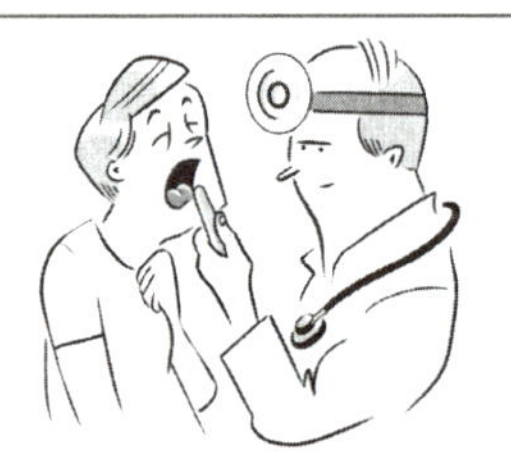

Formen Forms

	haben	sein	werden	wissen
ich	hatte	war	wurde	wusste
du	hattest	warst	wurdest	wusstest
er/sie/es	hatte	war	wurde	wusste
wir	hatten	waren	wurden	wussten
ihr	hattet	wart	wurdet	wusstet
sie/Sie	hatten	waren	wurden	wussten

Bei den Verben *haben* und *sein* bevorzugen wir in der Vergangenheit das Präteritum. Auch einige andere Verben wie *wissen* oder *werden* verwendet man in bestimmten Kontexten im Präteritum.
When talking about the past with the verbs *haben, sein* and *werden*, as well as some other verbs like *wissen*, we prefer the preterite tense.

▶ Satzbau Sentence structure

Im Aussagesatz und im Fragesatz mit Fragewort steht das konjugierte Verb an 2. Stelle, die Ergänzung am Satzende.
In statements and wh-questions the conjugated verb is in the second position. The complement of the verb is placed at the end of the sentence.

I.	II.	III.	Satzende
Wo	wart	ihr gestern?	
Christine	hatte	gestern	Urlaub.
Ich	war	gestern	beim Arzt.

Im Fragesatz ohne Fragewort steht das konjugierte Verb an 1. Stelle, die Ergänzung steht am Satzende.
In yes-no questions the conjugated verb is in the first position. The complement of the verb is placed at the end of the sentence.

I.	II.	III.	Satzende
War	Franz	gestern auch	krank?

Übungen

1 Ergänzen Sie *haben, sein* oder *wissen* im Präteritum.
Complete the sentences with *haben, sein* or *wissen* in the preterite.

1. sein
   a) Wir *waren*
   b) Ihr ....
   c) Christine ....] im Urlaub.
2. haben
   a) Du ....
   b) Wir ....
   c) Ihr ....] großes Glück.
3. sein
   a) Das Hotel ....
   b) Die Landschaft ....
   c) Die Bademöglichkeiten ....] traumhaft.
4. haben
   a) Meine Tante ....
   b) Ich ....
   c) Klaus und Karin ....] im Urlaub schönes Wetter.
5. wissen
   a) Ich ....
   b) Anton ....
   c) Meine Eltern ....] nichts über das Land.

2 Bilden Sie Sätze im Präteritum. (21)
Aussprachehilfe: Hören Sie die Lösungen und sprechen Sie die Sätze nach.
Form sentences in the preterite tense. Pronunciation help: Listen to the answers and repeat the sentences.

- wo – ihr – gestern – sein? *Wo wart ihr gestern?*

1. wir – auf einer Party – sein ....
2. warum – du – nicht – da – sein? ....?
3. ich – von der Party – nichts wissen ....
4. es – schön – auf der Party – sein? ....?
5. nein – es – schrecklich – sein ....
6. Marcus – wieder mal – schlecht – werden ....
7. Marie – Kopfschmerzen – haben ....
8. die Musik – viel zu laut – sein ....
9. Karl – Ärger mit Susanne – haben ....
10. um 22.00 Uhr – ich – keine Lust mehr – haben ....

Tempora: Präteritum

Besondere Verben: Modalverben Special verbs: modal verbs

Wo warst du am Montag?

Ich war beim Arzt.
Ich konnte nicht kommen.

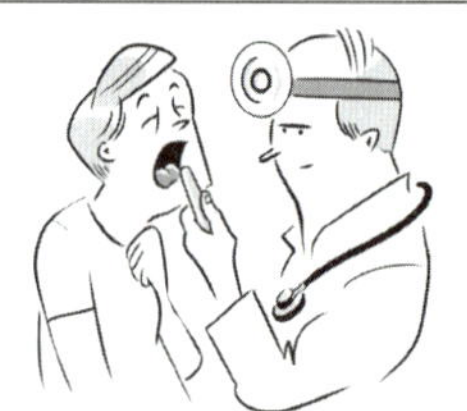

Formen Forms

	können	müssen	sollen	dürfen	mögen	wollen
ich	konnte	musste	sollte	durfte	mochte	wollte
du	konntest	musstest	solltest	durftest	mochtest	wolltest
er/sie/es	konnte	musste	sollte	durfte	mochte	wollte
wir	konnten	mussten	sollten	durften	mochten	wollten
ihr	konntet	musstet	solltet	durftet	mochtet	wolltet
sie/Sie	konnten	mussten	sollten	durften	mochten	wollten

→ Bei den Modalverben bevorzugen wir in der Vergangenheit das Präteritum.
We prefer the preterite tense when using modal verbs to talk about the past.

→ Modalverben stehen meistens mit einem Infinitiv: Ich **konnte** nicht **kommen.**
Modal verbs are usually followed by an infinitive: *Ich konnte nicht kommen.*

→ Für das Verb *möchten* gibt es keine Vergangenheitsform. Wir verwenden deshalb die Vergangenheitsform von *wollen*: Ich **möchte** einen Flug buchen. → Ich **wollte** einen Flug buchen.
There is no past tense form of the verb *möchten*. We therefore use the preterite tense of wollen: *Ich möchte einen Flug buchen.* → *Ich wollte einen Flug buchen.*

Satzbau Sentence structure

Im Aussagesatz und im Fragesatz mit Fragewort steht das Modalverb an 2. Stelle, der Infinitiv steht am Satzende.
In statements and wh-questions the modal verb is in the second position. The infinitive is placed at the end of the sentence.

I.	II.	III.	Satzende
Ich	konnte	gestern nicht	kommen.
Warum	konntest	du nicht	kommen?

Im Fragesatz ohne Fragewort steht das Modalverb an 1. Stelle, der Infinitiv steht am Satzende.
In yes-no questions the modal verb is in the first position. The infinitive is placed at the end of the sentence.

I.	II.	III.	Satzende
Konntest	du	nicht an der Sitzung	teilnehmen?

Übungen

1 Ergänzen Sie die Modalverben im Präteritum.
Complete the sentences with the modal verbs in the preterite.

1. können
   a) Ich *konnte*
   b) Klaus ....
   c) Wir ....] dich gestern nicht besuchen.
2. müssen
   a) Elli ....
   b) Wir ....
   c) Ich ....] länger arbeiten.

3. sollen a) Ich .... b) Frau Krüger .... c) Wir .... den Bericht an alle senden.
4. dürfen a) Ich .... b) Man .... c) Wir .... hier früher noch gratis parken.
5. wollen a) Der Betriebsrat .... b) Ich .... c) Die Beschäftigten .... keine Kompromisse mehr machen.
6. mögen a) Julius .... b) Ich .... c) Wir .... die Kollegin sehr. Schade, dass sie gekündigt hat.

2 **Heute und gestern. Ergänzen Sie die Modalverben im Präsens und im Präteritum.** 22
Aussprachehilfe: Hören Sie die Lösungen und sprechen Sie die Sätze nach.
Today and yesterday. Complete the sentences by adding the given modal verb in the present and preterite tense.
Pronunciation help: Listen to the answers and repeat the sentences.

1. mögen Heute *mag* Sebastian seine Arbeit.
   Früher .... er sie nicht.
2. wollen Mia .... jetzt einen Managementkurs besuchen.
   Früher .... sie nicht im Managerbereich arbeiten.
3. können Christoph .... heute perfekt Spanisch sprechen.
   Früher .... er kein Spanisch.
4. dürfen Leni .... jetzt drei Tage pro Woche im Homeoffice arbeiten.
   Früher .... sie das nicht.
5. müssen Heute .... Patrick keine Überstunden mehr machen.
   Früher .... er oft länger arbeiten.
6. sollen Früher .... die Praktikanten immer die Sitzungsprotokolle schreiben.
   Das .... sie jetzt immer noch.

3 **Ergänzen Sie die Modalverben im Präteritum.**
Complete each sentence by adding the modal verb in the preterite.

- Was *wollte* Marie schon wieder? *(wollen)*
1. Warum .... du so lange im Büro bleiben? *(müssen)*
2. .... ihr nicht die Projektbeschreibung fertig machen? *(sollen)*
3. .... ihr mit den Gästen essen gehen? *(dürfen)*
4. .... Sie das Dokument nicht ausdrucken? *(können)*
5. .... du mich nicht gestern anrufen? *(wollen)*
6. .... ihr nicht um 12 Uhr Pause machen? *(wollen)*

4 **Ergänzen Sie die Verben im Präteritum.**
Complete the sentences by adding the verbs in the preterite.

1. Oma *hatte* gestern ihren 80. Geburtstag! Aber sie .... kein Geschenk haben. *(haben, wollen)*
2. .... ihr schon mal im Guggenheim-Museum in New York? .... ihr auch so lange in der Schlange stehen? *(sein, müssen)*
3. Das Hotelzimmer .... schrecklich. Es .... keine Badewanne und keinen Fernseher. Außerdem .... die Dusche kaputt, man .... nicht duschen. *(sein, haben, sein, können)*
4. Wo .... du gestern? – Ich .... zu Hause. Ich .... Kopfschmerzen und .... im Bett bleiben. *(sein, sein, haben, müssen)*
5. Das .... ein tolles Fußballspiel! Alle Spieler .... fit und der Torschütze .... zweimal richtiges Glück. Leider .... Rudi Holzbein nicht mitspielen. Er .... auf der Ersatzbank sitzen. *(sein, sein, haben, dürfen, müssen)*
6. Frau Müller ist die neue Direktorin, deshalb .... die Abteilung gestern Abend eine Party. Viele Mitarbeiterinnen und Mitarbeiter .... aber nicht kommen, sie .... länger arbeiten. Ich .... auch nicht da. Ich .... gar nichts von der Party. *(haben, können, müssen, sein, wissen)*

Tempora: Präteritum

Regelmäßige und unregelmäßige Verben Regular and irregular verbs

A Regelmäßige Verben Regular verbs

Aus den Nachrichten:

Gestern diskutierten die Abgeordneten über die Agrarpolitik.

Formen Forms

	malen	diskutieren	Verben auf -*t*/-*d*/-*n*/-*m*: arbeiten	Verben auf -*t*/-*d*/-*n*/-*m*: öffnen
ich	malte	diskutierte	arbeitete	öffnete
du	maltest	diskutiertest	arbeitetest	öffnetest
er/sie/es	malte	diskutierte	arbeitete	öffnete
wir	malten	diskutierten	arbeiteten	öffneten
ihr	maltet	diskutiertet	arbeitetet	öffnetet
sie/Sie	malten	diskutierten	arbeiteten	öffneten

→ Regelmäßige Verben bilden das Präteritum mit -*t*-: malten, diskutierten.
The preterite of regular verbs is formed with -*t*-: *malten, diskutierten*.

→ Verben auf -*d* oder -*t* bilden das Präteritum mit -*et*-: arbeiteten.
The preterite of verbs whose stem ends in -*d* or -*t* is formed with -*et*-: *arbeiteten*.

→ Verben auf -*n* oder -*m* bilden das Präteritum mit -*et*-, wenn ein anderer Konsonant (aber nicht: *r*) davorsteht: öffneten.
The preterite of verbs whose stem ends in -*n* or -*m* is formed with -*et*- if the -*n* or -*m* is preceded by a consonant (other than *r*): *öffneten*.

B Unregelmäßige Verben Irregular verbs

Aus den Nachrichten:

Der Minister gab ein Interview.

▶ Formen Forms

				Verben auf *-t/-d*
	geben	**gehen**	**kommen**	**bitten**
ich	gab	ging	kam	bat
du	gabst	gingst	kamst	batest
er/sie/es	gab	ging	kam	bat
wir	gaben	gingen	kamen	baten
ihr	gabt	gingt	kamt	batet
sie/Sie	gaben	gingen	kamen	baten

➤ Seite 176: Übersicht *Unregelmäßige Verben*

→ Unregelmäßige Verben haben im Präteritum einen Vokalwechsel: geben → gaben.
The stem vowel of irregular verbs changes in the preterite tense: *geben → gaben.*

→ Die 1. und die 3. Person Singular haben keine Endung: ich gab, er gab.
The first- and third-person singular forms have no ending: *ich gab, er gab.*

→ Verben auf *-d* oder *-t* enden in der 2. Person Singular auf *-est*, in der 2. Person Plural auf *-et*: du batest, ihr batet.
Verbs whose stem ends in *-d* or *-t* add the ending *-est* in the second-person singular and *-et* in the second-person plural: *du batest, ihr batet.*

▶ Satzbau Sentence structure

Im Aussagesatz und im Fragesatz mit Fragewort steht das konjugierte Verb an 2. Stelle.
In statements and wh-questions the conjugated verb is in the second position.

I.	II.	III.
Der Minister	**gab**	ein Interview.
Wann	**gab**	der Minister das Interview?

Im Fragesatz ohne Fragewort steht das konjugierte Verb an 1. Stelle.
In yes-no questions the conjugated verb is in the first position.

I.	II.	III.
Gab	der Minister	schon wieder ein Interview?

Übungen

1 Regelmäßige Verben. Bilden Sie Sätze und ergänzen Sie die Tabelle.
Make sentences and complete the table.

Infinitiv		Präsens	Präteritum
● suchen – den Schlüssel	ich	*Ich suche den Schlüssel.*	*Ich suchte den Schlüssel.*
1. arbeiten – bei Siemens	er	....	....
2. führen – ein Gespräch	wir	....	....
3. telefonieren – mit Max	sie *(Sg.)*	....	....
4. leiten – das Projekt	er	....	....
5. lösen – das Problem	wir	....	....
6. posten – ein Foto	ich	....	....
7. öffnen – das Fenster	sie *(Sg.)*	....	....
8. tanzen	wir	....	....
9. präsentieren – das Ergebnis	ich	....	....

1.1 Verben

Tempora: Präteritum

2 Unregelmäßige Verben. Ergänzen Sie die Verben im Präteritum.

Irregular verbs. Add the verbs in the preterite tense.

- gehen — Leider *ging* es am Freitag nicht. Ich hatte keine Zeit.

1. kommen — Die Gäste .... eine Stunde zu spät. Das Essen war schon kalt.
2. beginnen — Die Geschichte .... vor 15 Jahren.
3. gewinnen — Die Mannschaft .... den Pokal.
4. geben — Die Spieler .... alles.
5. finden — Ich .... den Film gut.
6. sprechen — Die Abgeordneten .... mit dem Ministerpräsidenten.
7. sterben — Johann Sebastian Bach .... 1750 in Leipzig.
8. rufen — Sie hörte ein lautes Geräusch und .... die Polizei.
9. laufen — Die Präsentation .... nicht gut.
10. fahren — Viele Menschen .... am Sonntag mit dem Auto in den Urlaub.
11. stehen — Die Familie .... viele Stunden im Stau.

3 Lesen und hören Sie den Text über einen berühmten deutschen Fußballspieler. Nennen Sie den Infinitiv.

23

A football legend. Read and listen to the text about a famous German soccer player. Write the infinitive.

Eine Fußballlegende

Franz Beckenbauer wurde 1945 in München geboren. Schon früh interessierte er sich für Fußball und spielte als Jugendlicher beim Sportklub 1906 München. 1958 plante der 13-jährige Franz den Wechsel zum größten Klub in München, dem TSV 1860. Bei einem Spiel gegen den TSV bekam er von einem TSV-Spieler eine Ohrfeige. Deshalb änderte Franz seine Pläne und wechselte zum FC Bayern München. Mit 19 Jahren machte er sein erstes Spiel und schoss sein erstes Tor für den FC Bayern. Franz Beckenbauer gewann mit seinem Klub viele Pokale und wurde mehrmals Deutscher Meister. 1974 war sein erfolgreichstes Jahr. Der FC Bayern holte den deutschen Meistertitel und den Europapokal der Landesmeister. Mit der Nationalmannschaft feierte er 1974 den Gewinn der Weltmeisterschaft. 1982 beendete er seine Fußballerkarriere. Franz Beckenbauer absolvierte insgesamt 424 Spiele für die Bundesliga und 103 Spiele für die deutsche Nationalmannschaft. Von 1984 bis 1990 arbeitete er als Trainer und Teamchef für Deutschland und führte die deutsche Nationalmannschaft 1990 zum Weltmeistertitel.

werden / ....
....
....
....
.... / ....
....
....
....
....
....
....
....
....
....
....

4 Bilden Sie aus den vorgegebenen Wörtern Sätze im Präteritum.

Use the given words to write sentences in the preterite.

- Martin – früher – gern Fußball – spielen
  Martin spielte früher gern Fußball.

1. er – mit 20 Jahren – sein erstes Länderspiel – machen
   ....
2. er – mit seinem Hamburger Klub – viele Pokale und Meistertitel – holen
   ....
3. vor vier Jahren – er – seine sportliche Karriere – beenden
   ....

4. Martine – ein Praktikum – in Hamburg – absolvieren
5. dort – sie – Deutsch – lernen
6. sie – danach – drei Jahre – bei einer Bank – arbeiten
7. sie – eine kleine Abteilung – leiten
8. im letzten Jahr – Martin und Martine – heiraten

5 Lesen und hören Sie den folgenden Text und markieren Sie alle Verben im Präteritum. Ergänzen Sie dann die Tabelle. 24

Read and listen to the following text, and mark all verbs in the preterite tense. Then complete the table.

Die Anfänge der Motorisierung

1668 konstruierte der Belgier Ferdinand Verbiest das erste Auto. Das etwa 60 Zentimeter lange Modell lief mit Dampf. Allerdings weiß heute niemand, ob dieses Auto überhaupt fuhr. Den ersten Dampf-Straßenwagen baute 1769 der Franzose Nicolas Joseph Cugnot (1725–1804). Er transportierte mit dem Auto Kanonen für das französische Militär. Das Fahrzeug erreichte eine Geschwindigkeit von vier Kilometern pro Stunde, es brauchte aber alle 15 Minuten eine Pause. Ab 1780 nutzte man in England Dampf-Traktoren zur Feldarbeit. Im Straßenverkehr funktionierten die Traktoren nicht, sie waren zu groß und zu schwer. Um 1825 entwickelte der Engländer Samuel Brown die ersten mobilen Gasverbrennungsmotoren. Er bekam 1826 für ein Fahrzeug mit einem vier PS starken Motor ein Patent. Ab 1900 experimentierten die Konstrukteure mit verschiedenen Antriebssystemen. Der große Erfolg kam mit der Nutzung der Elektrizität. 1899 erreichte ein Renn-Elektromobil bereits 100 Kilometer pro Stunde, das Elektromobil kam aber nur 30 Kilometer weit.

Dampf: steam • Kanone: cannon • Traktor: tractor • Gasverbrennungsmotor: natural gas engine • Antriebssystem: drive system

Präteritum		Infinitiv
regelmäßige Verben	unregelmäßige Verben	
Ferdinand Verbiest konstruierte		konstruieren
	das Modell lief	laufen

Tempora: Präteritum

6 Ergänzen Sie in den folgenden Nachrichten die Verben im Präteritum. 25
Aussprachehilfe: Hören Sie die Nachrichten und kontrollieren Sie Ihre Lösungen.
Complete the following news items using the verbs in the preterite tense. Pronunciation help: Listen to the news and check your answers.

1
In der Nähe von Rom *landete (landen)* heute Nachmittag ein Flugzeug auf der Autobahn. Das Flugzeug .... *(haben)* keinen Treibstoff mehr. Die Passagiere .... *(verlassen)* die Maschine über die Notausgänge. Schon zehn Minuten nach der Landung .... *(sein)* Polizei und Feuerwehr an der Landestelle.

2
Deutsche Wissenschaftler .... *(entdecken)* auf der Insel Madagaskar zahlreiche neue Tierarten. Die Biologen der Universität Hamburg .... *(finden)* elf neue Insekten. Einige Insektenarten .... *(leben)* bereits zur Zeit der Dinosaurier.

3
Das .... *(sein)* ein gutes Jahr für die Kulturszene in Deutschland! Es .... *(geben)* einige große Erfolge: Ein deutscher Film .... *(erhalten)* den Silbernen Bären beim Filmfestival in Berlin. Zur Buchmesse nach Frankfurt .... *(kommen)* wieder über 200 000 Bücherfreunde und in München .... *(bewundern)* viele Besucher die Gemälde in der weltgrößten Kandinsky-Ausstellung.

4
Wie .... *(sein)* die Preisentwicklung im letzten Jahr? Diese Frage .... *(beantworten)* heute ein Mitarbeiter des Statistischen Bundesamtes. Insgesamt .... *(sein)* die Inflationsrate hoch. Öl und Gas .... *(werden)* teurer. Auch die Preise für Lebensmittel .... *(steigen)* um drei Prozent.

5
Die Deutsche Bahn .... *(geraten)* im letzten Jahr in eine Krise. Die Unternehmensleitung .... *(sprechen)* heute mit dem Verkehrsminister über mögliche Lösungen. Am Abend .... *(treten)* der Minister vor die Presse und .... *(geben)* das Resultat der Verhandlungen bekannt.

6
Gestern Abend .... *(spielen)* Manchester United gegen den FC Barcelona im Endspiel der UEFA Champions League. Die Spanier .... *(gewinnen)* das Spiel mit 2:0. Hunderttausende Fans .... *(feiern)* in Barcelona den Sieg.

7
75 Jahre lang .... *(verfolgen)* Wissenschaftler in einer Langzeitstudie der Universität Harvard das Leben von 700 Menschen. Die Ergebnisse .... *(bestätigen)* nun, was viele von uns bereits .... *(wissen)*: Die Menschen, die in einer guten Beziehung .... *(leben)*, ... *(sein)* gesünder und zufriedener als einsame Menschen oder Menschen in unglücklichen Beziehungen. Sie .... *(werden)* einige Jahre älter und .... *(haben)* seltener schwere Krankheiten wie Krebs oder Demenz.

8
Heute .... *(fallen)* in Deutschland der erste Schnee. Auf den Autobahnen .... *(kommen)* es zu einigen Unfällen. Viele Autofahrer .... *(stehen)* im Stau. Auch im Zugverkehr .... *(geben)* es Verspätungen. Reisende .... *(müssen)* mehr als eine Stunde auf ihre Züge warten.

7 Schreiben Sie die Sätze im Präteritum.
Rewrite the sentences in the preterite.

- Keiner kommt zu Emils Party! — *Keiner kam zu Emils Party!*

1. Klaus hat Bauchschmerzen. ....
2. Andrea liegt im Krankenhaus. ....
3. Gregor und Karl spielen noch Golf. ....
4. Franzi muss noch arbeiten. ....
5. Gustav feiert auf einer anderen Party. ....
6. Moritz weiß nichts von der Party. ....
7. Die Nachbarin will nicht kommen. ....
8. Karin geht lieber ins Kino. ....
9. Oskar kann nicht laufen. ....
10. Petra wird plötzlich krank. ....
11. Nina besucht ihren Freund. ....
12. Oskar lernt für eine Prüfung. ....

Verben mit Präfix   Verbs with a prefix

Verben mit trennbaren und nicht trennbaren Präfixen   Verbs with separable and inseparable prefixes

Was sonst noch passierte:

Ein Mann brach ins Museum ein.

Die Polizei verhaftete den Dieb noch am selben Tag.

Die Polizei arbeitete eng mit dem Museum zusammen.

Sie bekam viel Lob für ihr schnelles Handeln.

Formen   Forms

	Verben mit trennbaren Präfixen		Verben mit nicht trennbaren Präfixen	
	regelmäßige Verben	unregelmäßige Verben	regelmäßige Verben	unregelmäßige Verben
	zusammenarbeiten	**einbrechen**	**verhaften**	**bekommen**
ich	arbeitete zusammen	brach ein	verhaftete	bekam
du	arbeitetest zusammen	brachst ein	verhaftetest	bekamst
er/sie/es	arbeitete zusammen	brach ein	verhaftete	bekam
wir	arbeiteten zusammen	brachen ein	verhafteten	bekamen
ihr	arbeitetet zusammen	bracht ein	verhaftetet	bekamt
sie/Sie	arbeiteten zusammen	brachen ein	verhafteten	bekamen

Seite 21: Übersicht *Verben mit Präfix*

Verben mit trennbarem und nicht trennbarem Präfix können regelmäßige oder unregelmäßige Formen des Präteritums bilden.
Verbs with separable and inseparable prefixes can be either regular or irregular in the preterite tense.

Satzbau   Sentence structure

Bei trennbaren Verben steht das konjugierte Verb im Aussagesatz und im Fragesatz mit Fragewort an 2. Stelle, das trennbare Präfix steht am Satzende.
In statements and wh-questions with separable verbs the conjugated verb is in the second position. The separable prefix is placed at the end of the sentence.

I.	II.	III.	Satzende
Ein Mann	brach	ins Museum	ein.
Mit wem	arbeitete	die Polizei	zusammen?

Im Fragesatz ohne Fragewort steht das konjugierte Verb an 1. Stelle, das trennbare Präfix steht am Satzende.
In yes-no questions the conjugated verb is in the first position. The separable prefix is placed at the end of the sentence.

I.	II.	III.	Satzende
Brach	gestern	jemand ins Museum	ein?

Tempora: Präteritum

Übungen

1 Alles lief schief. Was steht im Bericht von Frau Weber? Bilden Sie Sätze im Präteritum.
Everything went wrong. What does Mrs Weber's report say? Form sentences in the preterite tense.

- Marie hat das Licht im Büro nicht ausgeschaltet. — *Marie schaltete das Licht im Büro nicht aus.*

1. Petra hat ihr Büro nicht abgeschlossen. ……………………
2. Kerstin hat die Gäste nicht vom Flughafen abgeholt. ……………………
3. Matthias hat die Kunden nicht angerufen. ……………………
4. Wolfgang hat den Jahresbericht nicht ausgedruckt. ……………………
5. Michaela hat die Dokumente nicht abgegeben. ……………………
6. Klaus hat die Formulare nicht ausgefüllt. ……………………
7. Christine hat die Reisekosten nicht abgerechnet. ……………………
8. Joachim hat die E-Mail nicht weitergeleitet. ……………………
9. Rainer hat die Alarmanlage nicht eingeschaltet. ……………………

2 Gesamtwiederholung: Wissenschaftliche Erkenntnisse 26
Ergänzen Sie die Verben im Präteritum.
Aussprachehilfe: Hören Sie die Texte und kontrollieren Sie Ihre Lösungen.
Review: Scientific findings. Add the verbs in the preterite tense. Pronunciation help: Listen to the texts and check your answers.

1
Schon vor über 500 Jahren *bauten* *(bauen)* die Inkas in Südamerika ein riesiges Straßennetz. Die Straßen ………………… *(verbinden)* Metropolen, Kultstätten und Festungen.

2
Das erste Frachtgut, das eine Eisenbahn in Deutschland ………………… *(transportieren)*, …………… *(sein)* zwei Fässer Bier. Der Auftrag aus dem Jahr 1836 ………………… *(kommen)* von der Brauerei Lederer in Nürnberg.

3
„Hitchbot" …………… *(heißen)* ein kleiner Roboter aus einem Eimer, Schwimmnudeln, Kindergummistiefeln und einem Tablet-Computer als Gehirn. Die kanadischen Erfinder ………………… *(wollen)* wissen, ob Menschen zu dieser Maschine eine Beziehung aufbauen können. Deshalb ………………… *(schicken)* sie ihn auf eine Reise durch verschiedene Länder. In den USA …………………… *(bekommen)* die Erfinder eine deutliche Antwort auf ihre Frage: Unbekannte Menschen ………………… *(zerstören)* den Roboter.

4
In einem englischen Supermarkt ………………… *(kaufen)* zwei Drittel der Kunden deutsche Weine, wenn im Supermarkt deutsche Volkslieder ………………… *(laufen)*. Bei französischen Chansons ………………… *(entscheiden)* sich 80 Prozent der Kunden für Wein aus Frankreich.

5
Kaffee ………………… *(gelten)* früher als giftig. Wie stark das Gift wirklich ………………… *(sein)*, …………………… *(wollen)* der schwedische König Gustav III. im 18. Jahrhundert herausfinden. In einem Experiment ………………… *(müssen)* zwei Kriminelle jahrelang trinken: Der eine ………………… *(dürfen)* nur Tee trinken, der andere nur Kaffee. Beide ………………… *(überleben)* den König. Der Teetrinker ………………… *(sterben)* mit 83 Jahren vor dem Kaffeetrinker.

6
Der deutsche Physiologe Adolf Gaston Eugen Fick ………………… *(entwickeln)* 1887 die ersten Kontaktlinsen. Die Linsen ………………… *(sein)* aus braunem Glas und ………………… *(haben)* einen Durchmesser von etwa 21 Millimetern. Fick ………………… *(testen)* die Linsen erst in den Augen von Kaninchen, dann ………………… *(tragen)* er sie selbst.

7
Die Tomate ………………… *(stammen)* ursprünglich aus Mittel- und Südamerika. Christoph Kolumbus ………………… 1498 die ersten Exemplare nach Spanien und Portugal …………… *(mitbringen)*. Zuerst ………………… *(gelten)* die Tomate, wie der Kaffee, in Europa als giftig. Ende des 18. Jahrhunderts ………………… *(kommen)* Italiener und Spanier auf die Idee, Tomaten zu essen. Erst ab 1900 ………………… *(essen)* auch die Deutschen Tomaten.

1.2 Reflexive Verben Reflexive verbs

Was machen diese Leute?

Alex beschwert sich über die neue Waschmaschine.

Mika beeilt sich. Der Zug fährt gleich.

Eddi und Eva unterhalten sich.

Formen Forms

- Reflexivpronomen im Akkusativ

	Singular		
1. Person	ich	beeile	mich
2. Person	du	beeilst	dich
3. Person	er sie es	beeilt	sich

Seite 94: Reflexivpronomen im Dativ

	Plural		
1. Person	wir	beeilen	uns
2. Person	ihr	beeilt	euch
3. Person	sie	beeilen	sich
formelle Anrede (Singular + Plural)	Sie	beeilen	sich

→ Das Reflexivpronomen zeigt an, dass sich die Handlung auf das Subjekt des Satzes bezieht.
Reflexive pronouns indicate that the action is being done to the subject of the sentence.

→ Die Reflexivpronomen in der 1. und 2. Person Singular und Plural entsprechen den Personalpronomen, das Reflexivpronomen in der 3. Person Singular und Plural und in der formellen Form ist immer *sich*.
In the first- and second-person singular and plural, the reflexive pronouns and personal pronouns are identical. The reflexive pronoun in the third-person singular and plural, and in the formal *Sie* form is *sich*.

→ Reflexive Verben bilden das Perfekt immer mit *haben*. Reflexive verbs always form the perfect tense with *haben*.

Satzbau: Stellung des Reflexivpronomens Sentence structure: position of the reflexive pronoun

Ist das Subjekt im Aussagesatz auf Position I, steht das Reflexivpronomen direkt hinter dem konjugierten Verb (Satz 1). Befindet sich das Subjekt im Mittelfeld (Position III), kann das Reflexivpronomen vor (Regelfall) oder hinter dem Subjekt stehen (Satz 2). Ist das Subjekt ein Personalpronomen, steht das Reflexivpronomen immer hinter dem Pronomen (Satz 3).
If the subject of a statement is in position I, the reflexive pronoun is placed directly after the conjugated verb (see sentence 1 below). If the subject is in the middle field (position III), the reflexive pronoun can come before (usually) or after the subject (see sentence 2 below). If the subject is a personal pronoun, the reflexive pronoun is always placed after the subject (see sentence 3 below).

I.	II.	III.
Alex	beschwert	sich über die neue Kaffeemaschine.
Am Montag	beschwert	sich Alex/Alex sich über die neue Waschmaschine.
Im Büro	unterhalte	ich mich gern mit meiner Kollegin.

In Fragesätzen steht das Reflexivpronomen vor (Regelfall) oder hinter dem Subjekt. Bei Personalpronomen steht es immer hinter dem Pronomen.
In questions the reflexive pronoun is placed before (usually) or after the subject. If the subject is a personal pronoun, then the reflexive pronoun is always placed after the personal pronoun (subject).

I.	II.	III.
Warum	beschwert	sich Alex/Alex sich über die neue Waschmaschine?
Mit wem	unterhältst	du dich gern?

Reflexive Verben

▶ Reflexive und teilreflexive Verben True reflexive and optionally reflexive verbs

Wir unterscheiden reflexive Verben und teilreflexive Verben.
There are two types of reflexive verbs: true and optionally reflexive.

Reflexive Verben stehen mit einem Reflexivpronomen. *(Auswahl)* True reflexive verbs are used with a reflexive pronoun. (some examples)	Paul ruht sich aus. Ich bedanke mich für die Blumen. Der Zug fährt gleich. Mika muss sich beeilen. Ich befinde mich in einer schwierigen Lage. Wir beschweren uns über das Hotelzimmer. Juliane hat sich erkältet. Mira erkundigt sich nach neuen Jobmöglichkeiten. Ich freue mich über den Erfolg. Ich kümmere mich um die Gäste. Ich verliebe mich nicht so schnell.	sich ausruhen sich bedanken sich beeilen sich befinden sich beschweren sich erkälten sich erkundigen sich freuen sich kümmern sich verlieben
Teilreflexive Verben können mit einem Reflexivpronomen oder einem anderen Akkusativobjekt stehen. *(Auswahl)* Optionally reflexive verbs can be used with a reflexive pronoun or with another accusative object. (some examples)	Ich melde mich/meine Kollegin für den Kurs an. Mark zieht sich/seine Jacke an. Ich ziehe mich/mein Kind noch schnell um. Ich ärgere mich/meinen Bruder. Ich dusche mich/meinen Sohn. Ich erinnere mich/Frau Müller nicht an den Termin. Ich föhne mich/meine Tochter. Nele schminkt sich/die Schauspielerin. Wir treffen uns/unsere Freunde im Restaurant. Wir unterhalten uns/die Gäste. Piet verabschiedet sich/die Kunden. Ich wasche mich/meine Socken.	sich/jemanden anmelden sich/etwas/jemanden anziehen sich/jemanden umziehen sich/jemanden ärgern sich/jemanden duschen sich/jemanden erinnern sich/jemanden föhnen sich/jemanden schminken sich/jemanden treffen sich/jemanden unterhalten sich/jemanden verabschieden sich/etwas/jemanden waschen

Übungen

1 Lesen Sie den folgenden Text und ergänzen Sie die Reflexivpronomen. 27
Aussprachehilfe: Hören Sie den Text und kontrollieren Sie Ihre Lösungen.
Emil's day. Read the following text and fill in the reflexive pronouns. Pronunciation help: Listen to the text and check your answers.

Emils Tag
Emils Tag beginnt um 7.00 Uhr. Er steht auf, danach duscht er *sich* und föhnt ....(1). Gegen 7.30 Uhr frühstückt er. Nach dem Frühstück zieht er ....(2) an und fährt zur Arbeit. Um 9.00 Uhr beginnt seine Arbeit, um 10.30 Uhr hat er seine erste Pause. In der Pause unterhält er ....(3) gerne mit Julia. Emil und Julia ärgern ....(4) manchmal über die vielen Besprechungen. Julia bewirbt ....(5) gerade bei einer anderen Firma. Sie interessiert ....(6) für die Arbeit mit anderen Menschen und möchte nicht immer nur im Büro sitzen. Abends treffen ....(7) Julia und Emil oft in einem kleinen Restaurant. Dort reden sie viel über das Leben und die Zukunft.

2 Ergänzen Sie die Reflexivpronomen.
Fill in the reflexive pronouns.

1. Franz hat .... in Irene verliebt. Hast du .... auch in Irene verliebt?
2. Warum streitet ihr .... immer?
3. Wir treffen .... direkt vor dem Restaurant.
4. Du musst .... beeilen, die Besprechung fängt gleich an.
5. Schauspieler schminken .... vor dem Auftritt.
6. Kathrin kann nicht kommen. Sie hat .... erkältet.
7. Hast du .... schon umgezogen?
8. Ich bin noch nicht fertig, ich habe .... noch nicht geföhnt.

3 Ergänzen Sie die Verben und Reflexivpronomen.
Fill in the verbs and reflexive pronouns.

1. unterhalten	a) Er	*unterhält*	*sich*	gerade mit dem Verwaltungsleiter.
	b) Ich	....	....	
	c) Wir	....	....	
2. interessieren	a) Franz	....	....	für Fußball.
	b) Du	....	....	
	c) Ihr	....	....	
3. bedanken	a) *Bedankst*	du	....	noch für das schöne Geschenk?
	b)	ihr	....	
	c)	er	....	
4. erinnern	a) Wir	....	....	gern an den fantastischen Urlaub.
	b) Ich	....	....	
	c) Meine Eltern	....	....	
5. ärgern	a)	ihr	....	immer noch über die Kollegin?
	b)	du	....	
	c)	Sie	....	
6. befinden	a) Die Firma	....	....	in einer schlechten finanziellen Lage.
	b) Ich	....	....	
	c) Mein Bruder	....	....	
7. verabschieden	a) Sebastian	....	....	von den Gästen.
	b) Ihr	....	....	
	c) Wir	....	....	
8. streiten	a)	du	....	schon wieder mit der Nachbarin?
	b)	ihr	....	
	c)	Sie	....	

4 Bilden Sie Fragen im Perfekt und antworten Sie. 28
Aussprachehilfe: Hören Sie die Lösungen und sprechen Sie die Sätze nach.
Ask questions in the perfect tense and answer them. Listen to the answers and repeat the sentences.

- bedanken – du – für die Blumen
  Hast du dich für die Blumen bedankt? – *Ja, ich habe mich für die Blumen bedankt.*

1. freuen – du – über das Stellenangebot
   ....? – ....
2. unterhalten – Max und Anna – über die Homeoffice-Regeln
   ....? – ....
3. ärgern – ihr – über das Hotelzimmer
   ....? – ....
4. beschweren – Herr Kümmel – über die hohen Preise
   ....? – ....
5. bewerben – Marianne – um die Stelle als Managerin
   ....? – ....
6. anmelden – ihr – für das Seminar
   ....? – ....
7. verabschieden – du – schon
   ....? – ....
8. interessieren – du – auch – für das Projekt
   ....? – ....
9. freuen – ihr – über den Erfolg
   ....? – ....
10. sonnen – du – auf dem Balkon
   ....? – ....

1.3 Imperativ Imperative

Gesund leben

Treiben Sie regelmäßig Sport!

Iss mehr Obst und Gemüse!

Arbeitet nicht so viel!

▶ Formen Forms

	du	ihr	Sie
Verben ohne Vokalwechsel verbs without vowel change	Mach weiter! *(du machst)*	Macht weiter! *(ihr macht)*	Machen Sie weiter! *(Sie machen)*
Verben auf *-d/-t/-n/-m* verbs whose stems end in *-d/-t/-n/-m*	Arbeite weniger! *(du arbeitest)*	Arbeitet weniger! *(ihr arbeitet)*	Arbeiten Sie weniger! *(Sie arbeiten)*
Verben mit Vokalwechsel verbs with vowel change	Iss gesund! *(du isst)* Fahr langsamer! *(du fährst)*	Esst gesund! *(ihr esst)* Fahrt langsamer! *(ihr fahrt)*	Essen Sie gesund! *(Sie essen)* Fahren Sie langsamer! *(Sie fahren)*
trennbare Verben verbs with separable prefix	Komm mit! *(du kommst mit)*	Kommt mit! *(ihr kommt mit)*	Kommen Sie mit! *(Sie kommen mit)*
Sonderformen: verbs with particular forms: ***sein***	Sei pünktlich! *(du bist)*	Seid pünktlich! *(ihr seid)*	Seien Sie pünktlich! *(Sie sind)*
haben	Hab keine Angst! *(du hast)*	Habt keine Angst! *(ihr habt)*	Haben Sie keine Angst! *(Sie haben)*

→ Eine Aufforderung richtet sich immer an eine oder mehrere Personen: informell: *du* bzw. *ihr*, formell: *Sie*.
Requests and commands are always addressed to one or more people in an informal *(du, ihr)* or formal manner *(Sie)*.

→ Bei der Anrede mit *du* fällt das Personalpronomen und die Endung *-st* weg: du machst → Mach!
Bei vielen regelmäßigen Verben gibt es zwei Formen: Mach/Mache! Reis/Reise! Studier/Studiere!
Normalerweise wird die Form ohne *-e* bevorzugt (Mach weiter!), bei einigen Verben wird auch die Form mit *-e* verwendet: Reise/Reis nicht allein. Studiere/Studier doch Jura!
For requests and commands with *du*, the personal pronoun and the ending *-st* are omitted: *du machst → Mach!* Many regular verbs that do not conjugate with a vowel change have two forms: *Mach/Mache! Reis/Reise! Studier/Studiere!* Normally, the form without the *-e* ending is preferred *(Mach weiter!)*. For some verbs the form with the *-e* ending is also used: *Reise/Reis nicht allein! Studiere/Studier doch Jura.*

→ Verben auf *-d/-t/* und *-n/-m* (wenn ein anderer Konsonant davorsteht, aber nicht: *r*) enden in der du-Form immer auf *-e*: Arbeite! Öffne! Atme!
Verbs whose stems end in *-d/-t/* and *-n/-m* (if preceded by another consonant other than *r*) always form the second-person singular with an *-e*: *Arbeite! Öffne! Atme!*

→ Bei Verben mit Vokalwechsel im Präsens gibt es in der 2. Person Singular keinen Umlaut: du fährst → Fahr!
For verbs with a vowel change in the present tense, the umlaut is dropped in the second-person singular: *du fährst – Fahr!*

→ Die Verben *sein* und *haben* haben Sonderformen: du bist → Sei! • Sie sind → Seien Sie! • du hast → Hab!
The verbs *sein* and *haben* have special forms: *du bist → Sei! • Sie sind → Seien Sie! • du hast → Hab!*

▶ Satzbau Sentence structure

Im Aufforderungssatz steht das konjugierte Verb an 1. Stelle.
In requests and commands the conjugated verb is in the first position.

I.	II.
Iss	mehr Obst und Gemüse!

Bei trennbaren Verben steht das Präfix am Satzende.
With separable verbs, the prefix is placed at the end of the sentence.

I.	II.	Satzende
Komm	bitte	mit!

Übungen

1 Markieren Sie in den folgenden Texten die Imperative.
Underline the imperative verbs in the following texts.

1
Wollen Sie Ihre Ernährung ändern? Rufen Sie uns an! Sprechen Sie mit uns. Oder besuchen Sie uns im Internet unter *www.gesund.de*. Informieren Sie sich über gesunde und einfache Gerichte. Wir beraten Sie gern.

3
Füllen Sie zuerst Wasser in den Behälter. Geben Sie anschließend den Kaffee in den Filter. Drücken Sie auf den roten Knopf und schalten Sie das Gerät ein. Vergessen Sie nicht, das Gerät nach Gebrauch auszuschalten.

2
Hausordnung im Ferienlager:
- Räumt nach dem Essen das Geschirr weg!
- Sprecht beim Essen leise!
- Achtet auf Sauberkeit im Zimmer!
- Haltet die Nachtruhe ein!
- Lauft im Gebäude langsam!

4
Nehmen Sie bei starken Kopfschmerzen maximal zwei Tabletten am Tag. Trinken Sie zur Einnahme ausreichend Wasser. Gehen Sie zum Arzt, wenn die Schmerzen nicht weniger werden.

2 Bilden Sie Aufforderungssätze.
Write the appropriate commands or requests.

- doch mal einen Workshop besuchen
  du: *Besuch(e) doch mal einen Workshop!*
  ihr: *Besucht doch mal einen Workshop!*
  Sie: *Besuchen Sie doch mal einen Workshop!*

1. einen Termin mit Frau Kuhn vereinbaren
   du: ....
   ihr: ....
   Sie: ....

2. die Formulare sorgfältig ausfüllen
   du: ....
   ihr: ....
   Sie: ....

3. die Rechnung noch mal kontrollieren
   du: ....
   ihr: ....
   Sie: ....

4. den Bericht bitte bis morgen lesen
   du: ....
   ihr: ....
   Sie: ....

5. die Arbeitsergebnisse bitte präsentieren
   du: ....
   ihr: ....
   Sie: ....

6. die Präsentation gut vorbereiten
   du: ....
   ihr: ....
   Sie: ....

7. doch mal eine Pause machen
   du: ....
   ihr: ....
   Sie: ....

8. mich bitte über die Ergebnisse informieren
   du: ....
   ihr: ....
   Sie: ....

9. vorsichtig fahren
   du: ....
   ihr: ....
   Sie: ....

Imperativ

3 **Kurz vor der Besprechung hat Frau Klein noch einige Aufträge für ihre Assistentin. Formulieren Sie die Aufforderungen wie im Beispiel.** (29)
Aussprachehilfe: Hören Sie die Lösungen und sprechen Sie die Sätze nach.
Just before the meeting Mrs Klein gives her assistant some instructions. Form imperative sentences as shown in the example. Pronunciation help: Listen to the answers and repeat the sentences.

- alle Kolleginnen und Kollegen zur Besprechung einladen — *Laden Sie bitte alle Kolleginnen und Kollegen zur Besprechung ein.*

1. die Tagesordnung an alle senden …………
2. die neuen Regeln fürs Homeoffice kopieren …………
3. sich bei Frau Kümmel nach den Verkaufszahlen erkundigen …………
4. die Fehler in dem Dokument korrigieren …………
5. Wasser und Kaffee für die Besprechung organisieren …………
6. das Smartboard im Besprechungszimmer einschalten …………
7. Protokoll schreiben …………

4 **Familie Müller will verreisen. Vor der Abreise hat Frau Müller noch eine Menge Aufträge für ihren Mann. Formulieren Sie die Aufforderungen in der 2. Person Singular.** (30)
Aussprachehilfe: Hören Sie die Lösungen und sprechen Sie die Sätze nach.
The Müller family is taking a trip. Mrs Müller gives a lot of instructions to her husband before leaving. Form imperative sentences in the second-person singular. Pronunciation help: Listen to the answers and repeat the sentences.

1. die Reisedokumente noch einmal kontrollieren
   Kontrollier(e) noch einmal die Reisedokumente!
2. unsere Reisepässe auf den Tisch legen …………
3. im Internet nach Informationen über das Hotel suchen …………
4. in der Apotheke noch Aspirin kaufen …………
5. das Auto in die Garage fahren …………
6. die wichtigsten spanischen Wörter lernen …………
7. endlich den Koffer packen …………
8. den Führerschein mitnehmen …………
9. den Laptop zu Hause lassen …………
10. den Fotoapparat einpacken …………
11. die Sonnencreme nicht vergessen …………
12. ein Taxi zum Flughafen bestellen …………

1.4 Konjunktiv II Subjunctive II

1.4.1 Höfliche Bitten und Fragen Polite requests and questions

Frau Bär spricht mit einer Kundin am Telefon:

Könnten wir am Dienstag einen Termin vereinbaren?
Wann hätten Sie Zeit?
Würde es Ihnen um 15.00 Uhr passen?
Würden Sie den Termin noch einmal schriftlich bestätigen?
Das wäre nett.

▶ Formen Forms

	haben		sein		können		bestätigen	
	Indikativ	Konjunktiv	Indikativ	Konjunktiv	Indikativ	Konjunktiv	Indikativ	Konjunktiv
ich	habe	hätte	bin	wäre	kann	könnte	bestätige	würde bestätigen
du	hast	hättest	bist	wärest	kannst	könntest	bestätigst	würdest bestätigen
er/sie/es	hat	hätte	ist	wäre	kann	könnte	bestätigt	würde bestätigen
wir	haben	hätten	sind	wären	können	könnten	bestätigen	würden bestätigen
ihr	habt	hättet	seid	wäret	könnt	könntet	bestätigt	würdet bestätigen
sie/Sie	haben	hätten	sind	wären	können	könnten	bestätigen	würden bestätigen

→ Wir unterscheiden im Deutschen Indikativ und Konjunktiv.
- Indikativ: **Können** wir einen Termin vereinbaren?
- Konjunktiv: **Könnten** wir einen Termin vereinbaren?

In German a distinction is made between the indicative and the subjunctive mood.
- Indicative: *Können wir einen Termin vereinbaren?*
- Subjunctive: *Könnten wir einen Termin vereinbaren?*

→ Den Konjunktiv II verwenden wir zum Ausdruck von besonderer Höflichkeit.
The use of the subjunctive II makes a question or request particularly polite.

→ Hilfsverben *(haben, sein)* und Modalverben haben besondere Konjunktivformen: hätten, wären, könnten.
Helping verbs *(haben, sein)* and modal verbs have special subjunctive forms: *hätten, wären, könnten.*

→ Die meisten Verben bilden den Konjunktiv II mit *würden* + Infinitiv: **Würden** Sie das **bestätigen**? **Würde** es Ihnen um 15.00 Uhr **passen**?
The subjunctive II of most verbs is formed with *würden* + infinitive: *Würden Sie das bestätigen? Würde es Ihnen um 15.00 Uhr passen?*

▶ Vergleich: Fragen und Bitten Comparison: questions vs. requests

neutrale Frage/Bitte (Indikativ)	höfliche Bitte (Konjunktiv)
Kannst du mir mal **helfen**?	**Könntest** du mir mal **helfen**?
Ich **trinke** gern noch ein Glas Wasser.	Ich **würde** gern noch ein Glas Wasser **trinken**.
Schicken Sie mir die neue Preisliste?	**Würden** Sie mir die neue Preisliste **schicken**?
Haben Sie auch eine Kopie für mich?	**Hätten** Sie auch eine Kopie für mich?
Ist es Ihnen am Montag recht?	**Wäre** es Ihnen am Montag recht?

Konjunktiv II: Höfliche Bitten und Fragen

▶ Satzbau Sentence structure

Im Aussagesatz und im Fragesatz mit Fragewort steht das konjugierte Verb an 2. Stelle, der Infinitiv steht am Satzende.
In statements and wh-questions the conjugated verb is in the second position. The infinitive is placed at the end of the sentence.

I.	II.	III.	Satzende
Ich	hätte	gern eine Kopie von der Tagesordnung.	
Ich	würde	gern noch ein Glas Wasser	trinken.
Was	würden	Sie gern	trinken?

Im Fragesatz ohne Fragewort steht das konjugierte Verb an 1. Stelle, der Infinitiv steht am Satzende.
In yes-no questions the conjugated verb is in the first position. The infinitive is placed at the end of the sentence.

I.	II.	III.	Satzende
Könnten	wir	einen Termin	vereinbaren?

Übungen

1 ***Könnte, hätte*** **oder** ***würde*?**
Ergänzen Sie die Verben in der richtigen Form. Manchmal sind mehrere Lösungen möglich. (31)
Aussprachehilfe: Hören Sie den Text und kontrollieren Sie Ihre Lösungen.
Könnte, hätte or *würde*? Add the verbs in the correct form. Sometimes more than one answer is possible.
Pronunciation help: Listen to the text and check your answers.

1. Am Telefon
   Ich *würde* Ihnen gerne unser neues Projekt vorstellen.
   .... wir einen Termin vereinbaren?
   Ich .... am Dienstag Zeit.
2. Im Restaurant
   .... Sie mir die Speisekarte bringen?
   Welches Gericht .... Sie mir empfehlen?
   Ich .... gern die Tagessuppe.
   Ich .... gern zahlen.
3. Im Deutschkurs
   .... du bitte langsamer sprechen?
   .... Sie den Satz wiederholen?
   .... ihr auch eine Kopie für mich?
   .... Sie dieses Wort an die Tafel schreiben?
4. Im Geschäft
   Ich .... gern diesen Pullover in Größe M.
   Ich .... den Pullover gern anprobieren.
   .... Sie mir den Pullover eine Nummer kleiner bringen?

2 **Rita organisiert eine Party. Sie hat viel zu tun und bittet um Hilfe. Formulieren Sie höfliche Bitten.**
Rita is organising a party. She has a lot to do and is asking others for help. Make polite requests.

- Konrad – das Geschirr abspülen — *Rita sagt zu Konrad: Könntest/Würdest du bitte das Geschirr abspülen?*

1. Beate und Rudi – Getränke kaufen — *Rita sagt:* ....
2. Leon – den Kuchen beim Bäcker Schmidt bestellen — ....
3. Laura – zwei Flaschen Rotwein mitbringen — ....
4. Joseph und Katja – den Salat machen — ....
5. Onkel Paul – die Gläser auf den Tisch stellen — ....
6. Mama – uns beim Saubermachen helfen — ....
7. Bruno – den Teppich staubsaugen — ....
8. Olga und Paula – einige Stühle auf die Terrasse bringen — ....

3 **Ergänzen Sie in dem Telefongespräch *könnten, würden, wären* und *hätten* in der richtigen Form.** (32)
Aussprachehilfe: Hören Sie den Text und kontrollieren Sie Ihre Lösungen.
Complete the telephone conversation with *könnten, würden, wären* and *hätten* in the correct form. Pronunciation help: Listen to the text and check your answers.

Zentrale:	„Wohnzentrum Chic", guten Tag. Was kann ich für Sie tun?
Herr Stein:	Hier ist Erich Stein. .... ich bitte Frau Kaiser sprechen?
Zentrale:	Einen Moment bitte, ich verbinde Sie.
Frau Kaiser:	Kaiser.
Herr Stein:	Guten Tag, Frau Kaiser, hier ist Erich Stein von der Firma Möbel-Design. Ich .... gern mit Ihnen einen Termin vereinbaren.
Frau Kaiser:	Ah, Herr Stein! Ich habe Ihren Anruf schon erwartet. Es geht um die neue Möbelkollektion, richtig?
Herr Stein:	Ja, genau. Ich .... Ihnen gerne unsere neuen Wohnzimmermöbel vorstellen.
Frau Kaiser:	Wie .... es nächste Woche? .... Sie am Dienstag Zeit?
Herr Stein:	Nein, das tut mir leid, am Dienstag habe ich schon einen anderen Termin. Der Mittwoch .... mir lieber.
Frau Kaiser:	Mittwoch ..., ja, Mittwoch .... prima. Treffen wir uns in meinem Büro? .... Sie um 10.00 Uhr hier sein?
Herr Stein:	Ja, das schaffe ich. Ich bin um 10.00 Uhr da.
Frau Kaiser:	Gut, dann sehen wir uns nächste Woche.

4 **Jeder braucht Hilfe. Was sagen die Menschen? Bilden Sie Sätze.**
Everyone needs help. What are these people saying? Write the sentences.

- Anna: Ich kann die Flasche nicht öffnen. *(du – die Flasche – öffnen)*
  Könntest/Würdest du die Flasche öffnen?

1. Conrad: Ich brauche Hilfe. *(Sie – mir – helfen)*
   ....
2. Dora: Ich möchte Eis essen, aber ich habe mein Portemonnaie vergessen. *(ihr – haben – vielleicht – Geld für mich)*
   ....
3. Norbert: Ich kenne den Weg zum Hauptbahnhof nicht. *(Sie – mir – den Weg – zeigen)*
   ....
4. Fiona: Ich spreche kein Spanisch. *(du – diese E-Mail – ins Deutsche – übersetzen)*
   ....
5. Oswald: Ich habe keinen Wecker. *(Sie – mich – um 7.00 Uhr – wecken)*
   ....
6. Dieter: Mein Fahrrad ist kaputt. *(du – es – reparieren)*
   ....
7. Tamara: Mein Koffer ist sehr schwer. *(du – meinen Koffer – tragen)*
   ....
8. Gudrun: Otto kommt heute an. *(du – ihn – abholen)*
   ....
9. Johann: Ich möchte am Samstag zu IKEA fahren und einen Tisch kaufen. *(ihr – mir – euer Auto – leihen)*
   ....
10. Tanja: Ich muss arbeiten. *(du – heute – einkaufen – gehen)*
    ....

Konjunktiv II: Irreale Wünsche und Bedingungen

1.4.2 Irreale Wünsche und Bedingungen Unreal wishes and conditions

Der kleine Felix ist krank. Er wäre gern wieder gesund.

Herr Fischer hat sehr viel gearbeitet. Am liebsten würde er jetzt in den Urlaub fahren.

Wenn Susi und Rudi mehr Geld hätten, würden sie ein E-Bike kaufen.

- Irreale Wünsche und Bedingungen drücken wir mit dem Konjunktiv II aus.
  Unreal wishes and conditions are expressed using the subjunctive II.
- Bei irrealen Wünschen werden die Verben oft mit *gern(e)/lieber/am liebsten* kombiniert: Ich wäre jetzt gern/lieber/am liebsten im Urlaub.
  In the case of unreal wishes, the verbs are often combined with *gern(e)/lieber/am liebsten*: *Ich wäre jetzt gern/lieber/am liebsten im Urlaub.*
- Irreale Bedingungen werden mithilfe von konditionalen Nebensätzen formuliert: Wenn Susi und Rudi mehr Geld hätten, würden sie ein E-Bike kaufen.
  Unreal conditions are expressed using conditional clauses: *Wenn Susi und Rudi mehr Geld hätten, würden sie ein E-Bike kaufen.* (If Susi and Rudi had more money, they would buy an e-bike.)

▶ Vergleich: Realität – Irrealität Comparison: real vs. unreal

Realität (Indikativ)	Irrealität (Konjunktiv)
Ich habe kein Geld.	Ich hätte gern Geld.
Ich bin krank.	Ich wäre gern gesund.
Ich fahre nicht in den Urlaub.	Ich würde gern in den Urlaub fahren.
Ich gewinne nie im Lotto.	Ich würde gern einmal im Lotto gewinnen.
Ich kaufe kein neues Elektroauto.	Ich würde mir gern ein neues Elektroauto kaufen.

▶ Satzbau Sentence structure

Im irrealen Wunschsatz steht das konjugierte Verb an 2. Stelle, der Infinitiv am Satzende.
In sentences expressing unreal wishes the conjugated verb is in the second position. The infinitive is placed at the end of the sentence.

I.	II.	III.	Satzende
Der kleine Felix	wäre	gern wieder	gesund.
Herr Fischer	würde	gern in den Urlaub	fahren.

Der irreale Bedingungssatz wird mit der Subjunktion *wenn* eingeleitet, das konjugierte Verb steht an letzter Stelle. Im nachfolgenden Hauptsatz steht das konjugierte Verb direkt nach dem Nebensatz.
Unreal conditional clauses begin with the subordinating conjunction *wenn*. The conjugated verb is placed at the end of the clause. The conjugated verb of the main clause is placed in the first position, right after the subordinate clause.

Nebensatz Subordinate Clause			Hauptsatz Main Clause		
	I.		II.	III.	
Subjunktion		konjugiertes Verb	konjugiertes Verb		Infinitiv
Wenn	ich im Lotto gewinnen	würde,	wäre	ich reich.	
Wenn	Susi und Rudi Geld	hätten,	würden	sie ein E-Bike	kaufen.

➤ Seite 153: *Adverbiale Nebensätze*

Übungen

1 Viele Leute haben Wünsche. Formulieren Sie die Wünsche wie im Beispiel. 33
Aussprachehilfe: Hören Sie die Lösungen und sprechen Sie die Sätze nach.
Many people have desires. Write the wishes as in the example. Pronunciation help: Listen to the answers and repeat the sentences.

- Oskar – gern Griechisch lernen — *Oskar würde gern Griechisch lernen.*
1. Inka – gern ein Buch schreiben ……
2. ich – jetzt lieber am Strand liegen ……
3. wir – lieber nicht mehr so viel arbeiten ……
4. ich – gern mehr Zeit für mich haben ……
5. Anton – gern mehr Sport treiben ……
6. Marianne – gern eine große Erfindung machen ……
7. Julia – gern eine bekannte Influencerin sein ……
8. Linus – gern eine Woche nichts tun ……
9. Boris – gern einen Kochkurs besuchen ……
10. Ivanka – gern ein Instrument spielen ……
11. du – gern reich sein ……
12. ihr – gern ein größeres Haus haben ……
13. Rob – sich gern mal wieder verlieben ……

2 Was passt? Ergänzen Sie die Sätze. Manchmal gibt es mehrere Lösungen.
Find the matching ending for each sentence. Sometimes more than one answer is possible.

meiner Chefin/meinem Chef die Meinung sagen • nicht mehr arbeiten • einen Roman schreiben • mich erholen • kein Fastfood mehr essen • immer im Stau stehen • jeden Tag spazieren gehen • ~~öfter ins Kino gehen~~ • besser Deutsch sprechen

- Wenn ich Zeit hätte, *würde ich öfter ins Kino gehen.*
1. Wenn ich reich wäre, ……
2. Wenn ich mehr Fantasie hätte, ……
3. Wenn ich mehr Mut hätte, ……
4. Wenn ich einen Hund hätte, ……
5. Wenn ich besser kochen könnte, ……
6. Wenn ich einen deutschen Freund hätte, ……
7. Wenn ich ein Auto hätte, ……
8. Wenn ich jetzt im Urlaub wäre, ……

3 Formulieren Sie irreale Bedingungssätze und antworten Sie wie im Beispiel.
Ask hypothetical questions and answer them as shown in the example.

Wenn ich Zeit/Lust hätte … • Wenn ich reich wäre … • Wenn …

- □ Kaufst du mir diese Tasche von Chanel?
  △ *Wenn ich reich wäre, würde ich dir diese Tasche kaufen – aber leider bin ich nicht reich.*
1. □ Übersetzt du das Dokument ins Japanische?
   △ *Wenn ich Japanisch könnte,* ……
2. □ Kommst du heute mit mir in die Oper?
   △ ……
3. □ Lädst du mich auf eine Kreuzfahrt in die Karibik ein?
   △ ……
4. □ Kochst du für mich heute Abend etwas Leckeres?
   △ ……
5. □ Druckst du die Dokumente für mich aus?
   △ ……
6. □ Passt du heute auf die Kinder auf?
   △ ……
7. □ Würden Sie die Arbeit von Frau Krause zusätzlich erledigen?
   △ ……

1.5 Passiv The passive voice

Was passiert hier?

Die Wäsche wird gewaschen.

Franz wird untersucht.

Der Minister wird interviewt.

▶ Formen Forms

	Präsens (Gegenwart)		Präteritum (Vergangenheit)	
ich	werde	untersucht	wurde	untersucht
du	wirst		wurdest	
er/sie/es	wird		wurde	
wir	werden		wurden	
ihr	werdet		wurdet	
sie/Sie	werden		wurden	

→ Das Passiv wird gebildet aus: *werden* + Partizip II: Franz wird untersucht.
The passive voice is formed using *werden* and the past participle: *Franz wird untersucht.* (Franz is being examined.)

→ Im Passivsatz steht die Handlung im Vordergrund, nicht die handelnde Person.
In passive sentences the emphasis lies on the action, not on the agent of the action.

→ Man findet das Passiv oft in beschreibenden Texten: Das Telefon wurde 1876 erfunden.
The passive voice is often used in descriptions: *Das Telefon wurde 1876 erfunden.* (The telephone was invented in 1876.)

▶ Vergleich: Aktiv – Passiv Comparison: active vs. passive voice

Aktiv	Passiv
Martin **wäscht** die Wäsche.	Die Wäsche **wird gewaschen.**
Der Arzt **untersucht** Franz.	Franz **wird untersucht.**
Eine Journalistin **interviewt** den Minister.	Der Minister **wird interviewt.**

▶ Satzbau Sentence structure

Im Aussagesatz und im Fragesatz mit Fragewort steht *werden* an 2. Stelle, das Partizip II steht am Satzende.
In statements and wh-questions *werden* is in the second position. The past participle is placed at the end of the sentence.

I.	II.	III.	Satzende
Franz	wird	heute	untersucht.
Wann	wird	Franz	untersucht?

Im Fragesatz ohne Fragewort steht *werden* an 1. Stelle, das Partizip II steht am Satzende.
In yes-no questions *werden* is in the first position. The past participle is placed at the end of the sentence.

I.	II.	III.	Satzende
Wird	Franz	heute	untersucht?

Übungen

1 **Formulieren Sie Fragen wie im Beispiel.**
Write questions as shown in the example.

- das Büro – renovieren — *Wann wird das Büro endlich renoviert?*
1. die E-Mail – beantworten ....
2. das Paket – abholen ....
3. das Besprechungszimmer – aufräumen ....
4. die neuen Drucker – liefern ....
5. das Kollegium – informieren ....
6. den Artikel – veröffentlichen ....
7. die Preise – senken ....
8. das Gehalt – erhöhen ....

2 **Das wird sofort gemacht. Formulieren Sie Sätze wie im Beispiel.**
It will be done right away. Write sentences as shown in the example.

- der Text – korrigieren — *Der Text wird sofort korrigiert.*
1. der Computer – reparieren ....
2. das Problem – lösen ....
3. die Unterlagen – kopieren ....
4. die E-Mail – verschicken ....
5. die Tickets – bestellen ....
6. die Rechnung – bezahlen ....
7. das Ersatzteil – einbauen ....
8. das Datum – ändern ....
9. der Termin – bestätigen ....

3 **Vergangenheit. Aktiv oder Passiv? Markieren Sie die richtige Lösung.**
Past tense. Active or passive voice? Mark the correct answer.

	Aktiv	Passiv
• Angela M. wurde 1954 geboren.	○	✗
1. Sie studierte Physik.	○	○
2. Später wurde sie Politikerin.	○	○
3. 2005 wurde sie zur ersten Bundeskanzlerin gewählt.	○	○
4. Als Bundeskanzlerin reiste sie in viele Länder.	○	○
5. Sie wurde von drei amerikanischen Präsidenten empfangen.	○	○
6. Nach 16 Jahren als Kanzlerin verabschiedete sie sich aus der Politik.	○	○

4 **Lesen Sie den folgenden Text und markieren Sie die Passivformen.** 34
Aussprachehilfe: Hören Sie den Text.
Inventors and inventions. Read the following text and mark the passive verb forms. Pronunciation help: Listen to the text.

Erfinder und Erfindungen
Viele Erfinder möchten reich und berühmt werden. Doch bei Erfindungen gibt es häufig ein Problem: Die Erfinder müssen ihre Erfindung zum Patent anmelden, nur dann werden ihre Erfindungen anerkannt. Das beweist die Geschichte einiger Erfindungen. Die ersten erfolgreichen Flugversuche wurden zwischen 1901 und 1903 von den Brüdern Wright durchgeführt. Gleichzeitig wurden im Jahre 1901 von Gustav Weißkopf motorisierte Flugversuche gestartet. Er flog damals schon 800 Meter weit. Das Patent wurde aber im Jahre 1903 von den Brüdern Wright beantragt und sie ernteten den Ruhm.
Das Telefon ist ebenfalls ein Kind vieler Väter. Den Kampf um das Patent gewann Graham Bell am 14. Februar 1876 mit zwei Stunden Vorsprung vor Elisha Gray. Vielleicht wurde das Telefon aber doch von einem anderen erfunden? Schon 1861 telefonierte der Deutsche Philipp Reis mit einem telefonähnlichen Apparat. Leider hatte er kein Geld und konnte die Technik seines Telefons nicht verbessern. Er starb 1873.

anerkannt: recognised • der Flugversuch: flight test • ein Patent beantragen: to request a patent • den Ruhm ernten: to win fame

Passiv

5 Formulieren Sie Fragen und antworten Sie wie im Beispiel.
Ask questions and answer them as shown in the example.

- 1961: die Berliner Mauer – bauen
  Wann wurde die Berliner Mauer gebaut? *Die Berliner Mauer wurde 1961 gebaut.*
1. 1949: die Bundesrepublik Deutschland – gründen
   ....
2. am 1.1.2002: der Euro als Zahlungsmittel – einführen
   ....
3. 1492: Amerika – entdecken
   ....
4. 1886: der Fernseher – erfinden
   ....
5. 1963: John F. Kennedy – ermorden
   ....

6 Jahresrückblick: Das letzte Jahr war ein Jahr mit vielen Ereignissen.
Lesen Sie die folgenden Nachrichten und markieren Sie die Passivformen. (35)
Aussprachehilfe: Hören Sie die Texte.
Read the following news items and mark the passive verb forms. Pronunciation help: Listen to the texts.

1
Die Bundesregierung versuchte gemeinsam mit den Banken und der Wirtschaft, die Krise zu bewältigen. Es wurde ein großes Hilfsprogramm entwickelt. Doch einige Firmen haben die Krise nicht überlebt. Viele Mitarbeiter wurden entlassen.

2
In Deutschland wurde eine neue Regierung gewählt. Einige Parteien haben viele Wählerstimmen verloren. Im November haben die Gewinner der Wahl Gespräche geführt und der Koalitionsvertrag wurde unterschrieben.

3
Zur Hauptreisezeit im Sommer gab es auf deutschen Flughäfen chaotische Zustände. Passagiere mussten drei bis vier Stunden an der Sicherheitskontrolle stehen. Die wartenden Menschen wurden nicht betreut und schlecht informiert. Viele Flüge wurden gestrichen.

4
Wetterextreme haben auch in Deutschland große Schäden angerichtet. Durch sehr starken Regen wurden einige Gebiete überflutet. Tausende Menschen verloren ihr Zuhause, viele wurden verletzt. Auch Monate nach der Flutkatastrophe wurden viele Häuser noch nicht wieder aufgebaut.

7 Schreiben Sie Nachrichten. Formulieren Sie Sätze im Passiv Präteritum. (36)
Aussprachehilfe: Hören Sie die Lösungen und sprechen Sie die Sätze nach.
Write sentences from news items. Use the passive preterite. Pronunciation help: Listen to the answers and repeat the sentences.

- der Minister – von seinem deutschen Amtskollegen – empfangen
  Der Minister wurde von seinem deutschen Amtskollegen empfangen.
1. der Bundespräsident – interviewen
   ....
2. nach dem Unfall – die Verletzten – sofort – versorgen
   ....
3. die Automobilmesse – eröffnen
   ....
4. im letzten halben Jahr – 20 Prozent mehr Elektrofahrzeuge – verkaufen
   ....
5. einige Eintrittskarten – zum Endspiel der Weltmeisterschaft – verschenken
   ....
6. die Eröffnungsveranstaltung – live im Fernsehen – übertragen
   ....
7. im Museum – einbrechen
   ....
8. ein Bild von Picasso – stehlen
   ....

1.6 Verben und ihre Ergänzungen Verbs and their complements
1.6.1 Verben mit direktem Kasus Verbs with nominative, accusative or dative complements

▶ **Das Verb regiert im Satz!** The verb determines the sentence structure.

Paul schläft.
↓
Subjekt
Nominativ

→ Fast alle Sätze haben ein Subjekt. Das Subjekt steht immer im Nominativ.
Einige Verben können nur mit einem Subjekt stehen, z. B.: schlafen, lächeln, regnen, schneien, scheinen.
Almost all sentences have a subject. The subject is always in the nominative case. Certain verbs do not require a complement.

Laura ist Lehrerin.
↓ Subjekt Nominativ — ↓ Ergänzung Nominativ

→ Wenige Verben bilden Sätze mit einer Ergänzung im Nominativ, z. B.: sein, werden, bleiben.
A few verbs require a complement in the nominative case.

Viktor liest die neuesten Nachrichten.
↓ Subjekt Nominativ — ↓ Ergänzung Akkusativ

→ Die meisten Verben haben eine Ergänzung im Akkusativ, z. B.: abholen, anrufen, beantworten, besuchen, bezahlen, brauchen, essen, finden, haben, hören, kennen, lesen, lieben, möchten, sehen, trinken.
Most verbs require a complement in the accusative case.

Der Salat schmeckt meinem Bruder nicht.
↓ Subjekt Nominativ — ↓ Ergänzung Dativ

→ Einige Verben haben eine Ergänzung im Dativ, z. B.: antworten, danken, folgen, gefallen, gehören, glauben, gratulieren, helfen, passen, schmecken, widersprechen, zuhören.
Die Dativergänzung ist oft eine Person.
Certain verbs require a complement in the dative case. This complement is often a person.

Eva erklärt ihrem Kollegen das Problem.
↓ Subjekt Nominativ — ↓ Ergänzung Dativ — ↓ Ergänzung Akkusativ

→ Manche Verben bilden Sätze mit einer Ergänzung im Dativ (meist eine Person) und einer Akkusativergänzung (meist eine Sache). Die Dativergänzung ist nicht immer obligatorisch, z. B.: anbieten, bringen, empfehlen, erklären, geben, leihen, schenken, schicken, senden, wünschen, zeigen.
Some verbs require both a dative complement (usually a person) and an accusative complement (usually a thing). The dative complement is not always obligatory.

Ergänzungen: Direkter Kasus

▶ Satzbau Sentence structure

Bei mehreren Ergänzungen steht normalerweise der Dativ vor dem Akkusativ.
When there is more than one complement, the dative usually precedes the accusative.

I.	II.	III.	
Eva	erklärt	ihrem Kollegen	das Problem.
Eva	erklärt	ihm	das Problem.

Wenn beide Ergänzungen Pronomen sind, steht der Akkusativ vor dem Dativ.
If both complements are pronouns, the accusative pronoun precedes the dative pronoun.

I.	II.	III.	
David	schenkt	seiner Schwester	ein neues Smartphone.
Er	schenkt	es	ihr zum Geburtstag.

Übungen

1 Welche Ergänzung hat das Verb? Markieren Sie die richtige Lösung. Manche Verben haben mehrere Ergänzungen.
Which complement goes with the verb? Mark the correct answer. Some verbs have more than one complement.

	Nominativ	Dativ	Akkusativ
● Ich brauche ein Auto.	○	○	✕
1. Otto leiht seiner Freundin das Motorrad.	○	○	○
2. Das Essen schmeckt den Gästen gut.	○	○	○
3. Das Fahrrad gehört meinem Freund.	○	○	○
4. Petra ist Polizistin.	○	○	○
5. Der Ingenieur zeigt den Kunden die Maschine.	○	○	○
6. Herr Klein präsentiert neue Möbel.	○	○	○
7. Paul trinkt abends gern ein Bier.	○	○	○
8. Ich kenne die Kollegin noch nicht.	○	○	○
9. Andreas isst am liebsten Spaghetti.	○	○	○
10. Monika wird später Ärztin.	○	○	○
11. Frau Huber sendet der Abteilungsleiterin eine E-Mail.	○	○	○
12. Die Schuhe passen mir gut.	○	○	○

2 Was passt? Ordnen Sie zu.
Find the matching ending for each sentence.

1. Ich sehe
2. Wir bezahlen
3. Wir besuchen
4. Das Kleid gefällt
5. Ich schicke
6. Herr Klein vereinbart
7. Bruno schenkt
8. Der Arzt hilft
9. Frau Krüger beantwortet
10. Ich möchte bitte
11. Ich lese
12. Martin gratuliert
13. Mein Nachbar ist
14. Franz trinkt

a) dem Kunden eine Bestätigung.
b) die E-Mail sofort.
c) die Rechnung gleich.
d) gerade einen Film.
e) das Pergamonmuseum.
f) noch eine Tasse Kaffee.
g) einen Termin.
h) seiner Freundin eine Handtasche.
i) meinem Freund nicht.
j) dem Patienten.
k) Ingenieur.
l) keinen Alkohol.
m) seiner Kollegin zum Geburtstag.
n) jeden Tag Zeitung.

3 **Verben mit Akkusativergänzung. Bilden Sie Fragen im Perfekt wie im Beispiel.** 37
Aussprachehilfe: Hören Sie die Lösungen und sprechen Sie die Sätze nach.
Verbs with an accusative complement. Ask questions in the perfect tense as shown in the example.
Pronunciation help: Listen to the answers and repeat the sentences.

- du – (die) Suppe – essen *Hast du die Suppe schon gegessen?*

1. ihr – (das) Bild – kaufen ....
2. du – (der) Deutschkurs – bezahlen ....
3. ihr – (die) Hausaufgaben *(Pl.)* – machen ....
4. du – (der) Autoschlüssel – finden ....
5. du – (der) Bericht – lesen ....
6. du – (die) Besprechung – vorbereiten ....
7. ihr – (die) Ware – bestellen ....
8. du – (die) Gäste *(Pl.)* – begrüßen ....
9. du – (der) Termin – notieren ....
10. du – (die) Nachricht – weiterleiten ....

4 **Dativ oder Akkusativ? Markieren Sie die richtige Lösung.**
Dative or accusative? Mark the correct answer.

•	Hast du	dem Gast	den Gast	schon abgeholt?
1.	Hast du	der Kollegin	die Kollegin	schon gratuliert?
2.	Hast du	dem Monteur	den Monteur	schon bestellt?
3.	Hast du	der Dozentin	die Dozentin	überhaupt zugehört?
4.	Hast du	der Praktikantin	die Praktikantin	schon geholfen?
5.	Hast du	dem Direktor	den Direktor	schon geantwortet?
6.	Hast du	deinem Freund	deinen Freund	widersprochen?
7.	Hast du	dem Film	den Film	schon gesehen?
8.	Hast du	der Ausstellung	die Ausstellung	schon besucht?
9.	Hast du	dem Sponsor	den Sponsor	schon gedankt?
10.	Hast du	deinem Kaffee	deinen Kaffee	schon getrunken?

5 **Bilden Sie Sätze. Achten Sie auf die Wortstellung (Reihenfolge: Nominativ, Dativ, Akkusativ).** 38 ➤ Seite 140
Aussprachehilfe: Hören Sie die Lösungen und sprechen Sie die Sätze nach.
Form sentences. Pay attention to the word order (nominative, dative, accusative).
Pronunciation help: Listen to the answers and repeat the sentences.

- das Hotel – gut – den Gästen – gefallen *Das Hotel gefällt den Gästen gut.*

1. den Kunden – schnell – helfen – wir ....
2. der Firma – das Auto – gehören ....
3. ein Kochbuch – schenken – Otto – seiner Mutter ....
4. der Verwaltungsleiterin – du – das Dokument – zeigen? ....
5. mir – du – mitbringen – ein Andenken? ....
6. deinen Stift – du – mir – leihen – können? ....
7. deinen Eltern – Postkarten – aus dem Urlaub – du – schreiben? ....
8. dir – schon wieder – neue Schuhe – du – kaufen? *(Perfekt)* ....
9. wann – das Fachbuch – ihm – du – geben? *(Perfekt)* ....
10. den Kollegen – erklären – die Direktorin – diese Entscheidung – müssen ....
11. bezahlen – die Rechnung für den Kurs – müssen – alle Teilnehmer ....
12. das Restaurant „La Cachette" – Kollegen aus dem Ausland – wir – empfehlen – immer ....

1.6.2 Verben mit präpositionalem Kasus Verbs with prepositional case

▶ **Das Verb regiert im Satz!** The verb determines the sentence structure.

A Aussagesätze Statements

Erika telefoniert mit einer Freundin.
↓ Subjekt ↓ Ergänzung: *mit* + Dativ

Martina und Moritz reden über das Wetter.
↓ Subjekt ↓ Ergänzung: *über* + Akkusativ

Philip denkt an die nächste Prüfung.
↓ Subjekt ↓ Ergänzung: *an* + Akkusativ

▶ **Formen** Forms

Verben mit Präposition + Dativ *aus, bei, mit, nach, unter, von, vor, zu*	abhängen von	Alles hängt vom Wetter ab.
	anfangen mit	Wann fangt ihr mit dem Projekt an?
	beginnen mit	Wann beginnst du mit der Recherche?
	sich bedanken bei	Martin bedankt sich bei seiner Kollegin.
	sich beschäftigen mit	Clara beschäftigt sich gerade mit der Abrechnung.
	sich beschweren bei	Wir beschweren uns beim Hotelmanager.
	diskutieren mit	Die Politikerin diskutiert mit den Bürgern.
	sich entschuldigen bei	Ich möchte mich bei dir entschuldigen.
	sich erkundigen nach	Olaf erkundigt sich nach den besten Zugverbindungen.
	fragen nach	Warum fragst du nie nach den Konsequenzen?
	gehören zu	Datenanalyse gehört auch zu meinen Aufgaben.
	gratulieren zu	Ich gratuliere dir zum Geburtstag.
	leiden unter	Wir leiden unter dem Lärm.
	sprechen/reden mit	Ich spreche/rede morgen mit der Abteilungsleiterin.
	sich streiten mit	Tom streitet sich oft mit seinem Bruder.
	telefonieren mit	Erika telefoniert mit einer Freundin.
	träumen von	Paul träumt von seiner Arbeit.
	sich unterhalten mit	Ich unterhalte mich gerne mit Christine.
	warnen vor	Der Wetterdienst warnt vor starkem Regen.
Verben mit Präposition + Akkusativ *für, gegen, über, um*	sich ärgern über	Ärgerst du dich über die Ergebnisse?
	sich bedanken für	Ich bedanke mich für die gute Zusammenarbeit.
	sich beschweren über	Der Gast beschwert sich über das Hotelzimmer.
	sich bewerben um	Robert bewirbt sich um ein Stipendium.
	bitten um	Darf ich dich um einen Gefallen bitten?
	danken für	Ich danke dir für deine Hilfe.
	diskutieren über	Wir diskutieren zu Hause oft über politische Ereignisse.
	sich entscheiden für	Wir entscheiden uns für die kleine Wohnung.
	sich freuen über	Ich freue mich über die Blumen.
	es geht um	Es geht um das neue Projekt.
	sich interessieren für	Interessierst du dich für moderne Kunst?
	kämpfen gegen	Wir kämpfen gegen die Konkurrenz.
	lachen über	Über diesen alten Witz lacht niemand mehr.
	nachdenken über	Über diesen Vorschlag muss ich erst mal nachdenken.
	sprechen/reden über	Die Leute sprechen/reden hier über ihre Probleme.
	sich unterhalten über	Max und Moritz unterhalten sich fast nur über Sport.

Verben mit Präposition + Dativ oder Akkusativ *an, auf, in*	denken an + Akk. sich erinnern an + Akk. teilnehmen an + Dativ achten auf + Akk. sich freuen auf + Akk. warten auf + Akk. basieren auf + Dativ sich verlieben in + Akk. bestehen in + Dativ	Philip denkt an die nächste Prüfung. Ich erinnere mich an die Party. Wer nimmt an der Besprechung teil? Wir achten auf gute Qualität. Ich freue mich auf den Urlaub. Ich warte am Ausgang auf dich. Die Entscheidung basiert auf einem Umfrageergebnis. Marie hat sich in einen Kollegen verliebt. Das Problem besteht in der Zusammensetzung der Materialien.

→ Viele Verben haben eine Ergänzung mit einer Präposition. Die Präposition gehört zum Verb und bestimmt den Kasus.
Many verbs have complements with a preposition. The preposition belongs to the verb and determines the grammatical case of the noun.

→ Einige Verben können mit mehreren oder verschiedenen präpositionalen Ergänzungen stehen.
Mehrere Ergänzungen mit Präpositionen: Ich spreche mit einer Kollegin über das Wetter.
Verschiedene Ergänzungen: Ich freue mich über die Blumen.
(Das Ereignis hat schon stattgefunden.)
Ich freue mich auf den Urlaub.
(Das Ereignis findet in der Zukunft statt.)
Some verbs can have multiple or different prepositional complements.
Multiple prepositional complements: *Ich spreche mit einer Kollegin über das Wetter.*
Different prepositional complements: *Ich freue mich über die Blumen.* (The event has already happened.)
Ich freue mich auf den Urlaub. (The event will take place in the future.)

→ Einige Verben haben Ergänzungen mit und ohne Präposition: Ich danke dir *(Dativ)* für deine Hilfe *(für + Akkusativ)*.
A few verbs have complements with and without prepositions: *Ich danke dir (Dativ) für deine Hilfe (für + Akkusativ).*

→ Zu den Verben mit präpositionaler Ergänzung gehören viele reflexive Verben: Robert bewirbt sich um ein Stipendium.
Many verbs that take a prepositional complement are reflexive: *Robert bewirbt sich um ein Stipendium.*

▶ Satzbau Sentence structure

Bei mehreren Ergänzungen steht der direkte Kasus vor dem präpositionalen Kasus.
If the verb has more than one complement, the direct complement precedes the prepositional complement.

I.	II.	III.
Ich	danke	**dir für deine Hilfe.**
Ich	freue	**mich über die Blumen.**

Übungen

1 Ergänzen Sie in der folgenden Zeitungsmeldung die richtigen Präpositionen. 39
Aussprachehilfe: Hören Sie den Text und kontrollieren Sie Ihre Lösungen.
Complete the following news item with the appropriate prepositions. Pronunciation help: Listen to the text and check your answers.

bei · über *(2 x)* · auf · für · in · mit *(2 x)*

Bruno in Hannover
Gestern hat Bruno mit seiner Band in Hannover gespielt. 20 000 Fans erlebten ein fantastisches Konzert. Nach dem Konzert freute sich Bruno ....(1) seinen Erfolg und bedankte sich ....(2) seinen Fans. Einige Fans warteten am Ausgang ....(3) Bruno. Sie interessierten sich vor allem ....(4) Brunos Privatleben. In den letzten Tagen berichteten mehrere Zeitungen, dass sich Bruno ....(5) die Sängerin Sandra verliebt hat und sich ....(6) seiner Exfreundin Yvonne gestritten hat. Sein Manager Karl Theodor wollte gestern Abend ....(7) Bruno ....(8) die Beziehung zu Sandra reden. Das Ergebnis des Gesprächs ist noch geheim.

Ergänzungen: Präpositionaler Kasus

2 Bilden Sie Sätze im Präsens. Achten Sie auf den Satzbau und die fehlenden Präpositionen.

Form sentences in the present tense. Pay attention to the sentence structure and the missing prepositions.

- einige Kollegen – das Essen – in der Kantine – sich beschweren
  Einige Kollegen beschweren sich über das Essen in der Kantine.

1. wir – schon lange – das Protokoll – warten
   ……………………
2. Marion – täglich – ihr Freund – in Kanada – telefonieren
   ……………………
3. Georg – nur noch – das Projekt – denken
   ……………………
4. Max – nur – Fußball – sich interessieren
   ……………………
5. der Informatiker – das Softwareproblem – nachdenken
   ……………………
6. bei der Sitzung – wir – die Arbeitszeiten – sprechen
   ……………………
7. die Verwaltungsleiterin – heute – die Jahresendabrechnung – sich beschäftigen
   ……………………

3 Schwierige Kolleginnen und Kollegen.
Ergänzen Sie die Präpositionen und die Artikelendungen, wenn nötig. 40

Aussprachehilfe: Hören Sie die Lösungen und sprechen Sie die Sätze nach.

Difficult colleagues. Fill in the prepositions and the article endings where necessary.
Pronunciation help: Listen to the answers and repeat the sentences.

- Anna fängt *mit der* Arbeit immer erst am Nachmittag an.

1. Maria beschwert sich ständig …………… ihr………. Kollegin …………… d………. Computerprogramm.
2. Gustav freut sich nie …………… gute Resultate.
3. Bert spricht selten …………… sein………. Kollegen. *(Pl.)*
4. Karla nimmt …………… kein………. Besprechung teil.
5. Paul denkt immer nur …………… d………. Wochenende.
6. Rudi erinnert sich nie …………… sein………. Passwort.
7. Ida bedankt sich nie …………… d………. Hilfe.
8. Gertrud diskutiert den ganzen Tag …………… ihr………. Freundinnen am Telefon.
9. Frank bereitet sich nie …………… d………. Sitzungen vor.
10. Gudrun interessiert sich überhaupt nicht …………… ihr………. Arbeit.

4 Herr Schreiner ist in einer fremden Stadt. Was macht er dort?
Ergänzen Sie die passenden Verben in der richtigen Form.

Mr Schreiner is in a foreign city. What is he doing there? Complete the sentences with the appropriate verb in the correct form.

~~sich unterhalten~~ • sich beschweren • sich bedanken • teilnehmen • sich ärgern • sich freuen • fragen • warten • bitten • denken • sich interessieren

- Er *unterhält sich* mit anderen Hotelgästen.

1. An der Rezeption …………………… er nach einem Stadtplan.
2. Er …………………… den Portier um Rat, denn er kennt die Stadt nicht gut.
3. Der Portier gibt ihm viele Tipps. Herr Schreiner …………………… …………… für die Informationen.
4. Er …………………… an einer Führung durch die Innenstadt …………….
5. Er geht in eine Galerie, denn er …………………… …………… für moderne Kunst.
6. Er …………………… …………… über das kulturelle Angebot in der Stadt.
7. Er …………………… nur selten an seine Arbeit.
8. Nur mit der Bedienung im Hotelrestaurant ist er nicht zufrieden: Er …………………… …………… oft über die Kellner.
9. Manchmal muss er eine halbe Stunde auf sein Abendessen …………………….
10. Er will …………… bei der Hotelmanagerin über die langsame Bedienung …………………….

B Fragesätze Questions

Moritz und Martina reden über eine Kollegin.
Über wen reden Moritz und Martina?

Moritz und Martina reden über das Wetter.
Worüber reden Moritz und Martina?

→ Frage nach einer Person:
Präposition + Fragewort
Questions about a person:
Preposition + question word

→ Frage nach einer Sache:
wo + *r* + Präposition
Die Präposition beginnt mit einem Vokal.
Questions about a thing: *wo* + *r* + preposition
The preposition begins with a vowel.

Erika telefoniert mit einer Freundin.
Mit wem telefoniert Erika?

Erika telefoniert mit ihrem neuen Smartphone.
Womit telefoniert Erika?

→ Frage nach einer Person:
Präposition + Fragewort
Questions about a person:
Preposition + question word

→ Frage nach einer Sache:
wo + Präposition
Questions about a thing: *wo* + preposition

5 Was passt zusammen? Ordnen Sie die richtige Ergänzung zu.

Find the matching complement for each question.

1. Wovon träumst du?
2. Von wem träumst du?
3. Woran denkst du?
4. An wen denkst du?
5. Worüber habt ihr gelacht?
6. Über wen habt ihr gelacht?
7. Worüber hast du dich geärgert?
8. Über wen hast du dich geärgert?
9. Mit wem hast du dich gestritten?
10. Worüber habt ihr euch gestritten?

a) Ich denke an unseren Restaurantbesuch.
b) Wir haben über die E-Mail gelacht.
c) Ich habe mich über Frau Müller geärgert.
d) Ich habe mich mit meinem Bruder gestritten.
e) Ich träume von einer Reise nach Afrika.
f) Ich denke an Martin.
g) Wir haben uns über alte Comics gestritten.
h) Ich träume nicht von dir.
i) Wir haben über Peter gelacht.
j) Ich habe mich über das Computerprogramm geärgert.

6 Wie heißen die Fragen?

Ask questions.

- *Worüber habt ihr euch unterhalten?* – Wir haben uns über das Projekt unterhalten.

1. ....? – Ich habe mit Frau Weber gesprochen.
2. ....? – Wir haben uns für die schönen Geschenke bedankt.
3. ....? – Ich denke über ein Problem nach.
4. ....? – Wir haben uns für eine Schiffsreise entschieden.
5. ....? – Er hat sich bei seiner Kollegin entschuldigt.
6. ....? – Ich habe mich über das Kompliment gefreut.
7. ....? – Ich habe mich in meinen Nachbarn verliebt.
8. ....? – Wir warten auf den Bus.
9. ....? – Ich erinnere mich gern an das gute Essen in Italien.
10. ....? – Ich habe ihn um Hilfe gebeten.

Ergänzungen: Präpositionaler Kasus

7 **Partygespräche. Die Musik ist zu laut, die Gäste können einander nicht verstehen. Ergänzen Sie die Fragewörter.** (41)
Aussprachehilfe: Hören Sie den Text und kontrollieren Sie Ihre Lösungen.
Party talk. The music is too loud, so the guests can't understand each other. Fill in the question words. Pronunciation help: Listen to the text and check your answers.

auf wen • mit wem *(4x)* • womit • worüber *(2x)* • wofür • woran • ~~worum~~

- □ Karl hat sich um ein Stipendium in Basel beworben.
  △ Was hast du gesagt? *Worum* hat er sich beworben?
1. □ Ich habe heute mit Wilhelm telefoniert.
   △ Was hast du gesagt? .... hast du telefoniert?
2. □ Ich warte auf Andrea.
   △ Bitte? .... wartest du?
3. □ Ich will mit Joseph sprechen.
   △ Wie bitte? .... willst du sprechen?
4. □ Ich freue mich so über die Geschenke.
   △ Was hast du gesagt? .... freust du dich?
5. □ Wir müssen unbedingt über deine Pläne diskutieren.
   △ Bitte, ... müssen wir diskutieren?
6. □ Ich interessiere mich sehr für Jazzmusik.
   △ Bitte, ... interessieren Sie sich?
7. □ Im Moment beschäftige ich mich mit einem neuen Projekt.
   △ Wie bitte? .... beschäftigen Sie sich im Moment?
8. □ Im Sommer möchten wir an einem Kurs über Kräuter teilnehmen.
   △ Wie bitte? .... möchtet ihr teilnehmen?
9. □ Ich möchte mit Karla tanzen.
   △ Bitte? .... möchtest du tanzen?
10. □ Die Musik ist zu laut. Ich kann nicht mit dir reden!
    △ Was hast du gesagt? .... kannst du nicht reden?

8 **Klatsch und Tratsch. Ergänzen Sie die Fragewörter. Manchmal gibt es mehrere Lösungen.** (42)
Aussprachehilfe: Hören Sie den Text und kontrollieren Sie Ihre Lösungen.
Gossip. Fill in the question words. Sometimes more than one answer is possible.
Pronunciation help: Listen to the text and check your answers.

bei wem *(2x)* • wofür • mit wem *(2x)* • auf wen • worüber *(3x)* • in wen

1. Habt ihr schon gehört? Martha hat sich beschwert. – Nein! *Bei wem* denn?
2. Habt ihr schon gehört? Peter hat sich verliebt. – Wirklich? .... denn?
3. Klaus hat sich entschuldigt. – .... denn?
4. Gestern hat sich Georg sehr geärgert. – Wirklich? .... denn?
5. Christa hat sich bei ihrem Nachbarn bedankt. – Hmm, ... denn?
6. Luise hat sich gestritten. – .... denn?

7. Also, meine Nachbarin hat sich heute Morgen so gefreut! – Ja? .... denn?
8. Maria hat heute Morgen eine halbe Stunde lang mit Hugo gesprochen. – Wirklich? .... denn?
9. Ach, übrigens, Daniel hat wieder mal eine Stunde im Café „Kranzler" gewartet. – Wirklich? .... denn?
10. Johanna hat wieder mal zwei Stunden telefoniert. – Wirklich? .... denn?

1.6.3 Verben mit lokalen Ergänzungen Verbs with an adverbial of place

▶ Das Verb regiert im Satz! The verb determines the sentence structure.

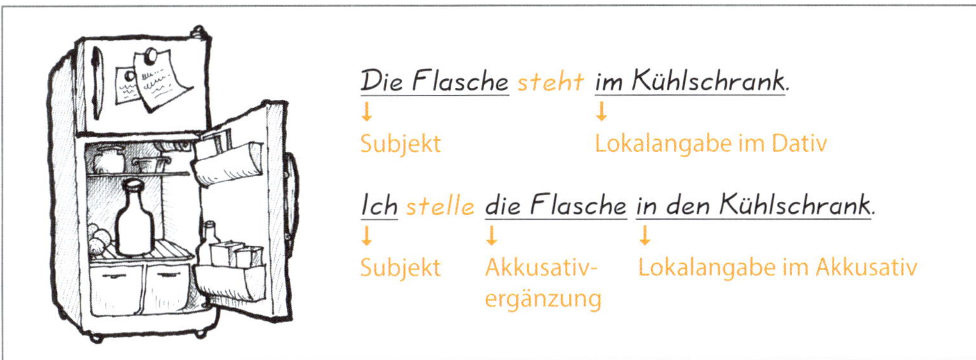

▶ Formen Forms

	wo? → Präposition + Dativ Where? → preposition + dative (location)		**wohin? → Präposition + Akkusativ** Where to? → preposition + accusative (direction, motion)
stehen:	ich stehe – ich stand – ich habe gestanden Ich stehe an der Wand.	stellen:	ich stelle – ich stellte – ich habe gestellt Ich stelle den Stuhl an die Wand.
liegen:	ich liege – ich lag – ich habe gelegen Ich liege im Bett.	legen:	ich lege – ich legte – ich habe gelegt Ich lege das Buch auf den Tisch.
sitzen:	ich sitze – ich saß – ich habe gesessen Ich sitze auf dem Stuhl.	setzen:	ich setze – ich setzte – ich habe gesetzt Ich setze mich auf den Stuhl.
hängen:	die Jacke hängt – die Jacke hing – die Jacke hat gehangen Die Jacke hängt an der Garderobe.	hängen:	ich hänge – ich hängte – ich habe gehängt Ich hänge die Jacke an die Garderobe.

→ *Stehen, liegen* und *sitzen* sind unregelmäßige Verben. Sie treten in der Regel mit einer lokalen Ergänzung im Dativ auf.
Stehen (stand), *liegen* (lie) and *sitzen* (sit) are irregular verbs. They are usually used with an adverbial of place. The noun that follows the preposition is in the dative case.

→ *Stellen, legen* und *setzen* sind regelmäßige Verben. Sie stehen immer mit einem Akkusativ und haben eine lokale Ergänzung im Akkusativ.
Stellen (place, put), *legen* (lay) and *setzen* (place, put) are regular verbs. They require an accusative complement. The noun of the adverbial of place is also in the accusative case.

→ *Hängen* kann regelmäßig oder unregelmäßig sein. Wenn es mit einem Akkusativ gebraucht wird, ist es regelmäßig und hat die lokale Ergänzung im Akkusativ.
Hängen (hang) can be either regular or irregular. The verb is regular when it requires an accusative complement. In this case, the noun of the adverbial of place is also in the accusative.

→ Sogenannte Wechselpräpositionen *(an – auf – hinter – in – neben – über – unter – vor – zwischen)* können mit dem Dativ oder dem Akkusativ auftreten. (➤ Seite 121)
So-called "two-way prepositions" *(an – auf – hinter – in – neben – über – unter – vor – zwischen)* can be used with either the dative or the accusative case depending on the context. (➤ page 121)

▶ Satzbau Sentence structure

Bei Ergänzungen mit Akkusativ und Lokalangabe steht die Akkusativergänzung vor der lokalen Ergänzung.
If the verb requires both an accusative complement and an adverbial of place, the accusative complement precedes the adverbial of place.

I.	II.	III.
Ich	stelle	den Stuhl **an die Wand**.

Ergänzungen: Lokale Ergänzungen

Übungen

1 Ergänzen Sie *stehen, liegen* oder *hängen* und antworten Sie.
Complete the sentences with the correct forms of the verbs *stehen, liegen* or *hängen* and answer the questions.

- Wo *liegt* der Teppich? *(unter – Sofa)* — *Der Teppich liegt unter dem Sofa.*

1. Wo .... das neue Bild? *(über – Bett)* ....
2. Wo .... der Sessel? *(in – Wohnzimmer)* ....
3. Wo .... die grüne Vase? *(auf – Tisch)* ....
4. Wo .... die Dokumente? *(in – Schreibtischschublade)* ....
5. Wo .... das Handtuch? *(in – Bad)* ....
6. Wo .... das schmutzige Geschirr? *(in – Geschirrspülmaschine)* ....
7. Wo .... meine Brille? *(auf – Buch)* ....
8. Wo .... mein Laptop? *(unter – Sessel)* ....

2 Ergänzen Sie die Verben *hängen, sitzen, setzen, liegen, legen, stehen* oder *stellen*.
Complete the sentences with the correct forms of the verbs *hängen, sitzen, setzen, liegen, legen, stehen* or *stellen*.

- Auf dem Schreibtischstuhl *sitze* ich nicht gern.

1. .... Sie Ihre Jacke bitte an den Kleiderständer.
2. Das Denkmal .... auf dem Mozartplatz.
3. .... ihr bitte die Milch in den Kühlschrank?
4. .... du noch immer im Bett?
5. Bei mir .... viele Bilder an der Wand.
6. Wo .... die drei alten Windmühlen?
7. Die Mutter .... ihre Tochter in den Kinderwagen.
8. Bitte .... Sie sich!
9. Wohin willst du dieses Regal ....?
10. Oma .... in ihrem Sessel.

3 Otto sucht seine Sachen. Helfen Sie ihm. Beschreiben Sie die Position der Gegenstände. Benutzen Sie *stehen, liegen* und *hängen*.
Otto is looking for his things. Help him find them. Describe the locations of the objects. Use the verbs *stehen, liegen* and *hängen*.

- das Buch *(das Sofa)*
  Das Buch liegt auf dem Sofa.

1. die Blumen *(die Vase)*
   ....
2. die Pizza *(das Bett)*
   ....
3. das Fahrrad *(das Bett)*
   ....
4. der Stift *(der Tisch/die Blumenvase)*
   ....
5. das Bild *(die Wand)*
   ....
6. die Maus *(die Tastatur)*
   ....
7. die Kaffeetasse *(die Heizung)*
   ....
8. die Socke *(das Bett/die Pizza)*
   ....
9. der Teppich *(das Bett)*
   ....

2 Nomen und Artikel Nouns and articles

2.1 Genus Grammatical gender

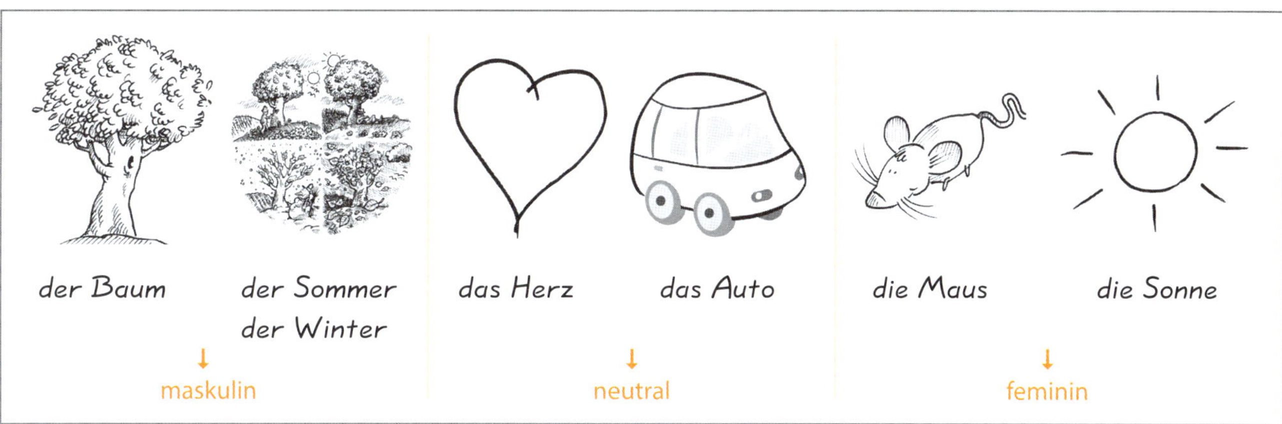

- → Jedes Nomen hat ein festes Genus. Man erkennt das Genus am Artikel: der, das, die.
  Every noun has a gender. The gender is indicated by the definite article: *der – masculine, das – neuter, die – feminine.*
- → Warum ist *der Baum* maskulin, *das Herz* neutral und *die Maus* feminin? Das wissen wir nicht. Dafür gibt es keine Regeln. Am besten ist es, ein neues Nomen immer mit dem Artikel zusammen zu lernen.
  Why is the tree masculine, the heart neuter and the mouse feminine? We don't know. There are no rules that apply to nouns like these. In general, it is always recommended to learn a new noun together with its article.
- → Aber: Bei einigen Nomen gibt es Regeln, z. B.:

der Sommer	Jahreszeiten, Monate und Tage sind immer maskulin.
das Auto	Viele internationale Nomen sind neutral.
die Sonne	Viele Nomen, die auf *-e* enden, sind feminin.

However: In a few cases, there are rules, e. g.: *Der Sommer* (the summer) – Names for seasons, months and days are always masculine. *Die Sonne* (the sun) – Many nouns ending in *-e* are feminine. *Das Auto* (the car) – Many international nouns are neuter.

▶ Einige Regeln A few rules

 **maskulin**	männliche Personen und Berufe	der Mann, der Koch
	Zeit: Tage, Monate, Jahreszeiten	der Dienstag, der März, der Sommer
	viele Nomen zum Thema Wetter	der Sturm, der Schnee
	alkoholische Getränke	der Wein, der Wodka (aber: das Bier)
	viele Nomen auf *-er*	der Computer, der Drucker (aber: die Nummer)
	Nomen auf *-ling*	der Liebling, der Schmetterling
	Nomen auf *-or*	der Motor, der Humor
	Nomen auf *-ismus*	der Kapitalismus, der Organismus
 **neutral**	Nomen auf *-chen*	das Mädchen, das Päckchen
	Nomen auf *-lein*	das Männlein
	viele Nomen auf *-um*	das Museum, das Studium (aber: der Konsum)
	viele Nomen auf *-ment*	das Instrument, das Dokument (aber: der Moment)
	Nomen aus dem Infinitiv des Verbs	das Essen, das Reisen
	viele internationale Nomen	das Auto, das Telefon, das Hobby, das Hotel
feminin	weibliche Personen und Berufe	die Frau, die Lehrerin
	viele Nomen auf *-e*	die Sonne, die Reise (aber: der Käse, das Gemüse)
	Nomen auf *-ung*	die Rechnung, die Verwaltung
	Nomen auf *-heit*	die Sicherheit, die Kindheit
	Nomen auf *-keit*	die Sauberkeit, die Freundlichkeit
	Nomen auf *-schaft*	die Freundschaft, die Wirtschaft
	Nomen auf *-ei*	die Bücherei, die Bäckerei
	Nomen auf *-ion*	die Diskussion, die Situation
	Nomen auf *-ität*	die Realität, die Spezialität
	viele Nomen auf *-ur*	die Korrektur (aber: das Abitur)

2.1 Nomen und Artikel

Genus

Übungen

1 Ergänzen Sie die Nomen mit Artikel. Formulieren Sie auch die Regeln.

Fill in the nouns with articles. Specify the rules that apply.

a) ....

b) ....

c) ....

d) ....

e) ....

f) ....

g) ....

h) ....

i) ....

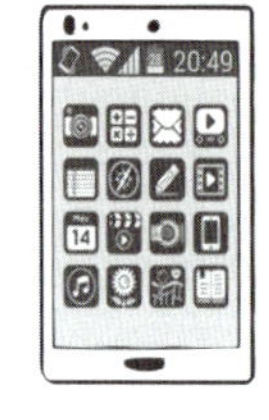

j) ....

k) ....

l) ....

2 Ergänzen Sie den Artikel.

Fill in the articles.

- *die* Tasche
1. .... Kopierer
2. .... Essen
3. .... Bäckerei
4. .... Studium
5. .... Fotografieren
6. .... Risiko
7. .... Hotel
8. .... Adresse
9. .... Wohnung
10. .... Information
11. .... Kellnerin
12. .... Mittwoch
13. .... Informatiker
14. .... Universität
15. .... Frühling

3 Maskulin, neutral oder feminin? Finden Sie die richtigen Artikel. Welches Nomen passt nicht in die Reihe?

Are these nouns masculine, neuter or feminine? Write the article that fits to three of the four nouns. Which noun does not belong to the group?

• *der*	Wein – Abend – Kellner – Restaurant	*das Restaurant*
1.	Besprechung – Universität – Gymnasium – Vorlesung	....
2.	Kollegin – Datei – Internet – Recherche	....
3.	Hobby – Liebe – Smartphone – Kino	....
4.	Außenminister – Organisator – Reporter – Interview	....
5.	Mädchen – Violine – Instrument – Studium	....
6.	Krankheit – Medikament – Ärztin – Operation	....
7.	Lernen – Übung – Unterrichtsstunde – Hausaufgabe	....

4 **Ergänzen Sie den Artikel. Suchen Sie eventuell den Artikel im Wörterbuch.**
Fill in the articles. Look them up in a dictionary if necessary.

1. Das sind Möbel: *der* Tisch, ... Schrank, ... Kommode, ... Stuhl, ... Spiegel, ... Bücherregal
2. Das benutzt man beim Essen oder Trinken: .... Glas, ... Tasse, ... Flasche, ... Teller, ... Löffel, ... Gabel, ... Messer, ... Serviette
3. Das kann man lesen: .... Zeitung, ... Reisemagazin, ... Kochbuch, ... Roman, ... Bericht, ... Gedicht, ... Protokoll, ... E-Mail
4. Das sind Kleidungsstücke: .... Pullover, ... Hemd, ... Hose, ... Rock
5. Das sind Lebensmittel: .... Brot, ... Suppe, ... Fleisch, ... Fisch, ... Gemüse, ... Obst, ... Salat, ... Apfel, ... Birne, ... Tomate
6. Das sind Gebäude: .... Schule, ... Universität, ... Theater, ... Post, ... Bibliothek, ... Polizeirevier, ... Bahnhof, ... Museum, ... Kino, ... Geschäft
7. Das sind Verkehrsmittel: .... Auto, ... Zug, ... Straßenbahn, ... Fahrrad, ... Flugzeug, ... Motorroller, ... Bus, ... Schiff, ... Fähre

5 **Was sehen Sie in diesem Haus? Ordnen Sie die Wörter nach Artikel.**
What can you see in this house? Put the words in the appropriate **column**, according to their article.

~~Zimmer~~ • Bad • Dach • Toilette • Treppe • Küche • Flur • Dusche • Bett • Tür • Tisch • Schrank • Lampe • Blume • Vase • Spielzeug • Sessel • Bild • Regal • Teppich • Gardine • Balkon • Fenster • Kommode • Schüssel • Foto • Computer • Stuhl • Badewanne

der ....

das *Zimmer*, ...

die ....

Komposita (Zusammengesetzte Nomen) Compound nouns

der Wein + das Glas = das Weinglas
der Wein + die Flasche = die Weinflasche

Bei zusammengesetzten Nomen richtet sich das Genus nach dem letzten Nomen.
The article of a compound noun is determined by the gender of the last noun.

Übungen

6 Was passt? Bilden Sie Komposita und ergänzen Sie den Artikel.
What fits together? Form compound nouns. Fill in the articles.

- der Kaffee .... Schlüssel — *die Kaffeemaschine*
1. das Zimmer .... Zentrum ....
2. das Hotel *die* Maschine ....
3. der Computer .... Kalender ....
4. der Kredit .... Instrument ....
5. die Stadt .... Restaurant ....
6. der Termin .... Gewinn ....
7. die Musik .... Urlaub ....
8. das Lotto .... Problem ....
9. der Arzt .... Karte ....
10. der Sommer .... Praxis ....

7 Bilden Sie Komposita und ergänzen Sie den Artikel.
Form compound nouns and fill in the articles.

1. .... Schreibtisch + ... Lampe = ...
2. .... Tee + ... Tasse = ...
3. .... Kaffee + ... Automat = ...
4. .... Handy + ... Ladekabel = ...
5. .... Zug + ... Ticket = ...
6. .... Stadt + ... Theater = ...
7. .... Schuh + ... Geschäft = ...
8. .... iPad + ... Hülle = ...
9. .... Büro + ... Arbeit = ...
10. .... Preis + ... Steigerung = ...
11. .... Daten *(Pl.)* + ... Verarbeitung = ...
12. .... Computer + ... Zeitalter = ...

8 **Bilden Sie Komposita und ergänzen Sie den Artikel.** 
Aussprachehilfe: Hören Sie die Lösungen und sprechen Sie die Wörter nach.
Form compound nouns and fill in the articles. Pronunciation help: Listen to the answers and repeat the words.

- Bei manchen Komposita steht zwischen den beiden Nomen ein *-s-*, oft nach femininen Nomen auf *-ität, -heit, -keit, -schaft, -ung* oder nach maskulinen Nomen wie *Beruf* oder *Unterricht*.
- Certain compound nouns have a connecting *-s-* between the two words. In such cases the first word is often feminine and ends in *-ität, -heit, -keit, -schaft* or *-ung* or is a masculine noun like *Beruf* (profession) or *Unterricht* (lesson).

●	*die*	Universität	+	*die*	Bibliothek	=	*die Universitätsbibliothek*
1.	....	Abteilung	+	....	Leiter	=	....
2.	....	Geburtstag	+	....	Feier	=	....
3.	....	Wohnung	+	....	Suche	=	....
4.	....	Liebe	+	....	Lied	=	....
5.	....	Sicherheit	+	....	Training	=	....
6.	....	Vorlesung	+	....	Saal	=	....
7.	....	Besprechung	+	....	Protokoll	=	....
8.	....	Datenverarbeitung	+	....	Maschine	=	....
9.	....	Beruf	+	....	Bezeichnung	=	....
10.	....	Unterricht	+	....	Vorbereitung	=	....

9 **Ergänzen Sie den richtigen Artikel: *der, das* oder *die*.** 
Aussprachehilfe: Hören Sie den Text und kontrollieren Sie Ihre Lösungen.
Fill in the correct article: *der, das* or *die*. Pronunciation help: Listen to the text and check your answers.

Das moderne Computerzeitalter
Das (0) Wort *Computer* ist ein lateinisch-englisches Wort. Es bedeutet: ....(1) Rechenmaschine oder: ....(2) Rechenapparat. Früher war ....(3) Wort *Computer* ....(4) Berufsbezeichnung für Menschen, die Kalkulationen machten. *Computer* waren Leute, die zum Beispiel für einen Astronomen ....(5) Berechnung durchführten. Später waren es Arbeiter, die mechanische Rechenmaschinen bedienten. Heute steht ....(6) Wort für eine Maschine, die Daten verarbeitet. Mitte des 17. Jahrhunderts haben ....(7) deutsche Gelehrte Wilhelm Schickard und ....(8) Franzose Blaise Pascal unabhängig voneinander ....(9) erste Rechenmaschine entwickelt. Mit der Industrialisierung im 19. Jahrhundert machte ....(10) Entwicklung und ....(11) Produktion von Rechenmaschinen weitere Fortschritte. ....(12) Einsatzgebiet dieser Maschinen war hauptsächlich ....(13) Büroarbeit. ....(14) *Computer* als elektromechanische und später als voll elektronische Datenverarbeitungsmaschine ist eine Erfindung des 20. Jahrhunderts. ....(15) erste Großrechner war eine herausragende Ingenieurleistung. ....(16) deutsche Forscher Konrad Zuse legte 1937 mit seinem Rechner Z1 den Grundstein für das moderne Computerzeitalter.

Rechenmaschine: computing machine • Berechnung: calculation • Gelehrte: scolar • Einsatzgebiet: area of application • Grundstein: foundation stone

10 **Bilden Sie aus den vorgegebenen Wörtern Sätze im Präteritum.**
Use the given words to form sentences in the preterite tense.

1. Computer – auch – Entwicklung des Buches – beeinflussen
   ....
2. in den 1990er-Jahren – elektronisch, Buch – entwickelt werden
   ....
3. Gerät – am Anfang – sehr groß – sein – und – Batterie – nicht lange – halten
   ....
4. auch – Lesbarkeit – und – Schwarz-Weiß-Kontrast – früher – nicht optimal – sein
   ....

2.2 Numerus: Plural — The grammatical number: plural

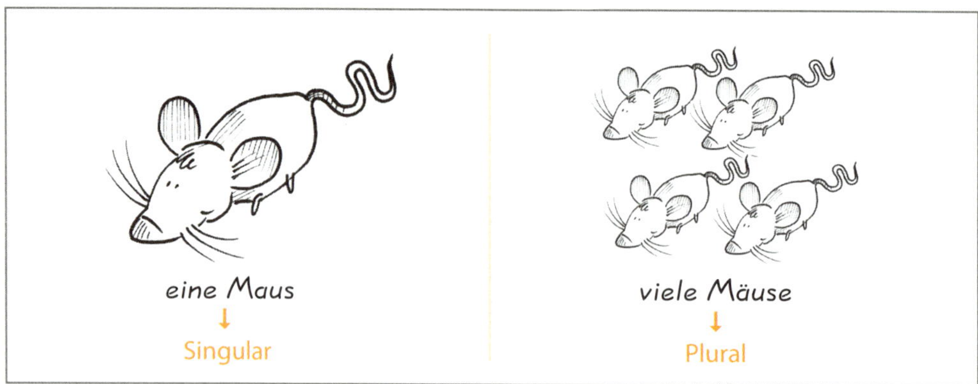

Formen Forms

Pluralendungen	Singular	Plural	
– (+ Umlaut)	das Zimmer der Kuchen das Mädchen der Apfel der Vater	die Zimmer die Kuchen die Mädchen die Äpfel die Väter	vor allem maskuline und neutrale Nomen mit den Endungen: *-er, -el, -en* und neutrale Nomen auf *-chen* und *-lein*. Einige Pluralformen bekommen einen Umlaut *(ä, ö, ü, äu)*. mainly masculine and neuter nouns ending in *-er, -el* or *-en* and neuter nouns ending in *-chen* or *-lein*. A few nouns receive an umlaut in their plural forms *(ä, ö, ü, äu)*.
-e (+ Umlaut)	die Maus die Kuh der Ball der Tag	die Mäuse die Kühe die Bälle die Tage	viele einsilbige Nomen. Viele maskuline und alle femininen Nomen bilden den Plural mit Umlaut *(ä, ö, ü, äu)*. many one-syllable words. Most masculine and all feminine nouns receive an umlaut in their plural forms *(ä, ö, ü, äu)*.
-er (+ Umlaut)	das Bild das Rad der Mann der Wald	die Bilder die Räder die Männer die Wälder	viele neutrale und einige maskuline Nomen. Die Pluralformen bekommen einen Umlaut *(ä, ö, ü, äu)*. many neuter and a few masculine nouns. The nouns receive an umlaut in their plural forms *(ä, ö, ü, äu)*.
-n/-en/-nen	die Tasse die Wohnung der Praktikant der Kollege die Kollegin	die Tassen die Wohnungen die Praktikanten die Kollegen die Kolleginnen	sehr viele feminine Nomen, maskuline Nomen der *n*-Deklination (➤ Seite 80) a very large number of feminine nouns, as well as masculine *n*-nouns (➤ page 80) Bei Personen auf *-in* ist die Pluralendung *-innen*. For personal nouns ending in *-in* the plural ending is *-innen*.
-s	das Auto das Hobby das Taxi das Hotel	die Autos die Hobbys die Taxis die Hotels	viele Fremdwörter many words of foreign origin

→ Der bestimmte Artikel im Plural ist immer die.
The plural definite article is always *die* (regardless of the grammatical gender of the noun).

→ Einige Nomen haben Sonderformen: das Museum – die Muse**en**, das Risiko – die Risik**en**, das Praktikum – die Prakti**ka**.
A few nouns have special plural forms: *das Museum – die Muse**en**, das Risiko – die Risik**en**, das Praktikum – die Prakti**ka**.*

→ Einige Nomen gibt es nur im Singular: das Gemüse, das Obst, die Milch, der Verkehr, das Internet, die Polizei.
A few nouns exist only in the singular form: *das Gemüse, das Obst, die Milch, der Verkehr, das Internet, die Polizei.*

→ Einige Nomen gibt es nur im Plural: die Eltern, die Geschwister, die Möbel.
A few nouns exist only in the plural form: *die Eltern, die Geschwister, die Möbel.*

Übungen

1 Was sehen Sie?
What do you see?

1

2

3

4

5

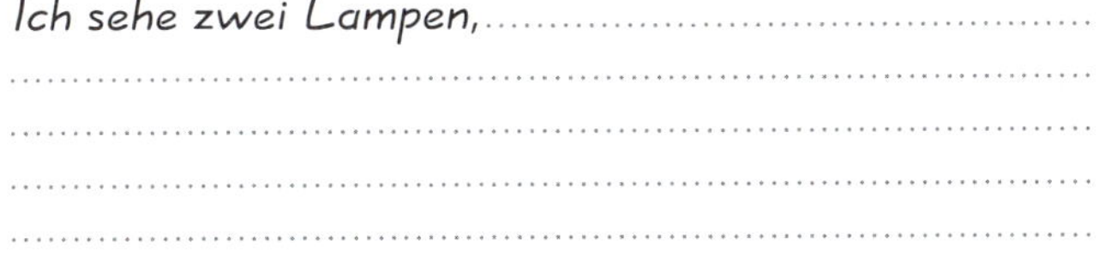
Ich sehe zwei Lampen, ...

6

7

8

9

10

2 Körperteile: Ergänzen Sie die Pluralformen.
Parts of the body. Write the nouns in the plural form.

Gustav ist ein schöner Mann. Er hat:

schwarze .... *(das Haar)*
blaue .... *(das Auge)*
große .... *(das Ohr)*
lange .... *(der Finger)*
runde .... *(das Knie)*

gesunde .... *(der Zahn)*
starke .... *(der Arm)*
kräftige .... *(die Hand)*
gerade .... *(das Bein)*
schöne .... *(der Fuß)*

3 Beim Gemüsehändler. Ergänzen Sie die Nomen im Plural.
At the greengrocer's. Write the nouns in the plural form.

Verkäufer: Guten Tag, Sie wünschen?
Frau Meyer: Guten Tag, ich hätte gern vier Karotten *(Karotte)*, zwei .... *(Tomate)*, drei .... *(Zwiebel)*, drei .... *(Apfel)*, zwei schöne .... *(Birne)* und fünf .... *(Orange)*. Haben Sie auch .... *(Gurke)*?
Verkäufer: Ja, hier. Sie sind ganz frisch.
Frau Meyer: Dann nehme ich auch zwei .... *(Gurke)*.
Verkäufer: Bitte schön.

4 Wie heißt die Pluralendung? Ergänzen Sie.
Specify the plural endings used for the nouns in each list.

- das Wort, das Buch, das Rad, das Bad, das Haus — -er + Umlaut
1. das Foto, das Auto, das Radio, die Mango, das Kino, das Baby, die Kiwi ....
2. die Zeitung, die Meinung, die Universität, die Bibliothek ....
3. der Computer, der Drucker, der Maler, das Zimmer ....
4. die Suppe, die Tomate, das Auge, die Lampe, die Familie ....
5. der Vater, die Mutter, die Tochter, der Apfel ....

Numerus

5 Welche Wörter stehen im Singular, welche im Plural? Kreuzen Sie an.

Which words are in the singular, and which are in the plural? Mark the correct answer.

	Singular	Plural
● die Zimmer	○	✗
1. die Kollegen	○	○
2. die Kollegin	○	○
3. die Computer	○	○
4. die Dokumente	○	○
5. die Pause	○	○

	Singular	Plural
6. die Schlüssel	○	○
7. die Besprechung	○	○
8. die Arbeitszeit	○	○
9. die E-Mail	○	○
10. die Termine	○	○
11. die Preisliste	○	○

6 Frau Müller hat es nicht leicht. Ihre Vorgesetzte Frau Schmidt ruft an. Ergänzen Sie die Nomen im Plural.

Aussprachehilfe: Hören Sie den Text und kontrollieren Sie Ihre Lösungen.

Mrs Müller has a lot to do. She receives a phone call from her boss, Mrs Schmidt. Write the nouns in the plural form. Pronunciation help: Listen to the text and check your answers.

Frau Schmidt: Frau Müller, haben Sie die Besprechung heute um 15.00 Uhr vorbereitet? .... *(der Gast)* aus Rom kommen gleich.

Frau Müller: Ja, Frau Schmidt, es ist alles fertig.

Frau Schmidt: Haben Sie auch .... *(die Kaffeetasse)*, ... *(das Brötchen)* und .... *(das Glas)* für den Champagner hingestellt?

Frau Müller: Ja, Frau Schmidt, alles steht schon im Besprechungszimmer.

Frau Schmidt: Und .... *(das Dokument)*? Haben Sie die kopiert?

Frau Müller: Ich habe .... *(der Bericht)* und .... *(die Preisliste)* kopiert, ... *(die Mappe)* hingelegt und .... *(das Fenster)* geöffnet.

Frau Schmidt: Gut, dann bin ich beruhigt.

Frau Müller: Und Sie, Frau Schmidt? Haben Sie .... *(der Praktikant)* über die Ankunft der Geschäftspartner informiert? Sie sollen doch .... *(der Gast)* vom Bahnhof abholen.

Frau Schmidt: Oh nein, das habe ich vergessen!

7 Eine Beschwerde. Singular oder Plural? Ergänzen Sie die Nomen in der richtigen Form.

A complaint letter. Singular or plural? Complete the text by adding the nouns in the correct form.

~~Urlaub~~ • Erwartung • Zimmer • Liegestuhl • Gast • Website • Stern • Getränk • Service • Fernseher • Bett • Urlaubstag • Problem • Stunde • Hälfte • Hotelpersonal

Sehr geehrte Damen und Herren,

ich habe vom 22. bis zum 29. Mai in Ihrem Hotel „Meeresbrise" *Urlaub* (0) gemacht. Beim Auschecken habe ich mich über einige Dinge beschwert. Die Hotelmitarbeiterin empfahl mir, meine Beschwerde schriftlich zu formulieren.
Auf Ihrer ....(1) stand, dass Ihr Hotel vier ....(2) hat, und ich habe mich auf die ....(3) an der Nordsee sehr gefreut. Leider wurden meine ....(4) nicht erfüllt. Die ....(5) waren klein und dunkel. Es gab keine ....(6) in der Minibar und der ....(7) war kaputt. Nachts konnte ich nicht schlafen, weil die ....(8) so hart waren. Ich habe immer noch Rückenschmerzen! Auch in anderen Bereichen des Hotels gab es ....(9). Im Hotelrestaurant mussten wir manchmal zwei ....(10) auf das Essen warten. Am Pool standen nur zehn ....(11), im Hotel wohnten aber über 100 ....(12). Das ....(13) war unfreundlich oder überhaupt nicht vorhanden. Ich habe für unser Doppelzimmer 150 Euro bezahlt – das ist für den schlechten ....(14) viel zu viel. Ich erwarte von Ihnen, dass Sie mir die ....(15) des Geldes zurückzahlen.

Mit freundlichen Grüßen
Fritz Freundlich

2.3 Kasus Grammatical cases

Die Museumsmitarbeiterin erklärt *dem Besucher das Bild.*
↓ Nominativ — ↓ Dativ — ↓ Akkusativ

Es ist das bekannteste Gemälde des Museums.
↓ Genitiv

▶ Formen Forms

Kasus	Singular						Plural	
	maskulin		neutral		feminin			
Nominativ	der	Besucher	das	Museum	die	Mitarbeiterin	die	Bilder
Akkusativ	den	Besucher	das	Museum	die	Mitarbeiterin	die	Bilder
Dativ	dem	Besucher	dem	Museum	der	Mitarbeiterin	den	Bildern
Genitiv	des	Besuchers	des	Museums	der	Mitarbeiterin	der	Bilder

➤ Seite 82: *Bestimmter Artikel*

→ Den Kasus erkennt man hauptsächlich an der Endung des Artikels.
The article ending is the main indicator of grammatical case.

→ Im Genitiv Singular bekommen maskuline und neutrale Nomen die Endung *-(e)s*: der Besucher – des Besuchers, der Baum – des Baumes, das Museum – des Museums, das Auto – des Autos. (➤ Seite 82)
Masculine and neuter nouns receive an *-(e)s* in the genitive singular: *der Besucher – des Besuchers, der Baum – des Baumes, das Museum – des Museums, das Auto – des Autos.*

→ Im Dativ Plural bekommen die Nomen die Endung *-n*: die Bilder – den Bildern, die Bücher – den Büchern. (➤ Seite 82)
Ausnahme: Nomen mit der Pluralendung *-s*: die Autos – den Autos und besondere Pluralformen: die Museen – den Museen. (➤ Seite 74)
All nouns receive an *-n* in the dative plural: *die Bilder – den Bildern, die Bücher – den Büchern.*
The only exceptions are nouns with the plural ending *-s*: *die Autos – den Autos* and special plural forms: *die Museen – den Museen.*

■ Wer oder was bestimmt den Kasus? Who or what determines the case?

A Verben Verbs

▶ Das Verb regiert im Satz! The verb determines the sentence structure.

→ **Verben mit direktem Kasus** Verbs with nominative, accusative or dative complements ➤ Seite 59
Das Verb bestimmt den Kasus. The case is determined by the verb.

Die Museumsmitarbeiterin erklärt dem Besucher das Bild.
↓ Nominativ — ↓ Dativ — ↓ Akkusativ

→ **Verben mit präpositionalem Kasus** Verbs with prepositional case ➤ Seite 62
Das Verb bestimmt die Präposition und die Präposition bestimmt den Kasus.
The preposition is determined by the verb, and the case is determined by the preposition.

Die Kollegen reden über das Projekt.
↓ Nominativ — ↓ *über* + Akkusativ

B Präpositionen in freien Angaben (z. B. lokale, temporale oder modale Angaben)

Prepositions in optional complements (e.g. adverbs of place, time or manner)

Wir kommen zu dir.	→	Lokalangabe	*zu* + Dativ	
Wir kommen nach dem Abendessen.	→	Temporalangabe	*nach* + Dativ	
Wir kommen mit dem Auto.	→	Modalangabe	*mit* + Dativ	
Wir kommen ohne die Kinder.	→	Modalangabe	*ohne* + Akkusativ	➤ Seite 117

C Nomen mit Genitivattribut **Nouns with a genitive attribute**

Das ist das bekannteste Gemälde des Museums.

Ottos Drucker ist kaputt. → Bei Namen steht das Genitivattribut vor dem Bezugswort.
If the genitive attribute (possessor) is a name, it precedes the possessed noun.

Übungen

1 Ergänzen Sie die Nomen im Akkusativ Singular.

Write the nouns in the accusative singular form.

a) In der Firma: Ich suche …

- *den Bericht* *(der Bericht)*
1. .... *(der Hausmeister)*
2. .... *(der Kopierer)*
3. .... *(die Personalabteilung)*
4. .... *(der Besprechungsraum)*
5. .... *(das Büro von Frau Klein)*

b) Zu Hause: Ich lese …

1. .... *(der Krimi von Donna Leon)*
2. .... *(der Artikel über Jupiter)*
3. .... *(die Nachricht einer Freundin)*
4. .... *(die Leipziger Volkszeitung)*

2 Ergänzen Sie die Nomen im Akkusativ Plural.

Write the nouns in the accusative plural form.

Auf der Straße: Siehst du …

- *die Bäume?* *(der Baum)*
1. ....? *(die Blume)*
2. ....? *(das Kind)*
3. ....? *(das Verkehrsschild)*
4. ....? *(das Taxi)*
5. ....? *(das Geschäft)*

3 Ergänzen Sie die Nomen im Dativ Singular.

Write the nouns in the dative singular form.

a) Wem gehört das gelbe Auto? Das Auto gehört …

- *der Deutschlehrerin* *(die Deutschlehrerin)*
1. .... *(der Fußballspieler)*
2. .... *(die Firma)*
3. .... *(der Finanzminister)*
4. .... *(der Filmstar)*
5. .... *(das Mädchen)*

b) Womit seid ihr gekommen? Mit …

1. .... *(das Taxi)*
2. .... *(der Zug)*
3. .... *(die U-Bahn)*
4. .... *(das Fahrrad)*

4 Ergänzen Sie die Nomen im Dativ Plural.

Write the nouns in the dative plural form.

Wem dankte der Bundespräsident? Er dankte …

- *den Helfern und Helferinnen.*
  (der Helfer – die Helferin)
1. ....
   (der Minister – die Ministerin)
2. ....
   (der Bürger – die Bürgerin)
3. ....
   (der Krankenpfleger – die Krankenpflegerin)
4. ....
   (der Wissenschaftler – die Wissenschaftlerin)
5. ....
   (der Künstler – die Künstlerin)

5 **Ergänzen Sie die Nomen im Genitiv Singular.**
Write the nouns in the genitive singular form.

Hast du die Adresse …

- *der Firma?* (die Firma)

1. ……………………? *(das Restaurant)*
2. ……………………? *(das Museum)*
3. ……………………………………? *(die Sprachschule)*
4. ……………………………………? *(das Hotel)*
5. ……………………………………? *(die Autowerkstatt)*

6 **Was passt nicht in die Reihe? Achten Sie auf die Verben und den Kasus.**
Which noun does not belong to the group? Pay attention to the verb and the grammatical case.

● Wir möchten gerne	a) das Museum c) das Konzert	b) die Ausstellung d) ~~dem Fußballspiel~~	besuchen.
1. Hast du	a) der Praktikantin c) den Kunden	b) die Kollegin d) dem Abteilungsleiter	schon geantwortet?
2. Hast du	a) das Essen c) der Reise	b) die Rechnung d) die Fahrtkosten	schon bezahlt?
3. Hast du	a) die E-Mail c) die Fotos	b) den Dokumenten d) die Excel-Tabelle	schon gespeichert?
4. Ich möchte gerne	a) die Tomatensuppe c) die Spaghetti	b) der Pudding d) das Schnitzel	essen.
5. Gratulierst du	a) dem Professor c) der Nachbarin	b) der neue Kollege d) der Lehrerin	zum Geburtstag?

7 **In welchem Kasus stehen die Nomen?**
Write the grammatical case for each underlined word.

- Hast du die Zeitung gelesen? *Akkusativ*

1. Leihst du mir mal den Stift? ……………………
2. Der Rezeptionist gibt den Hotelgästen die Zimmerkarten. …………………… ……………………
3. Die Eltern von Ulrike wohnen in Hamburg. ……………………
4. Siehst du das Gebäude dort? ……………………
5. Das ist das Rathaus. ……………………
6. Dem Kind schmeckt das Essen nicht. …………………… ……………………
7. Ich nehme den blauen Rock. ……………………
8. Kennst du das Passwort für diesen Computer? ……………………
9. Wo ist das Zimmer der Personalchefin? …………………… ……………………
10. Ich möchte der Praktikantin gern helfen. ……………………

8 **Beantworten Sie die Fragen.**
Answer the questions.

1. □ Womit fährst du zur Arbeit? *(die Straßenbahn, der Zug, das Fahrrad, das Auto, die U-Bahn)*
   △ *Ich fahre mit der Straßenbahn,* ……………………………………………………………
2. □ Woran denkst du? *(der Urlaub, das Konzert von gestern, die Probleme im Büro, die Arbeit)*
   △ ……………………………………………………………
3. □ Mit wem hast du gerade gesprochen? *(der Manager, die Polizistin, das Mädchen dort)*
   △ ……………………………………………………………
4. □ Worüber ärgerst du dich? *(die E-Mail von Sabine, der Kopierer, das Seminarprogramm, die Besprechungen)*
   △ ……………………………………………………………
5. □ Wofür gibst du viel Geld aus? *(das Studium, das neue Smartphone, der Tenniskurs, die Miete)*
   △ ……………………………………………………………
6. □ Worauf freust du dich? *(die Ferien, die Geburtstagsparty, der Theaterbesuch, das Wochenende)*
   △ ……………………………………………………………

Kasus

Besondere maskuline Nomen: Die n-Deklination

Special masculine nouns: n-nouns

▶ **Formen** Forms

Kasus	Singular maskulin		Plural	
Nominativ	der	Kollege	die	Kollegen
Akkusativ	den	Kollegen	die	
Dativ	dem		den	
Genitiv	des		der	

Einige maskuline Nomen haben eine besondere Endung: Sie enden außer im Nominativ Singular immer auf *-n*.
Dazu gehören:

- die meisten maskulinen Nomen auf *-e*: der Kollege, der Junge, der Kunde, der Hase, der Löwe
- Angehörige bestimmter Nationalitäten (auf *-e*): der Brite, der Bulgare, der Chinese, der Däne, der Finne, der Franzose, der Grieche, der Pole, der Russe, der Schwede usw.
- Nomen auf *-ant, -ent, -ist*: der Diamant, der Praktikant, der Patient, der Journalist, der Polizist (Endung in Singular und Plural: *-en*)
- Nomen wie: der Herr (Singular: Herr**n**, Plural: Herr**en**)
  der Mensch (Singular: Mensch**en**, Plural: Mensch**en**)
  der Nachbar (Singular: Nachbar**n**, Plural: Nachbar**n**)

A few masculine nouns have a special ending: They receive an *-n* in all grammatical cases, except for the nominative singular.
This group includes:

- most masculine nouns ending in *-e*: *der Kollege, der Junge, der Kunde, der Hase, der Löwe*
- many names for nationalities (ending in *-e*): *der Brite, der Bulgare, der Chinese, der Däne, der Finne, der Franzose, der Grieche, der Pole, der Russe, der Schwede* etc.
- nouns ending in *-ant, -ent, -ist*: *der Diamant, der Praktikant, der Patient, der Journalist, der Polizist* (the ending is *-en* for both the singular and the plural)
- nouns like: *der Herr* (singular: *Herrn*, plural: *Herren*)
  der Mensch (singular: *Menschen*, plural: *Menschen*)
  der Nachbar (singular: *Nachbarn*, plural: *Nachbarn*)

Übungen

9 **Welche Nomen gehören zur *n*-Deklination? Markieren Sie die Endungen und wählen Sie aus.**
Mark the endings and list the *n*-nouns.

1. Tiere: der Hund, der Löwe, der Affe, der Elefant, der Kater, der Tiger, der Fisch, der Hase, der Vogel, der Rabe
   n-Deklination: *der Löwe,* ....
2. Nationalitäten: der Belgier, der Chinese, der Norweger, der Franzose, der Brite, der Engländer, der Spanier, der Russe, der Amerikaner, der Däne, der Japaner, der Inder
   n-Deklination: ....
3. Berufe: der Biologe, der Jurist, der Rechtsanwalt, der Ingenieur, der Lehrer, der Journalist, der Informatiker, der Politiker, der Assistent, der Arzt
   n-Deklination: ....
4. Menschen: der Herr, der Junge, der Mann, der Kollege, der Kunde, der Vater, der Sohn, der Nachbar
   n-Deklination: ....

10 **Markieren Sie die Nomen der *n*-Deklination. Unterstreichen Sie die Endung, wenn nötig.** 46
Aussprachehilfe: Hören Sie den Text.
Mark all *n*-nouns in the text. Underline the endings where applicable. Pronunciation help: Listen to the text.

Was Sie schon immer über Diamanten wissen wollten …

Der Diamant ist das Symbol der ewigen Liebe, weil er als unzerstörbar gilt.
Weltweit beurteilen Experten Diamanten nach dem Zusammenspiel von Schliff, Gewicht (Karat), Farbe und Reinheit.
Der perfekte Schliff verleiht dem Diamanten seine Brillanz. Der Schliff wird von Menschen gemacht und der Mensch kann damit den Diamanten direkt beeinflussen. Denn erst der Schliff bringt den Diamanten zum Leuchten.
Die Farbe eines Diamanten spielt auch eine große Rolle. Je weißer ein Diamant ist, desto seltener ist er. Diamanten werden in fast allen Farben des Regenbogens gefunden.
Die Reinheit eines Diamanten kann man daran erkennen, ob und wie viele Einschlüsse er hat. Diese Merkmale geben dem Stein eine eigene Signatur. Ein Diamant gilt dann als rein, wenn selbst unter zehnfacher Vergrößerung keine Einschlüsse sichtbar sind. Das Gewicht und damit auch die Größe eines Diamanten wird in Karat gemessen. Ein Karat entspricht 0,2 Gramm. Ein Diamant von fünf Karat wiegt also ein Gramm.

Schliff: cut • Gewicht: weight • Farbe: colour • Reinheit: purity • Einschlüsse: imperfections, inclusions • Merkmal: feature • Vergrößerung: magnification

11 **Ergänzen Sie die Endungen der maskulinen Nomen, wenn nötig.**
Fill in the endings of the masculine nouns where necessary.

- Andreas schenkte Gudrun zum Geburtstag einen Diamant*en*.

1. Hast du die Telefonnummer des Kunde...... ?
2. Nein, der Kunde...... hat mir die Nummer nicht gegeben.
3. Der Arzt sprach mit dem Patient...... .
4. Was ist mit dem neuen Kollege......? Kommt er nicht zur Sitzung?
5. An dem Wettkampf nahmen Teilnehmer aus verschiedenen Nationen teil, darunter auch Chinese...... und Grieche...... .
6. Über die Reise des Politikers berichteten viele Journalist...... .
7. Heute gab es Auseinandersetzungen zwischen Polizist...... und Demonstrant...... .
8. Ein Polizist...... wurde verletzt.

12 **Ergänzen Sie in der folgenden E-Mail das Wort *Kollege* im Singular oder Plural in der richtigen Form.**
Add the word *Kollege* in the correct singular or plural form in the following email.

Einladung zum Männertag*

Liebe ....(1),
hiermit möchten wir alle männlichen ....(2) zu einer Kutschenfahrt am Donnerstag, dem 26. Mai einladen. Die Fahrt beginnt um 10.00 Uhr und dauert ca. drei Stunden. Für die Getränke ist gesorgt: ....(3) Müller bringt zwei Fässer Bier mit. Wir suchen noch einen hilfsbereiten ....(4), der etwas zu Essen vorbereitet.
Nach der Fahrt mit der Pferdekutsche haben wir zwei Bowlingbahnen im Sportzentrum „Bleib fit" reserviert. Dort findet unser Bowling-Firmenwettkampf statt. Der Sieger erhält eine Prämie von 100 Euro. Bowlingmeister im letzten Jahr war Friedrich Kuhn aus der Personalabteilung. Wir sind gespannt, ob dieses Jahr mal ein ....(5) aus einer anderen Abteilung gewinnt.
Ich bitte alle ....(6), die teilnehmen möchten, sich bis zum 20. Mai bei mir zu melden.

Mit kollegialen Grüßen
Kurt Ganz

* In Deutschland findet der Vatertag jedes Jahr vierzig Tage nach dem Ostersonntag am christlichen Feiertag „Christi Himmelfahrt" statt. In Nord- und Ostdeutschland nennt man den Vatertag auch Männertag. Oft feiern Kollegen oder Freunde den Tag gemeinsam.
In Germany, "Vatertag" takes place forty days after Easter Sunday on the Christian holiday "Ascension Day". In northern and eastern Germany, "Vatertag" is also called "Männertag". Colleagues or friends often celebrate the day together.

2.4 Bestimmter, unbestimmter und negativer Artikel
Definite, indefinite and negative articles

Artikelwörter sind Begleiter des Nomens. Sie stehen vor dem Nomen. Man kann die grammatischen Formen des Nomens (Genus, Numerus, Kasus) an den Formen des Artikels erkennen.
Nouns are usually preceded by an article. The form of the article indicates the grammatical properties (gender, number, case) of the noun.

A Bestimmter Artikel The definite article

▶ **Formen** Forms

Kasus	Singular maskulin		Singular neutral		Singular feminin		Plural	
Nominativ	der	Baum	das	Auto	die	Maus	die	Bücher
Akkusativ	den	Baum	das	Auto	die	Maus	die	Bücher
Dativ	dem	Baum	dem	Auto	der	Maus	den	Büchern
Genitiv	des	Baumes	des	Autos	der	Maus	der	Bücher

Der bestimmte Artikel zeigt an, dass
- das Nomen schon bekannt ist bzw. genannt wurde: Die Katze gehört meiner Nachbarin.
- etwas allgemein bekannt ist: die Erde, der Mond.

The definite article is used when
- the noun has already been introduced: *Die Katze gehört meiner Nachbarin.*
- talking about something generally known: *die Erde, der Mond.*

B Unbestimmter und negativer Artikel Indefinite and negative articles

▶ **Formen** Forms

Kasus	Singular maskulin		Singular neutral		Singular feminin		Plural	
Nominativ	ein kein	Baum	ein kein	Auto	eine keine	Maus	– keine	Bücher
Akkusativ	einen keinen	Baum	ein kein	Auto	eine keine	Maus	– keine	Bücher
Dativ	einem keinem	Baum	einem keinem	Auto	einer keiner	Maus	– keinen	Büchern
Genitiv	eines keines	Baumes	eines keines	Autos	einer keiner	Maus	– keiner	Bücher

→ Im Nominativ maskulin und neutral sowie im Akkusativ neutral haben der unbestimmte und der negative Artikel keine Endung: ein Baum, ein Auto, kein Auto.
Indefinite and negative articles do not have a special ending for the nominative of masculine and neuter nouns or for the accusative of neuter nouns: *ein Baum, ein Auto, kein Auto.*

→ Der unbestimmte Artikel zeigt etwas Neues, Unbekanntes an: Im Keller war **eine** Katze.
The indefinite article is used to introduce new, unknown information: *Im Keller war eine Katze.*

→ Der negative Artikel signalisiert Verneinung: Es war **keine** Katze, es war eine Maus.
The negative article indicates negation: *Es war keine Katze, es war eine Maus.*

→ Der unbestimmte Artikel hat keine Pluralform: Vor dem Nomen im Plural steht kein Artikel: In der Küche war eine Maus. In der Küche waren Mäuse.
The indefinite article does not have a plural form: The noun is used in the plural without an article.

→ Außerdem steht kein Artikel (= „Nullartikel") bei:
Other cases where no article is used include the following:

- abstrakten Nomen: / abstract nouns: — Was ist ␣ Glück?
- Materialbenennungen: / names for materials: — Der Ring ist aus ␣ Gold.
- Mengenangaben und unbestimmten Mengen: / exact and undefined quantities: — Zwei Tassen ␣ Kaffee, bitte. Wir brauchen noch ␣ Zwiebeln.
- Städten, Kontinenten und den meisten Ländern: / cities, continents and most countries: — Wir fahren nach ␣ Berlin, ␣ Australien, ␣ Schweden.
- Nationalitäten und Berufen: / nationalities and professions: — Ich bin ␣ Italiener. Er ist ␣ Arzt.
- vielen festen Verbindungen: / many idiomatic expressions: — Ich fahre ␣ Auto. Ich habe ␣ Angst.
- Namen und Anreden: / names and forms of address: — Heute singt ␣ Gustav. Guten Tag, ␣ Frau Müller.

Übungen

1 Ergänzen Sie den bestimmten oder unbestimmten Artikel und das Nomen.
Fill in the noun and the definite or indefinite article.

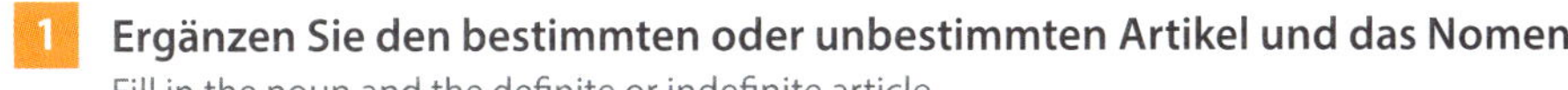

● Das ist *ein Baum*. *Der Baum* steht vor meinem Fenster.

1. Das ist .... liegt auf meinem Schreibtisch.

2. Das ist .... gehört Robert.

3. Das ist .... steht auf dem Schreibtisch.

4. Das ist .... klingt sehr gut.

5. Das ist .... steht im Klassenzimmer.

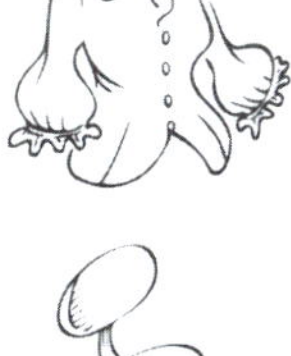

6. Das ist .... gefällt mir besonders gut.

7. Das ist .... ist nicht ergonomisch.

Bestimmter, unbestimmter und negativer Artikel

2 Unbestimmter und negativer Artikel
Ergänzen Sie die Endungen in den Dialogen, wenn nötig.

Indefinite and negative articles. Complete the endings in the dialogue where necessary.

1. Im Deutschkurs
   □ Hast du ein......... Kugelschreiber für mich?
   △ Nein, ich habe leider nur ein......... Bleistift.
   Kein......... Problem. Ich schreibe auch mit ein......... Bleistift.
2. Im Büro
   □ Brauchen Sie noch etwas?
   △ Ja, ich brauche noch ein......... Lampe, ein......... Bürostuhl und ein......... Telefon.
3. Im Restaurant
   □ Wir hätten gern......... Zitronenlimonade und ein......... Bier.
   △ Wir haben leider kein......... Limonade. Möchten Sie vielleicht ein......... Cola?
   □ Nein danke, ich trinke kein......... Cola. Dann nehme ich ein......... Wasser.
4. An der Museumskasse
   □ Ich möchte ein......... Eintrittskarte für die Van-Gogh-Ausstellung.
   △ Acht Euro, bitte.
   □ Haben Sie auch ein......... Katalog zur Ausstellung?
   △ Nein, wir haben leider kein......... Katalog. Wir haben aber ein......... Bildband mit Gemälden von Vincent van Gogh.

3 Ergänzen Sie den bestimmten oder unbestimmten Artikel.
Achten Sie auf den Kasus.

Fill in the definite or indefinite article for each word. Pay attention to the case.

1. Herr Schneider, wir haben doch für heute *einen* Termin vereinbart. Leider muss ich .... Termin verschieben.
2. Ich habe .... neuen Drucker bekommen. .... Drucker funktioniert schon nach einer Woche nicht mehr.
3. .... Marketingabteilung hat für morgen .... Besprechung geplant. .... Besprechung fällt aus, ... Abteilungsleiter muss nach Paris fliegen.
4. Wir haben Ihnen vor zwei Wochen .... Angebot geschickt. Haben Sie .... Angebot schon gelesen?
5. Du wolltest doch Klaus .... E-Mail schreiben? Hast du .... E-Mail schon abgeschickt?
6. Es gibt nur noch .... freie Stelle in der Verwaltung. .... freie Stelle in der Personalabteilung ist schon besetzt.

4 Ergänzen Sie den bestimmten, unbestimmten oder negativen Artikel. (47)
Aussprachehilfe: Hören Sie die Texte.

News about cats and mice. Fill in the definite, indefinite or negative article for each word. Pronunciation help: Listen to the texts.

~~das~~ · einem · keinen · die *(2x)* · der *(5x)* · eine · den *(4x)*

A

Neues von Katzen und Mäusen

Das beliebteste deutsche Haustier ist .... Katze. In Deutschland leben rund 17,7 Millionen Katzen und Kater. Hunde und Nagetiere folgen auf .... Plätzen zwei und drei. .... Grund für .... Beliebtheit liegt im Verhalten .... Katzen. Sie gelten als sozial, manchmal auch als seltsam. .... Zeitung in Großbritannien berichtete vor einiger Zeit von .... besonderen Kater. .... Kater wartete jeden Morgen alleine an .... Bushaltestelle vor seinem Haus auf .... Bus, stieg in .... Bus ein und fuhr eine Runde.

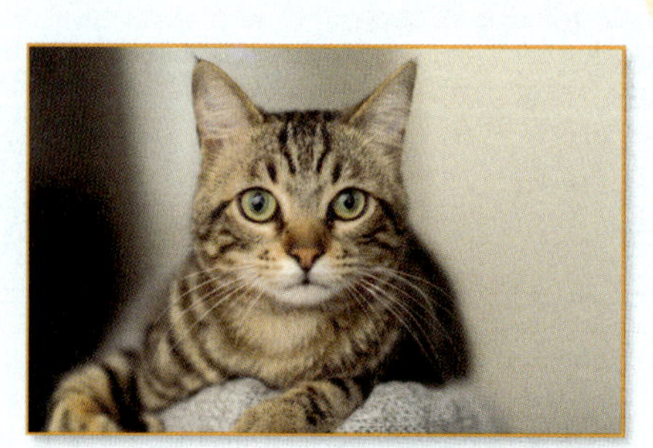

Nagetier: rodent • Verhalten: behaviour • eine Runde fahren: take a ride/drive

B

Denken Sie immer noch, Mäuse lieben Käse? Falsch. Mäuse mögen .... Käse: Sie mögen Süßspeisen. Mäuse reagieren nur auf .... Geruch von Käse, weil .... Geruch in ihrer natürlichen Umgebung nicht vorkommt.

5 **Weitere Neuigkeiten** 48
Ergänzen Sie die Endungen der Artikel, wenn nötig. Achten Sie auf den Kasus.
Aussprachehilfe: Hören Sie die Texte.
More news. Fill in the ending of the article where necessary. Pay attention to the case.
Pronunciation help: Listen to the texts.

1

Die Textkurzmitteilung SMS ist in Deutschland feminin: *die* SMS. Aber in Österreich benutzt man d.......... Neutrum: d.......... SMS.

2

Haben Sie kein.......... Geld und brauchen Sie ein.......... Kredit? Dann müssen Sie zu ein.......... Bank gehen. Aber alle Banken wollen von ihren Kunden ein.......... Sicherheit, wenn sie Geld verleihen. Normalerweise akzeptieren Banken zum Beispiel ein.......... Wohnung oder ein.......... Auto.
Doch in Italien ist alles ganz anders. Bei einigen Banken im Norden d.......... Landes kann man auch Geld gegen Parmesan-Käse leihen. In d.......... Region Emilia Romagna akzeptieren vier Geldinstitute d.......... beliebten Hartkäse als Sicherheit.
Allein d.......... Bank Credito Emiliano hat 400 000 Parmesan-Käse eingelagert: 16 000 Tonnen Parmesan bedeuten 120 Millionen Euro. D.......... Bank hat für d.......... Käse ein Lagerhaus und Experten überwachen d.......... Reifeprozess.

3

Heute findet man in einigen guten Hotels auch ein......... „Wasser-Sommelier". Er oder sie arbeitet in d.......... Hotel-Restaurants und empfiehlt d.......... Gästen nicht d.......... besten Wein, sondern d.......... beste Wasser.

4

Ein.......... Experiment aus Amerika zeigte:
Ein.......... heiße Tasse Kaffee spielt im Umgang mit anderen Menschen ein.......... positive Rolle.
Wer ein.......... warme Tasse Kaffee in der Hand hatte, reagierte auf andere Menschen positiv, Menschen mit ein.......... Eiskaffee in den Händen waren nicht so freundlich.

6 **Ergänzen Sie den negativen Artikel in der richtigen Form.**
Fill in the negative articles in the correct form.

- Kommst du heute mit ins Kino? – Nein, ich habe heute *keine* Lust.
1. Kannst du mal schnell die Dokumente für mich kopieren? – Tut mir leid, ich habe im Moment .... Zeit.
2. Weißt du, mit wem Frau Fischer gerade telefoniert hat? – Ich habe .... Ahnung.
3. Wie war deine Präsentation? – Schrecklich, es war .... Mensch da.
4. Kannst du mich vom Flughafen abholen? – Tut mir leid, ich habe zurzeit .... Auto.
5. Kommst du mit in die Kantine? – Nein, ich habe noch gar .... Hunger.
6. Wollen wir mal in den neuen Schuhladen gehen? – Nein, ich habe im Moment .... Geld.
7. Du hast doch gerade dein Studium beendet, arbeitest du schon? – Nein, ich habe noch .... Job gefunden.
8. Willst du mal einen Management-Kurs besuchen? – Nein, daran habe ich .... Interesse.
9. Kannst du das Bild aufhängen? – Nein, ich habe leider .... Nagel.
10. Möchtest du ein Glas Wasser? – Nein danke, ich habe .... Durst.
11. Hast du vielleicht eine Tasse Kaffee für mich? – Tut mir leid, ich trinke .... Kaffee.
12. Kannst du mal gucken, wo wir hier eigentlich sind? – Nein, ich habe im Moment .... Netz.

2.5 Possessivartikel Possessive articles

Gehört das Handy mir oder dir?
Ist das mein Handy oder dein Handy?
↓ Possessivartikel ↓ Possessivartikel

Der Fotoapparat gehört Herrn Roth.
Es ist sein Fotoapparat.
↓ Possessivartikel

Die Tasche gehört meiner Schwester.
Es ist ihre Tasche.
↓ Possessivartikel

Wir haben einen Fernseher gekauft.
Es ist unser Fernseher.
↓ Possessivartikel

Mögt ihr diese Musik?
Ist das eure Lieblingsmusik?
↓ Possessivartikel

Das ist die Lehrerin der Kinder in Klasse 5.
Es ist ihre Lehrerin.
↓ Possessivartikel

▶ Formen Forms

	Singular						Plural	
Kasus	maskulin		neutral		feminin			
Nominativ	mein dein	Fernseher	mein unser	Handy	meine ihre	Tasche	meine eure	Bücher
Akkusativ	meinen deinen	Fernseher	mein unser	Handy	meine ihre	Tasche	meine eure	Bücher
Dativ	meinem deinem	Fernseher	meinem unserem	Handy	meiner ihrer	Tasche	meinen euren	Büchern
Genitiv	meines deines	Fernsehers	meines unseres	Handys	meiner ihrer	Tasche	meiner eurer	Bücher

→ Possessivartikel werden wie unbestimmte Artikel dekliniert.
Im Nominativ maskulin und neutral sowie im Akkusativ neutral haben sie keine Endung: mein Fernseher, mein Handy, unser Handy.
The declension of possessive articles is the same as that of indefinite articles. Possessive articles do not have a special ending for the nominative of masculine and neuter nouns or for the accusative of neuter nouns: *mein Fernseher, mein Handy, unser Handy.*

→ Die 2. Person Plural hat zwei Formen: *euer* (ohne Endung) und *eur-* (vor einer Endung): euer Handy, mit eurem Handy.
The second person plural has two forms: *euer* (without an ending) and *eur-* (with an ending): *euer Handy, mit eurem Handy.*

Übungen

1 Welcher Possessivartikel passt zu welchem Personalpronomen bzw. zu welchen Personen?

Which possessive article goes with which personal pronoun or person(s)?

sein • unser • ihr • euer • ~~mein~~ • Ihr • dein

●	ich:	*mein*	Haus	5.	wir:	………………	Haus
1.	du:	………………	Haus	6.	ihr:	………………	Haus
2.	er:	………………	Haus	7.	Sie:	………………	Haus
3.	sie *(Sg.)*:	………………	Haus	8.	Otto und Marie:	………………	Haus
4.	das Kind:	………………	Ball	9.	der Vorgesetzte:	………………	Büro

2 Viele Katastrophen. Ergänzen Sie die Possessivartikel.

Many catastrophes. Fill in the correct possessive articles.

a) Ach du Schreck! Alles weg!

Oh dear! Everything is gone!

- ● ich – der Schmuck: *Mein* Schmuck
1. du – das Auto: ……………… Auto
2. er – das Fahrrad: ……………… Fahrrad
3. sie – die Handtasche: ……………… Handtasche
4. wir – der Koffer: ……………… Koffer
5. ihr – der Fotoapparat: ……………… Fotoapparat

… wurde gerade gestohlen!

b) Alles vergessen!

We forgot everything.

1. Ich habe *meinen* Pass *(m)*, ……………… Handy *(n)* und ……………… Lippenstift *(m)* vergessen.
2. Otto hat ……………… Portemonnaie *(n)*, ……………… Autoschlüssel *(m)* und ……………… Badehose *(f)* vergessen.
3. Wir haben ……………… Reiseunterlagen *(Pl.)*, ……………… Bademäntel *(Pl.)* und ……………… Sonnencreme *(f)* vergessen.
4. Habt ihr ……………… Reservierungsbestätigung *(f)* für das Hotel, ……………… Eintrittskarten *(Pl.)* für das Museum und ……………… Geld *(n)* vergessen?
5. Kathrin hat ……………… Sonnenbrille *(f)*, ……………… Krimi *(m)* und ……………… Wecker *(m)* vergessen.
6. Die Kinder haben ……………… iPads *(Pl.)*, ……………… Fußball *(m)* und ……………… Sportschuhe *(Pl.)* vergessen.
7. Und du? Hast du wieder ……………… Laptop *(m)* vergessen?

3 Ursachen und Folgen. Ergänzen Sie die Sätze.

Causes and effects. Complete the sentences.

- ● Erik hat gestern viel getrunken. Heute tut *sein Kopf* sehr weh. *(Kopf)*
1. Die Kinder haben gestern keine Mützen getragen. ………… ……………… tun jetzt weh. *(Ohren)*
2. Ich kann kaum sprechen. Seit gestern tut ………… ……………… sehr weh! *(Hals)*
3. Ihr habt den ganzen Tag vor dem Computer gesessen? Tut ………… ……………… nicht weh? *(Rücken)*
4. Wir haben heute eine lange Wanderung gemacht. Jetzt tun ………… ……………… weh. *(Füße)*
5. Du hast sehr viel gegessen. ………… ……………… tut jetzt bestimmt weh. *(Bauch)*
6. Ingo isst sehr viel Schokolade. Deshalb tun ………… ……………… weh. *(Zähne)*
7. Laura hat heute fünf Berichte geschrieben. ………… ……………… tut jetzt weh. *(Hand)*
8. Ich habe heute viele Dokumente am Computer-Bildschirm gelesen. ………… ……………… tun jetzt weh. *(Augen)*

Possessivartikel

4 Im Deutschkurs. Stellen Sie Fragen. Achten Sie auf die Endungen.
In German class. Ask questions. Pay attention to the endings.

informelle Fragen an einen Kursteilnehmer *(du)*	formelle Fragen an einen Kursteilnehmer *(Sie)*	informelle Fragen an mehrere Kursteilnehmer *(ihr)*
● Wie ist *dein* Name?	Wie ist *Ihr* Name?	Wie ist *euer* Name?
1. Was isst man in .... Heimatland zum Frühstück?	....	....
2. Was machen .... Kinder?	....	....
3. Was machst du in .... Freizeit?	*Was machen Sie in*	....
4. Arbeitest du oft in .... Garten?	....	....
5. Schreibst du oft an .... Freunde?	....	....
6. Wo hast du in .... Kindheit gewohnt?	....	....

5 Ergänzen Sie in der folgenden Reservierungsbestätigung die Possessivartikel.
Fill in the possessive articles in the following booking confirmation letter.

unserer • Ihren • unser *(2 x)* • Ihre *(3 x)* • unserem • unsere

Sehr geehrte Frau Hagenmüller,

herzlichen Dank für .... Zimmerreservierung. Gerne bestätigen wir Ihnen .... Buchung für die Zeit vom 9. bis zum 15. August in .... Hotel.
.... Zimmer sind alle mit einem Kingsize-Bett, einer Minibar und einem geräumigen Bad ausgestattet und verfügen über einen Balkon oder eine Terrasse.
Eine Besonderheit ist .... Gourmet-Restaurant, das kulinarische Spezialitäten der Insel Rügen bietet.
.... Beauty-SPA-Team nimmt .... Buchungswünsche gerne entgegen (Telefon-Durchwahl: 03 83 93/1 55 69). Wenn Sie mit dem Auto anreisen, empfehlen wir Ihnen, vorab einen Platz in .... Tiefgarage zu reservieren.
Wir freuen uns auf .... Besuch und wünschen Ihnen eine gute Anreise.

Mit freundlichen Grüßen von der Insel Rügen …

6 Gesehen und gehört. Gestern war in der Galerie *Künstlich* eine Vernissage. Ergänzen Sie die Possessivartikel.
Seen and heard. Yesterday, a vernissage took place at the gallery *Künstlich*. Fill in the possessive articles.

1. Die Schauspielerin Gudrun Schön kam mit .... Verlobten. Sie zeigte allen .... Verlobungsring.
2. Der Sänger Bruno war auch da. Er kam mit .... Kollegin Sandra. Viele fragten sich, ob .... Freundin Yvonne das gut findet. Bruno berichtete über .... neuen Songs. .... Fans wollten auch an diesem Abend Autogramme.
3. Der Maler Friedrich Grün sprach mit den Journalisten über .... Bilder, ... Farben, ... Hund und .... Ansicht über Kunst.
4. Auch Marie und Otto Sander waren bei der Vernissage. Sie sind bekannt für .... Gemäldesammlung. Otto Sander kaufte ein Bild von .... Lieblingsmaler Leo Qualm.
5. Der Bildhauer Karl Hammer stritt sich mit Sänger Bruno. .... Aggressionen sind bei vielen Galeristen schon bekannt. Man sagt, dass sich .... Kunstwerke zurzeit sehr schlecht verkaufen.
6. Am Ende hielt der Direktor der Kunsthochschule eine Rede. Er findet es positiv, dass junge Malerinnen und Maler .... Werke in Galerien ausstellen können.

2.6 Demonstrativ- und Frageartikel Demonstrative and interrogative articles

□ Papa, ich brauche einen neuen Rucksack.

△ Was für einen Rucksack brauchst du denn? Einen Rucksack für die Freizeit oder für die Schule?

□ Ich brauche unbedingt einen neuen Sportrucksack. Mein Rucksack ist zu klein für die Sportsachen und die Fußballschuhe.

△ Wenn du meinst. Welcher Rucksack gefällt dir am besten?

□ Dieser Rucksack dort, der blaue.

Was für einen Rucksack ...?
↓
Frageartikel

Einen neuen Sportrucksack.
↓
unbestimmter Artikel

Welcher Rucksack ...?
↓
Frageartikel

Dieser Rucksack dort, der blaue.
↓
Demonstrativartikel

▶ Formen Forms

Kasus	Singular						Plural	
	maskulin		neutral		feminin			
Nominativ	dieser welcher	Rucksack	dieses welches	Kleid	diese welche	Bluse	diese welche	Schuhe
Akkusativ	diesen welchen	Rucksack	dieses welches	Kleid	diese welche	Bluse	diese welche	Schuhe
Dativ	diesem welchem	Rucksack	diesem welchem	Kleid	dieser welcher	Bluse	diesen welchen	Schuhen
Genitiv	dieses	Rucksacks	dieses	Kleides	dieser	Bluse	dieser	Schuhe

→ Der Frageartikel *was für ein/eine* steht bei der Frage nach der Entscheidung zwischen allgemeinen Möglichkeiten. Die Antwort darauf erfolgt mit einem unbestimmten Artikel:
Was für einen Rucksack brauchst du denn? Einen Sportrucksack. ➤ Seite 82
The interrogative article *was für ein/eine* (what kind of) is used when one has to choose between several vaguely-defined options. In the answer to this question the indefinite article is used: *Was für einen Rucksack brauchst du denn? Einen Sportrucksack.*

→ Der Frageartikel *welcher/welche/welches* steht bei der Frage nach der Entscheidung zwischen konkreten Möglichkeiten. Die Antwort darauf erfolgt mit einem Demonstrativartikel oder einem bestimmten Artikel. Frageartikel und Demonstrativartikel werden wie bestimmte Artikel dekliniert:
Welcher Rucksack gefällt dir am besten? Dieser Rucksack dort, der blaue. ➤ Seite 82
The interrogative article *welcher/welche/welches* (which) is used when one has to choose between two or more well-defined options. In the answer to this question the demonstrative article or the definite article is used. The declension of interrogative and demonstrative articles is the same as that of definite articles: *Welcher Rucksack gefällt dir am besten? Dieser Rucksack dort, der blaue.*

Demonstrativ- und Frageartikel

Übungen

1 Was passt zusammen? Ordnen Sie zu.

Find the matching answer for each question.

1. Was für ein Auto haben Sie gesehen?
2. Welche Schuhe meinten Sie?
3. Welches Buch kannst du mir empfehlen?
4. Was für ein Haustier hat Oma jetzt?
5. Was für ein Typ ist der neue Kollege?
6. Welche Zeitung hast du gelesen?

a) Ein sehr netter! Ich mag ihn.
b) Die Süddeutsche.
c) Lies dieses mal, es ist sehr spannend.
d) Ein grünes mit einem roten Dach.
e) Die blauen mit der roten Schleife.
f) Wieder eine Katze.

2 Ergänzen Sie den Demonstrativartikel oder den Frageartikel in der richtigen Form. (49)

Aussprachehilfe: Hören Sie die Dialoge und kontrollieren Sie Ihre Lösungen.

Write the demonstrative article or the interrogative article in the correct form. Pronunciation help: Listen to the dialogues and check your answers.

1. Im Geschäft

□ Könnten Sie mir bitte mal *diese* Tasche dort zeigen?
△ .... Tasche meinen Sie?
□ Die blaue Tasche.
△ ....?
□ Nein, nicht die rechte, die linke Tasche. Ja, genau .... Tasche meine ich.

2. Bei der Polizei

□ Sie waren zur Tatzeit vor dem Juweliergeschäft?
△ Ja, und ich habe einen Mann gesehen, der in das Geschäft hineingegangen ist.
□ .... Mann haben Sie denn gesehen?
△ Einen großen Mann, etwa 1,90 Meter. Er war kräftig und trug einen Mantel.
□ .... Mantel trug der Mann?
△ Einen langen schwarzen Mantel.
□ .... Haarfarbe hatte der Mann? War er blond oder hatte er dunkle Haare?
△ Er war blond.
□ Schauen Sie sich mal .... Fotos hier an. Vielleicht erkennen Sie den Mann wieder.
△ Also, ... Mann hier könnte es sein. ... Ich bin mir jetzt ganz sicher, das ist er. .... Mann habe ich gesehen.

3. In der Kunstausstellung

□ Hast du das neue Bild von Leo Qualm schon gesehen?
△ .... Bild meinst du?
□ Na das dort. Wie findest du das Bild?
△ Na ja, ehrlich gesagt finde ich gerade .... Bild nicht so toll. Die anderen Bilder gefallen mir besser.

3 Fragen im Hotel. Ergänzen Sie *welch-* oder *was für ein* in der richtigen Form.

Questions at a hotel. Write *welch-* or *was für ein* in the correct form.

- *Was für ein* Zimmer möchten Sie? – Ein Zimmer mit Meerblick.

1. .... Fahrstuhl fährt zum Panoramarestaurant? Der linke oder der rechte? – Nur der linke.
2. In .... Stock befindet sich der Fitnessraum? – Im ersten.
3. .... Restaurant bietet frische Fischgerichte? – Das Restaurant *Neptun* im Erdgeschoss.
4. In .... Bett willst du schlafen? – Im rechten.
5. An .... Tagen ist der Botanische Garten geschlossen? – Nur am Montag.
6. .... Tür führt zur Tiefgarage? – Die erste Tür links.
7. Mit .... Karte möchten Sie zahlen? – Mit einer Kreditkarte von VISA.
8. Unter .... Telefonnummer kann ich die Hotelbar erreichen? – 984.

3 Pronomen Pronouns

3.1 Personalpronomen Personal pronouns

Georg schreibt seine Masterarbeit.
Er muss sie bald abgeben.
↓ ↓
Personal- Personal-
pronomen pronomen

Petra und Bert sitzen beim Frühstück.
Sie reden über die aktuelle Politik.
↓
Personalpronomen

▶ Formen Forms

	Singular					Plural			formell
	1.	2.	3.			1.	2.	3.	
Nominativ	ich	du	er	sie	es	wir	ihr	sie	Sie
Akkusativ	mich	dich	ihn	sie	es	uns	euch	sie	Sie
Dativ	mir	dir	ihm	ihr	ihm	uns	euch	ihnen	Ihnen

→ Pronomen sind Stellvertreter der Nomen.
Pronouns are used to replace nouns.

→ Man kann alle Nomen durch ein Personalpronomen ersetzen, auch Nomen, die keine Personen sind. In der 3. Person Singular richtet sich das Personalpronomen nach dem Genus des Nomens:
der Baum = er • die Masterarbeit = sie • das Mädchen = es
Every noun can be replaced by a personal pronoun, including those which do not refer to a person. The personal pronoun of the third-person singular is determined by the gender of the noun: *der Baum = er • die Masterarbeit = sie • das Mädchen = es.*

→ **Bei der Anrede von Personen** gebraucht man:
- die informelle Anrede *(du, ihr)* bei Kindern, Verwandten, Freunden und guten Bekannten
- die formelle Anrede *(Sie)* bei allen anderen Personen.

Im Büro verwendet man normalerweise die formelle Anrede. Die informelle Anrede ist eher in kreativen Berufen oder Start-Ups zu finden und in Firmen, bei denen die informelle Anrede zur Firmenkultur gehört.
When addressing someone in German, we use:
- the informal forms of "you" *(du, ihr)* when talking with children, relatives, friends or close acquaintances.
- the formal form of "you" *(Sie)* when talking with anyone else.

The formal *Sie* is normally used in office settings. The informal *du* and *ihr* are mainly used in starts-ups and creative professions, as well as in companies where being on a first-name basis is part of the company culture.

→ Man schreibt die formelle Anrede *(Sie, Ihnen, Ihre E-Mail* usw.*)* groß, z. B. in E-Mails.
Die informelle Anrede *(du/Du, dir/Dir, deine/Deine E-Mail* usw.*)* schreibt man in der Regel klein, man kann sie aber auch großschreiben.
The formal form of "you" or "your" *(Sie, Ihnen, Ihre E-Mail* etc.*)* is always capitalised, e.g. in emails. The informal forms of "you" and "your" *(du/Du, dir/Dir, deine/Deine E-Mail etc.)* are usually not capitalised, but you can also write them with a capital first letter.

Personalpronomen

▶ **Satzbau** Sentence structure

Bei Ergänzungen mit einem Pronomen und einem Nomen steht das Pronomen vor dem Nomen.
If one of two complements is a pronoun and the other is a noun, the pronoun precedes the noun.

I.	II.	III.
Kathrin	schenkt	**ihm ein Fahrrad.**

→ Wenn beide Ergänzungen Pronomen sind, steht der Akkusativ vor dem Dativ.
If both complements are pronouns, the accusative pronoun precedes the dative pronoun.

I.	II.	III.
Kathrin	schenkt	**es ihm.**

Übungen

1 Ersetzen Sie die unterstrichenen Nomen durch ein Personalpronomen.
Replace each underlined noun with a personal pronoun.

a) **Nominativ**

- Der Kopierer ist kaputt. *er*

1. Das Dokument liegt auf dem Tisch. ....
2. Meine Kollegin und ich waren auf Dienstreise. ....
3. Das Haus gehört meinem Freund. ....
4. Das Kind hat geweint. ....
5. Meine Mutter und meine Tante haben mich besucht. ....
6. Der Chef hat schlechte Laune. ....

b) **Akkusativ**

1. Marie mag den neuen Kollegen. ....
2. Gustav singt nur für seine Fans. ....
3. Der Kunstsammler kaufte das Bild für drei Millionen Euro. ....
4. Ich habe den Termin schon abgesagt. ....
5. Wir konnten das Hotel im Buchungsportal nicht finden. ....
6. Frau Becker hat die Rechnungen gestern bezahlt. ....

c) **Dativ**

1. Das Auto gehört meinem Freund. ....
2. Ich gehe heute Abend mit meinen Kollegen ins Restaurant. ....
3. Max hat seiner Nachbarin beim Einkaufen geholfen. ....
4. Was hast du dem Mädchen zum Geburtstag geschenkt? ....
5. Die Direktorin dankte der Praktikantin für ihre Arbeit. ....
6. Hast du deinen Eltern die Wahrheit gesagt? ....

d) **Sätze mit zwei Pronomen. Antworten Sie wie im Beispiel. Achten Sie auf den Satzbau.**
Sentences with two pronouns. Answer the questions as shown in the example. Pay attention to the sentence structure.

- Hast du ihm die Geschichte schon erzählt? – *Ja, ich habe sie ihm schon erzählt.*

1. Hast du ihr die Rechnung schon gezeigt? – ....
2. Hast du ihnen die Maschine erklärt? – ....
3. Hast du ihr den Ring gekauft? – ....
4. Hast du ihm das Fahrrad geschenkt? – ....
5. Hast du ihr die Fahrkarte gegeben? – ....
6. Hast du ihr das Handy weggenommen? – *Nein, ich habe* .... *nicht weggenommen.*

2 Smalltalk vor der Geschäftsverhandlung. Ergänzen Sie das passende Personalpronomen. 50
Aussprachehilfe: Hören Sie den Dialog und kontrollieren Sie Ihre Lösungen.
Small talk before a business meeting. Fill in the personal pronouns. Pronunciation help: Listen to the dialogue and check your answers.

mir • mich • Ihnen • Sie • sie • wir

□ Guten Tag, Frau Klein.
△ Guten Tag, Herr Krumm. Wie geht es *Ihnen*?
□ Oh, danke gut, und ....? Haben .... meine E-Mail noch bekommen?
△ Ja, vielen Dank. Ich habe Ihre Vorschläge auch gleich mit meiner Kollegin diskutiert. Möchten .... erst mal einen Kaffee?
□ Nein danke, Kaffee trinke ich nicht so gerne, Tee schmeckt .... besser.
△ Dann macht meine Assistentin gleich einen Tee für .... Besuchen .... unsere Firma zum ersten Mal?
□ Nein. Mein Kollege Walter Fischer und ich waren schon einmal hier. .... haben damals mit Frau Meier gesprochen. Arbeitet .... noch hier?
△ Ja, ... ist jetzt die Leiterin unserer Personalabteilung.
□ Das freut .... Können .... Frau Meier herzlich von .... grüßen?
△ Das mache ich gerne. Ich habe für .... eine kleine Präsentation über einige neue Entwicklungen vorbereitet. Damit würde ich gerne beginnen …

3 Fragen am Telefon. Ergänzen Sie *Sie* oder *Ihnen*. 
Aussprachehilfe: Hören Sie die Lösungen und sprechen Sie die Sätze nach.
Questions on the telephone. Fill in the gaps using *Sie* or *Ihnen*. Pronunciation help: Listen to the answers and repeat the sentences.

● Was kann ich für *Sie* tun?
1. Könnten .... mich bitte mit Frau Ebershagen verbinden?
2. Könnte ich mit .... einen Termin vereinbaren?
3. Wann hätten .... Zeit?
4. Passt es .... am Donnerstag um 15.00 Uhr?
5. Kommen .... bei uns vorbei oder soll ich bei .... vorbeikommen?
6. Hat Herr Krüger .... das neue Angebot schon geschickt?
7. Soll ich .... noch eine Bestätigung senden?

4 Eine E-Mail von Paul. Ergänzen Sie das richtige Personalpronomen.
An email from Paul. Fill in the personal pronouns.

ich • mich • mir • du • dich • dir

Liebe Julia,

wie geht es ....? Ich habe .... lange nicht mehr gemeldet, ich weiß. Bei .... gibt es nicht viel Neues zu berichten. Ich wohne immer noch in meiner kleinen Wohnung in der Innenstadt und studiere an der Uni. Nun bin .... schon im vierten Semester. .... gefällt das Studium jetzt besser als am Anfang. Ich habe .... an die Dozenten und die vielen Vorlesungen und Seminare gewöhnt. Am Wochenende arbeite .... als Kellner in einem Restaurant. Auf diese Weise kann .... ein bisschen Geld verdienen. Vielleicht komme .... in den Semesterferien mal nach München und besuche .... war schon lange nicht mehr im Deutschen Museum. Über das neue Kunstmuseum habe .... auch schon viel gehört.
Was machst .... eigentlich so? Schreib .... mal. Ich würde .... freuen.

Liebe Grüße
Paul

3.2 Reflexivpronomen Reflexive pronouns

Ich wasche *mich*.
Otto zieht *sich* an.
↓
Ergänzung
im Akkustativ

Ich wasche *mir die Hände*.
Otto zieht *sich das Hemd* an.
↓ ↓
Reflexivpronomen im Dativ | Ergänzung im Akkustativ

▶ Formen Forms

	Singular					Plural			formell
	1.	2.	3.			1.	2.	3.	
Akkusativ	mich	dich	sich	sich	sich	uns	euch	sich	sich
Dativ	mir	dir	sich	sich	sich	uns	euch	sich	sich

➤ Seite 45: *Reflexive Verben, Stellung des Reflexivpronomens*

→ Einige Verben können nur mit einem Reflexivpronomen bzw. einer Akkusativergänzung stehen oder mit einem Reflexivpronomen und einer zusätzlichen Ergänzung im Akkusativ.
Ich wasche mich. Ich wasche meine Hände. – Reflexivpronomen oder Nomen im Akkusativ.
Ich wasche mir die Hände. – Reflexivpronomen im Dativ und Nomen im Akkusativ.
Some verbs can only be used with a reflexive pronoun or accusative complement, or with a reflexive pronoun and an additional accusative complement.
Ich wasche mich. Ich wasche meine Hände. – Reflexive pronoun or noun in the accusative case.
Ich wasche mir die Hände. – Reflexive pronoun in the dative case and noun in the accusative case.

→ Die Reflexivpronomen in der 1. und 2. Person Singular und Plural entsprechen den Personalpronomen.
The reflexive pronouns for the first- and second-person singular and plural are the same as the corresponding personal pronouns.

→ In der 3. Person Singular und Plural und in der formellen Form ist das Reflexivpronomen im Dativ und Akkusativ immer *sich*.
The reflexive pronoun for the third-person singular and plural and the formal *Sie* is *sich* in both the dative and accusative cases.

→ Unterschiedliche Formen zwischen Akkusativ und Dativ gibt es nur in der 1. und 2. Person Singular: mich – mir, dich – dir.
The accusative and dative forms only differ in the first- and second-person singular: *mich – mir, dich – dir.*

Übungen

1 Bilden Sie Fragen im Perfekt und antworten Sie.
Ask questions in the perfect tense and answer them.

● du – über das Chaos auf dem Flughafen – sich ärgern
Hast du dich über das Chaos auf dem Flughafen geärgert? – Ja, ich habe mich über das Chaos auf dem Flughafen geärgert.

1. ihr – sich am Strand sonnen
....
2. Sie – nach dem Weg vom Flughafen zum Hotel – sich erkundigen
....
3. du – über das kleine, dunkle Hotelzimmer – sich beschweren
....
4. du – für die Kultur des Gastlandes – sich interessieren
....

5. du – berühmte Sehenswürdigkeiten – sich ansehen
   ....
6. ihr – im Hotel – für den Golfkurs – sich anmelden
   ....
7. Sie – beim Reiseleiter für die Hilfe – sich bedanken
   ....

2 Was machst du gerade? Beantworten Sie die Frage in der Ich-Form.
What are you doing? Give answers in the first-person singular *(ich)*.

sich in der Kaffeepause mit einer Kollegin unterhalten • sich langweilen • sich über den Studienabschluss freuen • sich über das Wohnungsangebot informieren • sich ein Glas Wein bestellen • sich beim Yogatraining entspannen • sich neue Kleidung für den Sommer kaufen • sich von Felix ~~verabschieden~~

1. *Ich verabschiede* ....
2. ....
3. ....
4. ....
5. ....
6. ....
7. ....
8. ....

3 Konrad spricht über seinen Tag. Ergänzen Sie die Reflexivpronomen. 52
Aussprachehilfe: Hören Sie den Text und kontrollieren Sie Ihre Lösungen.
Konrad is talking about his day. Fill in the reflexive pronouns. Pronunciation help: Listen to the text and check your answers.

Ich bin spät aufgewacht, deshalb musste ich *mich* beeilen. Ich habe .... schnell geduscht, ... die Haare gewaschen, ... meinen schönsten Anzug angezogen und .... einen Kaffee gemacht. Leider habe ich dann den Bus verpasst und war etwas später im Büro.
Mein Vorgesetzter hat .... darüber ein bisschen geärgert, denn wir hatten heute ein wichtiges Geschäftsessen. Wir haben .... mit koreanischen Geschäftspartnern getroffen. Zum Glück ist alles gut gelaufen. Wir haben .... mit den Gästen auf Englisch und mit Händen und Füßen unterhalten. Das Essen war sehr lecker und am Ende konnten wir .... mit den Geschäftspartnern einigen. Um 15.00 Uhr haben wir .... dann von den Gästen verabschiedet. Wir waren mit dem Gespräch sehr zufrieden. Im Büro habe ich .... an meinen Schreibtisch gesetzt und den Vertrag geschrieben.
Jetzt erhole ich .... von dem Arbeitstag. Ich hoffe, wir können .... am Wochenende sehen. Ich freue .... schon darauf.

3.3 Possessivpronomen Possessive pronouns

Gehört das Handy dir?
Ja, es ist mein Handy. ↓ Possessivartikel
Ja, es ist meins. ↓ Possessivpronomen

Gehört der Fotoapparat Herrn Roth?
Ja, es ist sein Fotoapparat. ↓ Possessivartikel
Ja, es ist seiner. ↓ Possessivpronomen

Gehört die Tasche deiner Schwester?
Ja, es ist ihre Tasche. ↓ Possessivartikel
Ja, es ist ihre. ↓ Possessivpronomen

▶ Formen Forms

	Singular			Plural
Kasus	**maskulin**	**neutral**	**feminin**	
Nominativ	meiner	mein(e)s	meine	meine
Akkusativ	meinen	mein(e)s	meine	meine
Dativ	meinem	meinem	meiner	meinen
Genitiv	meines	meines	meiner	meiner

➤ Seite 86: *Possessivartikel*

Possessivpronomen sind wie alle Pronomen Stellvertreter des Nomens. Ihre Deklination unterscheidet sich im Nominativ maskulin und neutral und im Akkusativ neutral von der Deklination des Possessivartikels:
sein Fotoapparat – seiner • mein Handy – mein(e)s

Possessive pronouns, like all other pronouns, replace a noun. Their declension is different from that of possessive articles for the nominative case of masculine and neuter nouns, and for the accusative of neuter nouns: *sein Fotoapparat – seiner • mein Handy – mein(e)s.*

Übungen

1 Antworten Sie mit einem Possessivpronomen.
Answer each question with a possessive pronoun.

- ● Ist das das Büro von Piet? – Ja, das ist *seins.*
1. Ist das dein Haus? – Ja, das ist ....
2. Ist das eure Wohnung? – Ja, das ist ....
3. Sind das alles deine Bilder? – Ja, das sind ....
4. Ist das der Artikel von Claudia? – Ja, das ist ....
5. Ist das euer Auto? – Ja, das ist ....
6. Ist das dein Laptop? – Ja, das ist ....
7. Ist das dein Autoschlüssel? – Ja, das ist ....

2 Im Büro liegt viel herum. Bilden Sie Fragen mit einem Possessivpronomen.
Many things are lying around the office. Ask questions about them using the appropriate possessive pronoun.

- ● In meinem Büro … liegt eine Brille. *(du)* – *Ist das deine?*
1. liegt ein Portemonnaie. *(du)* – ....?
2. liegt ein Handy. *(du)* – ....?
3. liegt ein Terminkalender. *(du)* – ....?
4. liegen Prospekte. *(ihr)* – ....?
5. steht eine Tasse mit Tee. *(du)* – ....?
6. liegt ein Projektbericht. *(ihr)* – ....?
7. liegt eine Praline. *(ich)* – ....?

3.4 Indefinitpronomen — Indefinite pronouns
3.4.1 *Einer, keiner …* — *One, none …*

□ *Christian, ich brauche noch ein Ei.*
△ *Tut mir leid, im Kühlschrank ist keins mehr.*
↓ Indefinitpronomen

□ *Christian, ich brauche noch einen großen Topf. Schaust du mal in den Schrank?*
△ *Ja. Hier steht noch einer.*
↓ Indefinitpronomen

□ *Christian, sind im Gemüsefach noch Kartoffeln?*
△ *Ja. Hier sind noch welche.*
↓ Indefinitpronomen

▶ **Formen** Forms

Kasus	Singular maskulin		neutral		feminin		Plural	
Nominativ	einer	keiner	ein(e)s	kein(e)s	eine	keine	welche	keine
Akkusativ	einen	keinen	ein(e)s	kein(e)s	eine	keine	welche	keine
Dativ	einem	keinem	einem	keinem	einer	keiner	welchen	keinen
Genitiv	eines	keines	eines	keines	einer	keiner	welcher	keiner

➤ Seite 82: *Unbestimmter und negativer Artikel*

Indefinitpronomen sind Stellvertreter des Nomens. Sie stehen ohne Nomen.
Die Deklination der Indefinitpronomen unterscheidet sich im Nominativ maskulin und neutral und im Akkusativ neutral von der Deklination des unbestimmten und negativen Artikels:
Hier ist noch ein Ei/ein Topf. (unbestimmter Artikel). Hier ist noch eins/einer. (Indefinitpronomen)
Das Indefinitpronomen im Plural ist welch-.
Indefinite pronouns can be used in place of a noun and stand alone. The declension of indefinite pronouns is the same as that of indefinite and negative articles. The only exceptions are the nominative case of masculine and neuter nouns, and the accusative of neuter nouns: *Hier ist noch ein Ei/ein Topf (indefinite article). Hier ist noch eins/einer (indefinit pronoun).* The plural form of the indefinite pronoun is *welch-*.

Übungen

1 Bilden Sie Fragen. Ergänzen Sie die Nomen und Artikel im Akkusativ.
Form questions by adding the appropriate noun and article in the accusative case.

a) Ergänzen Sie in der Antwort das Indefinitpronomen im Akkusativ.
Write the corresponding answers using an indefinite pronoun in the accusative case.

● □ Hast du *einen Stift/Bleistift?*
△ *Ja, ich habe einen.*

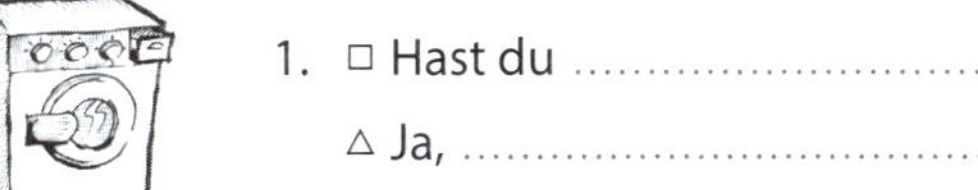

1. □ Hast du ....?
△ Ja, ...

2. □ Hast du ....?
△ Ja, ...

3. □ Hast du ....?
△ Nein, ...

4. □ Hast du ....?
△ Nein, ...

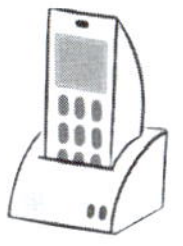

5. □ Hast du ....?
△ Ja, ...

Indefinitpronomen

b) Ergänzen Sie in der Antwort das Indefinitpronomen im Nominativ.
Complete the answers using an indefinite pronoun in the nominative case.

1. □ Hast du .... für mich?
   △ Ja, im Kühlschrank steht noch ....

4. □ Hast du noch ....?
   △ Ja, in der Küche steht noch ....

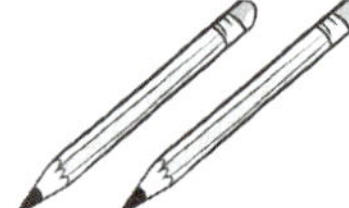

2. □ Hast du zwei ....?
   △ Ja, auf meinem Schreibtisch liegen ....

5. □ Hast du ....?
   △ Ja, neben dem Computer steht ....

3. □ Hast du zufällig .... für mich?
   △ Ja, im Schrank liegt ....

6. □ Hast du .... für mich ?
   △ Ja, in der Küche steht noch ....

3.4.2 *Jemand, niemand, alle, etwas, nichts, alles*

Somebody, nobody, everybody, something, nothing, everything

□ *Guten Tag, Frau Fischer. Was machen Sie denn hier?*
△ *Ich suche jemanden.*
□ *Wen suchen Sie denn?*
△ *Otto, Otto Klein.*
□ *Tut mir leid, die Kolleginnen und Kollegen sind alle in der Kantine. Hier ist zurzeit niemand. Kommen Sie doch in einer Stunde wieder.*
△ *Dann gehe ich in die Kantine, vielleicht finde ich Otto dort.*

□ *Hallo Otto, ich habe dich gesucht. Weißt du schon etwas über das neue Projekt?*
△ *Nein, ich habe noch nichts gehört. Aber frag doch mal Frau Köhler. Die weiß immer alles.*

▶ **Formen** Forms

Kasus	etwas	nichts	jemand	niemand	alle	alles
Nominativ	etwas	nichts	jemand	niemand	alle	alles
Akkusativ			jemand(en)	niemand(en)		
Dativ			jemand(em)	niemand(em)	allen	alle(m)

Etwas und *nichts* werden nicht dekliniert. Bei *jemand* und *niemand* sind die Endungen im Akkusativ und Dativ nicht obligatorisch. *Alle* und *alles* werden wie bestimmte Artikel dekliniert.
Etwas (something) and *nichts* (nothing) cannot be declined. The accusative and dative endings for *jemand* (somebody) and *niemand* (nobody) are optional. The declension of *alle* (everybody) and *alles* (everything) is the same as that of definite articles.

Übungen

1 **Ergänzen Sie *etwas, nichts, jemand, niemand, alle, alles*.**
Fill in the gaps using *etwas, nichts, jemand, niemand, alle* or *alles*.

1. □ Haben Sie *etwas* gesehen?
   △ Nein, ich habe ………………… gesehen.
2. □ Weißt du ………………… über die Pläne des Managements?
   △ Keine Ahnung. Ich weiß ………………… .
3. □ Meine Dokumente sind durcheinander. ………………… war in meinem Büro!
   △ Quatsch. Das Büro war doch abgeschlossen. Da war ………………… .
4. □ Ist ………………… passiert? Hast du ein Problem?
   △ Nein, es ist ………………… passiert. Es ist ………………… in Ordnung.
5. □ Ich schaffe das nicht alleine! Da muss mir ………………… helfen.
6. □ ………………… muss das Protokoll von der Sitzung schreiben.
   △ Protokollschreiben ist schrecklich, das will doch freiwillig ………………… machen.
7. □ Wer war denn bei der Sitzung?
   △ ………………… waren da.
8. □ Kennst du hier tatsächlich keinen Menschen?
   △ Nein, ich kenne ………………… .
9. □ Hast du wirklich keine Ahnung mehr von der französischen Grammatik?
   △ Nein, ich weiß absolut ………………… mehr. Ich habe ………………… vergessen.

2 **Ergänzen Sie in dem folgenden Interview *alles, alle, jemand, nichts, etwas*.** 

Aussprachehilfe: Hören Sie den Text und kontrollieren Sie Ihre Lösungen.
Fill in the gaps using *alles, alle, jemand, nichts* or *etwas* in the following interview. Pronunciation help: Listen to the text and check your answers.

□ Herr Minister, stimmt das Gerücht, dass die Steuern erhöht werden?
△ Tja, dazu kann ich konkret noch …………… sagen. Dazu sagen wir …………… nach der Wahl.
□ Aber dass der Staat kein Geld mehr hat, das stimmt doch?
△ Sehen Sie, wir müssen …………… sparen. Das ist beim Staat genauso wie in der Familie. ……………, der viel Geld hat, kann auch viel Geld ausgeben. ……………, der kein Geld hat, kann …………… ausgeben. Und der Staat hat im Moment kein Geld.
□ Wie wollen Sie denn dann regieren – ohne Geld?
△ Wir müssen sparen, sparen, sparen. Es gibt natürlich Leute in der Opposition, die immer …………… besser wissen – aber auch die haben keine Lösung.

3 **Bilden Sie Sätze im Perfekt.**
Form sentences in the perfect tense.

1. die Diebe – nachts – kommen – und – sie – alles – mitnehmen
   Die Diebe sind nachts gekommen und …………………………………………
2. die Polizei – im Haus – alle – befragen
   …………………………………………
3. die Frau – im ersten Stock – nichts – hören
   …………………………………………
4. der Herr – im zweiten Stock – niemanden – sehen
   …………………………………………
5. nur – der Hausmeister – jemanden – beobachten
   …………………………………………

3.5 Fragepronomen Interrogative pronouns

Herr Roth fotografiert den Sonnenuntergang.
Wer hat diesen wunderbaren Sonnenuntergang fotografiert?
↓
Fragepronomen (für Personen)

Was hat Herr Roth fotografiert?
↓
Fragepronomen (für Sachen)

Hm, der Kuchen sieht gut aus!
Was für einen Kuchen möchten Sie denn?
↓
Frageartikel

Was für einen möchten Sie denn?
↓
Fragepronomen

Ich nehme ein Stück Obstkuchen.
Welchen Obstkuchen meinen Sie?
Den Pflaumenkuchen oder den Kirschkuchen?
↓
Frageartikel

Welchen meinen Sie?
Den Pflaumenkuchen oder den Kirschkuchen?
↓
Fragepronomen

Formen Forms

Kasus	Wer?	Was?
Nominativ	wer	was
Akkusativ	wen	was
Dativ	wem	(was)
Genitiv	wessen	wessen

→ Die Fragepronomen *wer, wen, wem* beziehen sich auf Personen.
The interrogative pronouns *wer, wen* and *wem* (who/whom) refer to people.

→ Das Fragepronomen *was* bezieht sich auf eine Sache.
The interrogative pronoun *was* (what) refers to a thing.

→ Die Deklination des Fragepronomens *welcher/welche/welches* ist identisch mit der Deklination der Frageartikel: Welchen Obstkuchen meinen Sie? → Welchen meinen Sie?
The declension of the interrogative pronoun *welcher/welche/welches* is the same as that of the interrogative article: *Welchen Obstkuchen meinen Sie? → Welchen meinen Sie?*
➤ Seite 89

→ Die Deklination des Fragepronomens *was für ein/eine/ein(e)s* ist identisch mit der Deklination der Indefinitpronomen: Was für ein Bier möchten Sie? → Was für eins möchten Sie?
The declension of the interrogative pronoun *was für ein/eine/eines* is the same as that of the indefinite pronoun: *Was für ein Bier möchten Sie? → Was für eins möchten Sie?*
➤ Seite 97

Übungen

1 Bilden Sie Fragen. Fragen Sie nach den unterstrichenen Nomen.

Ask questions about the underlined nouns.

- *Wem gehört das Auto?* – Das Auto gehört meinem Nachbarn.

1. ....? – Wir haben Spaghetti gegessen.
2. ....? – Deine Mutter hat angerufen.
3. ....? – Ich treffe mich heute Abend mit Karl.
4. ....? – Das ist Ottos Büro.
5. .... *gemacht?* – Wir haben Schach gespielt.
6. ....? – Ich habe Gustav den Schlüssel gegeben.
7. ....? – Alle Kollegen sind zu meiner Party gekommen.
8. ....? – Ich habe im Urlaub einen Krimi gelesen.
9. ....? – Ich möchte gern Herrn Müller sprechen.
10. ....? – Mia hat die Fenster geöffnet.
11. ....? – Die Einbrecher haben ein wertvolles Bild gestohlen.
12. ....? – Die Polizei hat den Hausmeister verhaftet.

2 Ergänzen Sie das passende Fragepronomen.

Complete each question by adding the appropriate interrogative pronoun.

- Ich möchte gerne eine Kette. – *Was für eine* hätten Sie denn gern? Eine Goldkette oder lieber eine Perlenkette?

1. Gibst du mir den Mantel dort? – .... meinst du? Den blauen oder den roten?
2. Bringst du mir vom Bäcker ein Brötchen mit? – .... willst du denn? Ein normales oder ein Vollkornbrötchen?
3. Diese Schuhe finde ich schön. – .... meinst du? Die grünen Stiefel da?
4. Siehst du den Mann da? – .... meinst du denn? Den mit der schwarzen Brille?
5. Einen Tee bitte. – .... hätten Sie denn gern? Einen schwarzen Tee oder einen Kräutertee?
6. Was hältst du von dem Vorschlag zum Teambuilding? – .... meinst du denn? Den Workshop oder den Betriebsausflug?

3 Ergänzen Sie das passende Fragepronomen.

Fill in the appropriate interrogative pronouns.

		a)	b)	c)
●	*Was* soll ich heute Abend kochen?	a) Wessen	b) Wer	c) ~~Was~~
1.	Ich habe zwei T-Shirts für dich. .... findest du schöner?	a) Welcher	b) Welches	c) Wen
2.	.... war zuletzt am Kopierer?	a) Wen	b) Wem	c) Wer
3.	Mit .... hast du so lange telefoniert?	a) was	b) wem	c) welchem
4.	Ich habe verschiedene Stückchen Kuchen gekauft. .... möchtest du?	a) Welches	b) Welchen	c) Welcher
5.	.... habt ihr am Wochenende gemacht?	a) Wen	b) Was	c) Wessen
6.	.... hast du gesagt?	a) Wer	b) Wen	c) Was
7.	.... hat Eduard heute Abend zum Essen eingeladen?	a) Welcher	b) Wem	c) Wen
8.	.... hat diese Rechnung geschrieben?	a) Wer	b) Welcher	c) Wessen
9.	Es fahren heute vier Züge nach Frankfurt. .... nimmst du?	a) Was	b) Welcher	c) Welchen
10.	In .... hat sich Kerstin verliebt?	a) wem	b) wen	c) was
11.	Du bist ja so aufgeregt! .... war denn los?	a) Was	b) Wer	c) Welches

3.6 Relativpronomen Relative pronouns

Das ist der Koch, der jetzt eine Kochshow im Fernsehen macht.
↓
Relativpronomen im Nominativ

Das ist der Koch, dem das Restaurant „Lecker" gehört.
↓
Relativpronomen im Dativ

Das ist der Koch, über den ich etwas in einer Zeitschrift gelesen habe.
↓
Relativpronomen im Akkusativ

▶ Formen Forms

	Singular			Plural
Kasus	**maskulin**	**neutral**	**feminin**	
Nominativ	der	das	die	die
Akkusativ	den	das	die	die
Dativ	dem	dem	der	denen

➤ Seite 165: *Relativsätze*

→ Das Relativpronomen leitet einen Relativsatz ein. Mit einem Relativsatz beschreibt man Personen oder Sachen näher.
Relative pronouns introduce relative clauses. Relative clauses give additional information about a person or a thing.

→ Das Relativpronomen richtet sich in Genus und Numerus nach dem Bezugswort im Hauptsatz, im Kasus nach der grammatischen Funktion im Relativsatz:
Das ist der Koch, dem das Restaurant „Lecker" gehört. (*Das Restaurant gehört dem Koch.* – Ergänzung im Dativ)
A relative pronoun assumes the gender and number of its antecedent (the noun it refers to) in the main clause. The case of the relative pronoun is determined by its grammatical function in the relative clause.
Das ist der Koch, dem das Restaurant „Lecker" gehört. (*Das Restaurant gehört dem Koch.* – complement in the dative case)

▶ Satzbau Sentence structure

Der Relativsatz ist ein Nebensatz. Er steht rechts vom Nomen. Das konjugierte Verb steht im Relativsatz an letzter Stelle.
Relative clauses are subordinate clauses. They always follow the noun that they describe. The conjugated verb is placed at the end of the relative clause.

Hauptsatz Main Clause			**Nebensatz** Subordinate Clause		
I.	**II.**	**III.**	**I.**	**II.**	**Satzende**
	konjugiertes Verb		**Relativ-pronomen**		**konjugiertes Verb**
Das	ist	der Koch,	dem	das Restaurant „Lecker"	gehört.
Das	ist	der Koch,	über den	ich etwas in einer Zeitschrift gelesen	habe.

➤ Seite 165

Übungen

1 Ergänzen Sie die Relativpronomen.

Fill in the appropriate relative pronouns.

a) **Anna** wünscht sich …

- einen Freund, mit *dem* sie gut tanzen kann.
1. einen Job, ... ihr Freude macht.
2. eine Wohnung, ... hell und groß ist.

3. eine Vorgesetzte, ... sie unterstützt.
4. einen Motorroller, mit .... sie überallhin fahren kann.

b) **Paul** wünscht sich …

1. Freunde, mit .... er etwas unternehmen kann.
2. ein neues Smartphone, ... nicht so teuer ist.
3. Dozenten, ... Zeit für ihn haben.
4. ein E-Bike, ... auch für Gebirgstouren geeignet ist.

2 Ergänzen Sie die Relativpronomen.

Fill in the appropriate relative pronouns.

Wo ist/sind denn …

- die Schuhe, *die* ich gerade hierhin gestellt habe?
1. das Handy, ... ich auf deinen Schreibtisch gelegt habe?
2. die Dokumente, ... ich kopiert habe?
3. die Gäste, ... gerade gekommen sind?
4. der Kollege, bei .... die ganze Zeit das Telefon klingelt?
5. der Hausmeister, ... das Licht in meinem Büro reparieren soll?
6. meine Schlüssel, ... ich in meine Handtasche gesteckt habe?
7. mein Auto, ... ich gestern Abend hier irgendwo geparkt habe?
8. die Rechnung, ... ich heute bezahlen muss?

3 Esperanto – eine Weltsprache? Markieren Sie das passende Relativpronomen.

Esperanto – A world language? Mark the correct relative pronoun.

●	Esperanto ist eine Sprache, *die* neu erfunden wurde.	a) der	b) <u>die</u>	c) den
1.	Esperanto sollte die internationale Kommunikation, ... manchmal schwierig ist, verbessern.	a) die	b) der	c) dem
2.	Der Begründer der Sprache war Ludwig Zamenhof, ... sein Projekt 1887 vorstellte.	a) den	b) dem	c) der
3.	Heute gibt es ca. 2 000 000 Menschen, ... diese Sprache sprechen.	a) der	b) die	c) denen
4.	Polen, Ungarn, Bulgarien, China und Brasilien sind Länder, in .... besonders viele Menschen Esperanto lernen.	a) denen	b) der	c) die
5.	Es gibt für Esperantisten einen Weltkongress, ... einmal im Jahr stattfindet.	a) den	b) dem	c) der
6.	Das ist ein Festival mit vielen Veranstaltungen, an .... 1 000 Menschen teilnehmen.	a) die	b) denen	c) der
7.	Es gibt viele Bücher, ... in Esperanto übersetzt wurden.	a) denen	b) die	c) das
8.	Esperanto ist leicht zu erlernen: Es hat eine einfache Grammatik. Die Zeit, ... man zum Erlernen der Sprache braucht, ist geringer als bei anderen Sprachen.	a) der	b) die	c) dem
9.	Es gibt viele Kurse, in .... man sich einschreiben kann.	a) denen	b) die	c) der
10.	Leider gibt es immer weniger Menschen, ... sich für Esperanto interessieren.	a) die	b) der	c) denen

3.7 Das Wort *es* The word *es* (it)

Es ist heiß.
↓
Es steht bei bestimmten Verben und Wendungen als Subjekt.
With certain verbs and idiomatic expressions *es* is the subject of the sentence.

Wie findest du das neue Bild des Künstlers?
Ich finde *es* ganz toll.
Wie viel kostet so ein Bild?
Ich weiß *es* nicht.
↓
es als Pronomen im Text
Es can be used as a pronoun.

Viele Leute waren auf der Party.
Es waren viele Leute auf der Party.
↓
Mit *es* als Platzhalter auf Position 1 betont man das Subjekt: *viele Leute.*
Es can also be a simple placeholder at the beginning of a sentence. In such cases the real subject receives more emphasis: *viele Leute* (many people).

▶ Formen Forms

es als festes Subjekt *Es* as the subject of impersonal expressions	**Wetter-Verben** Verbs related to weather	Es regnet. Heute regnet es. Es hat heute geregnet. Es schneit, blitzt, donnert …
	Wetter-Adjektive Adjectives related to weather	Es ist heiß, warm, kalt …
	Uhrzeit Time expressions	Wie spät ist es? Es ist 10.00 Uhr.
	feste Wendungen Idiomatic expressions	Wie geht es Ihnen? – Danke, mir geht es gut. Worum geht es? – Es geht um die neuen Produkte. Wie viele Lösungen gibt es? – Es gibt gar keine Lösung. Es kommt immer wieder zu Staus.

Übungen

1 Beschreiben Sie das Wetter in Ihrem Heimatland im Januar, April, Juli und Oktober.
Describe the weather in your home country in January, April, July and October.

heiß sein • kalt sein • sonnig sein • neblig sein • stürmisch sein • windig sein …
regnen • schneien • stürmen • donnern • blitzen …

2 Aus den Nachrichten. Ergänzen Sie *es*, wo nötig. (54)
Aussprachehilfe: Hören Sie den Text und kontrollieren Sie Ihre Lösungen.
Fill in the gaps with *es* where necessary. Pronunciation help: Listen to the text and check your answers.

Es ist 20.00 Uhr. Hier sind .... die Nachrichten von Bayern 1. Heute gab .... auf der Autobahn München–Salzburg kilometerlange Staus. In den Morgenstunden hat .... heftig geschneit. Die Schneedecke war fast einen Meter hoch. Viele Autofahrer waren .... auf den Schnee nicht vorbereitet. .... kam zu vielen Unfällen. Eine Frau wurde ins Krankenhaus gefahren. In den nächsten Tagen erwarten .... die Experten noch mehr Schnee. Sicher kommt .... wieder zu langen Staus.

Der französische Ministerpräsident ist heute in Berlin gelandet. In den Gesprächen geht .... hauptsächlich um Sicherheitspolitik. Morgen sind Gespräche .... mit dem Innenminister geplant.

4 Adjektive Adjectives

4.1 Deklination Declension

Der Baum ist alt.
↓
undekliniertes Adjektiv

→ Das Adjektiv bezieht sich auf das Verb. Es hat keine Endung.
This adjective is a complement to the verb. It does not take an ending.

In unserem Garten steht ein 200 Jahre alter Baum.
↓
dekliniertes Adjektiv

Die kleine Maus saß in unserer Küche.
↓
dekliniertes Adjektiv

Ich kaufe frisches Obst auf dem Markt.
↓
dekliniertes Adjektiv

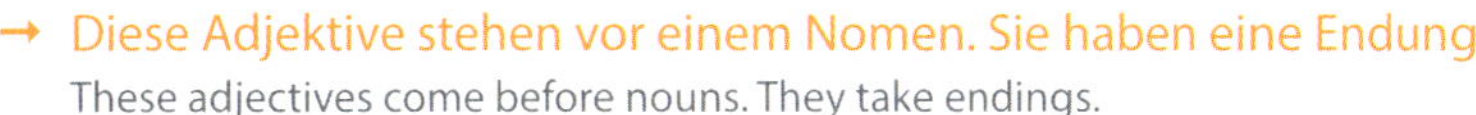

→ Diese Adjektive stehen vor einem Nomen. Sie haben eine Endung.
These adjectives come before nouns. They take endings.

Deklination nach bestimmtem Artikel Declension after a definite article

Die kleine Maus saß in unserer Küche.

▶ Formen Forms

Kasus	Singular maskulin			Singular neutral			Singular feminin			Plural		
Nominativ	der	alte	Baum	das	große	Auto	die	kleine	Maus	die	neuen	Bücher
Akkusativ	den	alten	Baum	das	große	Auto	die	kleine	Maus	die	neuen	Bücher
Dativ	dem	alten	Baum	dem	großen	Auto	der	kleinen	Maus	den	neuen	Büchern
Genitiv	des	alten	Baumes	des	großen	Autos	der	kleinen	Maus	der	neuen	Bücher

‣ Auch nach: *dieser, jeder, alle*

▶ Übersicht: Adjektivendungen nach bestimmtem Artikel Overview of adjective endings after a definite article

Kasus	Singular maskulin	Singular neutral	Singular feminin	Plural
Nominativ	-e	-e	-e	-en
Akkusativ	-en	-e	-e	-en
Dativ	-en	-en	-en	-en
Genitiv	-en	-en	-en	-en

Deklination

Deklination nach unbestimmtem Artikel Declension after an indefinite article

In unserem Garten steht ein 200 Jahre alter Baum.

Formen Forms

Kasus	Singular maskulin			Singular neutral			Singular feminin			Plural		
Nominativ	ein	alter	Baum	ein	großes	Auto	eine	kleine	Maus	keine	neuen	Bücher
Akkusativ	einen	alten		ein	großes		eine	kleine		keine	neuen	
Dativ	einem	alten		einem	großen		einer	kleinen		keinen	neuen	Büchern
Genitiv	eines	alten	Baumes	eines	großen	Autos	einer	kleinen		keiner	neuen	Bücher

- Auch nach: *kein, mein, dein, sein, ihr, unser, euer*

Übersicht: Adjektivendungen nach unbestimmtem Artikel Overview of adjective endings after an indefinite article

Kasus	Singular maskulin	Singular neutral	Singular feminin	Plural
Nominativ	-er	-es	-e	-en
Akkusativ	-en	-es	-e	-en
Dativ	-en	-en	-en	-en
Genitiv	-en	-en	-en	-en

Deklination ohne Artikel Declension without an article

Ich kaufe frisches Obst auf dem Markt.

Formen Forms

Kasus	Singular maskulin		Singular neutral		Singular feminin		Plural	
Nominativ	alter	Wein	frisches	Obst	warme	Milch	süße	Äpfel
Akkusativ	alten		frisches		warme		süße	
Dativ	altem		frischem		warmer		süßen	Äpfeln
Genitiv	alten	Wein(e)s	frischen	Obst(e)s	warmer		süßer	Äpfel

▶ **Übersicht: Adjektivendungen ohne Artikel** Overview of adjective endings without an article

Kasus	Singular maskulin	Singular neutral	Singular feminin	Plural
Nominativ	-er	-es	-e	-e
Akkusativ	-en	-es	-e	-e
Dativ	-em	-em	-er	-en
Genitiv	-en	-en	-er	-er

Adjektive ohne Artikel übernehmen die Endungen der Artikel als Kasus-Signal.
Ausnahme: Genitiv Singular maskulin und neutral. (Die Adjektive erhalten die Endung -en, anstatt -es.)
Adjectives without an article take the endings of definite articles in order to indicate the grammatical case of the noun that follows them. The only exception is the genitive singular of masculine and neuter nouns (where they receive the ending *-en* instead of *-es*).

Übungen

1 Ergänzen Sie die Endungen der Adjektive nach unbestimmtem Artikel im Nominativ.
Add the indefinite article and the appropriate ending of the adjective in the nominative case.

Das ist ein/eine …

- schön – Tasche *eine schöne Tasche!*
1. weich – Pullover ....
2. lustig – Geschichte ....
3. nett – Kind ....
4. fleißig – Kollege ....
5. langweilig – Roman ....
6. lang – Bericht ....
7. anstrengend – Sitzung ....
8. bequem – Stuhl ....
9. schwierig – Frage ....
10. groß – Büro ....
11. stark – Kaffee ....

2 Weihnachten. Wer bekam was? Markieren Sie die Artikel und ergänzen Sie die Endungen der Adjektive im Akkusativ.
Christmas. Who got what? Mark the articles and put the adjectives into the accusative case by adding the correct ending.

1. Peter bekam ein neu*es* Fahrrad. Er hat sich über das neu....... Fahrrad sehr gefreut.
2. Jenny bekam ein bunt....... Kleid. Sie fand das bunt....... Kleid schrecklich.
3. Konrad bekam ein spanisch....... Kochbuch. Er findet das spanisch....... Kochbuch sehr interessant.
4. Fiona bekam einen neu....... Fitness-Tracker. Sie hat den neu....... Fitness-Tracker gleich benutzt.
5. Laura bekam eine klein....... Katze. Sie liebt die klein....... Katze jetzt sehr.
6. Richard bekam eine teur....... Uhr. Er hat die teur....... Uhr allen gezeigt.
7. Gabi bekam eine elegant....... Jacke. Sie hat sich über die elegant....... Jacke gefreut.

3 Im Restaurant. Ergänzen Sie die Endungen der Artikel und Adjektive, wenn nötig. (55)
Aussprachehilfe: Hören Sie den Text und kontrollieren Sie Ihre Lösungen.
At the restaurant. Fill in the correct endings for the articles and adjectives where necessary. Pronunciation help: Listen to the text and check your answers.

Regine: Guten Abend. Haben Sie noch ein*en* frei....... Tisch?
Kellner: Ja, natürlich. Kommen Sie bitte mit. Was möchten Sie trinken?
Regine: Ich möchte bitte ein....... gut....... Rotwein und ein....... Glas Mineralwasser.
Theodor: Und ich nehme ein....... kühl....... Bier. Wir möchten auch gleich das Essen bestellen. Ich hätte gern ein....... französisch....... Zwiebelsuppe und ein....... saftig....... Steak mit Kartoffeln.
Regine: Ich nehme nur ein....... klein....... Käseplatte und danach ein....... groß....... Obstsalat.
Kellner: Gern. Kommt sofort.

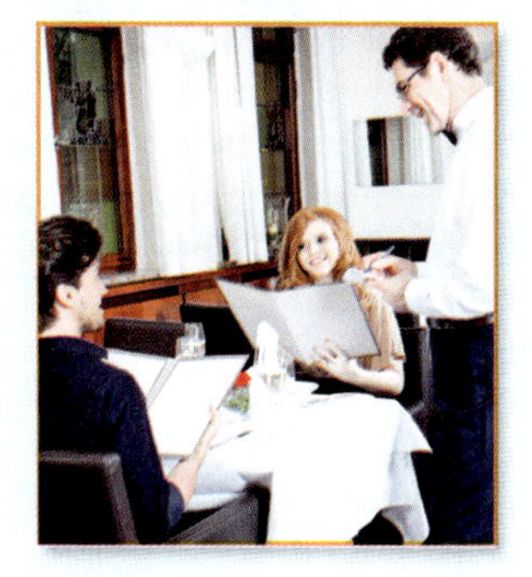

Deklination

4 Viele schöne Dinge. Leni und Bastian unterhalten sich in einem Kaufhaus. Bilden Sie Sätze wie im Beispiel.

Many beautiful things. Leni and Bastian are talking in a department store. Write sentences based on the example.

groß

neu

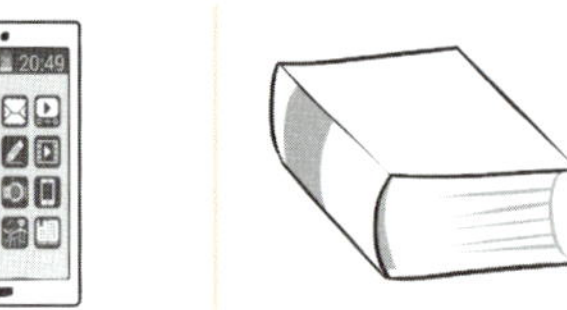
spannend

schick

warm

ergonomisch

Womit kann ich dir eine Freude machen?

- Mit *einer großen Tasche.* – Leider gibt es hier *keine großen Taschen.*

1. Mit .... – Leider gibt es hier ....
2. Mit .... – Leider gibt es hier ....
3. Mit .... – Leider gibt es hier ....
4. Mit .... – Leider gibt es hier ....
5. Mit .... – Leider gibt es hier ....

5 Robert möchte seiner Freundin eine Tasche kaufen. Ergänzen Sie die Endungen der Artikel und Adjektive, wenn nötig.

56

Aussprachehilfe: Hören Sie den Text und kontrollieren Sie Ihre Lösungen.

Robert wants to buy a handbag for his girlfriend. Fill in the correct endings for the articles and adjectives where necessary.
Pronunciation help: Listen to the text and check your answers.

□ Guten Tag, kann ich Ihnen helfen?

△ Guten Tag. Ich suche ein....... neu....... Handtasche für mein....... Freundin. Ihr....... alt....... Tasche ist kaputt.

□ Was für ein....... Tasche möchten Sie denn? Eher ein....... klassisch....... Modell oder ein....... ganz modern....... Handtasche?

△ Mein....... Freundin mag kein...... supermodern....... Sachen. Die sind so schnell wieder unmodern. Könnten Sie mir ein...... klassisch....... Modell zeigen?

□ Ja, natürlich. Das hier ist ein....... hochwertig....... und zeitlos....... Tasche aus Leder. Sie hat auch ein....... klein....... Fach für das Handy.

△ Super! Die Handtasche ist sehr schön. Ich nehme sie.

6 Was trägt man in diesem Sommer? Ergänzen Sie die Endungen der Adjektive im Akkusativ und Dativ.

Summer fashion. Put the adjectives into the accusative and dative cases by adding the correct ending.

Man trägt 1. grün....... T-Shirts,
2. groß....... Sonnenbrillen,
3. kurz....... Röcke,
4. bunt....... Hüte,
5. eng....... Hosen
und 6. golden....... Sportschuhe.

Mit 7. weiß....... Blusen,
8. weit....... Hosen,
9. lang....... Röcken,
10. schwarz....... Pullovern,
11. weiß....... Schuhen
und 12. rot....... Handtaschen
sollte man auf keinen Fall auf die Straße gehen!

7 Was essen und trinken Sie gern? Ergänzen Sie die Endungen der Adjektive im Akkusativ.

What do you like to eat and drink? Put the adjectives into the accusative case by adding the correct ending.

Essen Sie gern …

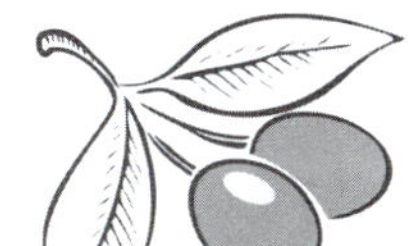

1. weiß....... Schokolade?
2. frisch....... Gemüse?
3. saur....... Äpfel?
4. einheimisch....... Kräuter?
5. roh....... Schinken?
6. reif....... Pflaumen?

Trinken Sie gern …

7. stark....... Kaffee?
8. grün....... Tee?
9. hell....... Bier?
10. kalt....... Limonade?
11. gut....... Rotwein?
12. gesund....... Obstsaft?

8 Grüße aus dem Urlaub. Ergänzen Sie die passenden Adjektive.

Holiday greetings. Complete the sentences with the appropriate adjectives.

heftigen • kühles • interessante • ~~liebe~~ • hohe • schlechtes • schöne • weißen • kalten • lange • teuren • alten

Lieber Stefan,

liebe (0) Grüße aus dem Urlaub sendet dir Michael.
Wir haben seit einigen Tagen .... (1) Wetter und sitzen im Moment in unserem .... (2) Hotelzimmer – die Heizung ist nicht an. Gestern gab es einen .... (3) Sturm. Das war eine sehr .... (4) Erfahrung, denn die Ostsee hatte ganz .... (5) Wellen. Ich habe ein paar .... (6) Fotos davon gemacht. An dem .... (7) Sandstrand haben wir uns noch nicht viel gesonnt, aber wir haben .... (8) Spaziergänge gemacht. Gestern waren Susanne und ich im Dorf, das heißt, Susanne war hauptsächlich in den .... (9) Geschäften. Von unserem Urlaubsgeld ist jetzt nicht mehr viel übrig. Aber für einen .... (10) Whisky und ein .... (11) Bier reicht das Geld noch.

Bis bald! Michael

9 Annikas erste Arbeitsstelle. Ergänzen Sie die Endungen der Artikel und Adjektive, wenn nötig.

Annika's first job. Fill in the correct endings for the articles and adjectives where necessary.

Annika erzählt von ihr*em* erst*en* Job:

Ich arbeite in ein....... mittelständig....... Firma als Accountmanagerin. Neben 30 Urlaubstagen im Jahr bekomme ich auch ein....... gut....... Gehalt. Ich sitze in ein....... klein....... Büro und telefoniere viel. Zurzeit mache ich ein....... groß....... Marktanalyse und versuche, neu....... Kunden zu gewinnen. Die Arbeit macht mir groß....... Spaß. Mein....... Kolleginnen und Kollegen sind sehr nett und hilfsbereit. Wir trinken oft zusammen d....... dünn....... Kaffee aus dem Kaffeeautomaten oder wir gehen in die Kantine zum Essen. Ich habe ein....... nett....... Chefin, die mich unterstützt. Bis jetzt bin ich sehr glücklich.

10 Aus Geschäftsbriefen. Ergänzen Sie die Endungen der Artikel und Adjektive, wenn nötig.

From business letters. Fill in the correct endings for the articles and adjectives where necessary.

Wir bitten um …

1. ein....... schnell....... Bearbeitung.
2. ein....... neu....... Angebot.
3. d....... aktuell....... Preisliste.
4. ein....... sofortig....... Reparatur.
5. ein....... baldig....... Termin.
6. ein....... pünktlich....... Lieferung.

4.2 Komparation Comparison

Gestern war Sportfest und es gab viele Wettkämpfe.

Anne schwamm schnell. Sie belegte den 3. Platz.
Marie schwamm schneller. Sie belegte den 2. Platz.
Martina schwamm am schnellsten. Sie belegte den 1. Platz.

↓ Das Adjektiv bezieht sich auf das Verb.
Here, the adjective is a complement to the verb.

Georg ist ein schneller Läufer. Er gewann die Bronzemedaille.
Klaus ist der schnellere Läufer. Er gewann die Silbermedaille.
Martin ist der schnellste Läufer. Er gewann die Goldmedaille.

↓ Das Adjektiv steht vor einem Nomen. Es wird dekliniert und bekommt eine Endung.
Here, the adjective comes before a noun. It is therefore declined and receives an ending.

▶ Formen Forms

		Positiv	Komparativ	Superlativ
1. Normalform		billig	billiger	am billigsten/der billigste
2. a → ä	warm – lang – arm – alt – kalt – hart – scharf	warm kalt	wärmer kälter	am wärmsten/der wärmste am kältesten/der kälteste
o → ö	groß	groß	größer	am größten/der größte
u → ü	kurz – jung – dumm – klug	jung	jünger	am jüngsten/der jüngste
3. Adjektive auf:	-er -el	teuer dunkel	teurer dunkler	am teuersten/der teuerste am dunkelsten/der dunkelste
4. Adjektive auf:	-sch/-s/-ß/-z -d/-t	frisch intelligent	frischer intelligenter	am frischesten/der frischeste am intelligentesten/der intelligenteste
5. Sonderformen		gut viel gern hoch nah	besser mehr lieber höher näher	am besten/der beste am meisten/der meiste am liebsten/der liebste am höchsten/der höchste am nächsten/der nächste

- → Der **Komparativ** der Adjektive wird mit *-er* gebildet: schnell – schneller, der schnelle Läufer – der schnellere Läufer.
  The comparative of an adjective is formed by adding *-er*: *schnell – schneller, der schnelle Läufer – der schnellere Läufer.*
- → Der **Superlativ** der Adjektive wird mit *am ...-sten* bzw. *-st-* gebildet: schnell – am schnellsten, der schnelle Läufer – der schnellste Läufer.
  The superlative of an adjective is formed by adding *am ...-sten* or *-st-* to the adjective (depending on its function in the sentence): *schnell – am schnellsten, der schnelle Läufer – der schnellste Läufer.*
- → Einige Adjektive mit den Vokalen *a, o* und *u* bekommen im Komparativ und Superlativ einen Umlaut: alt – älter, am ältesten (aber nicht alle!)
  Some adjectives with an *a, o* or *u* in their stem receive an umlaut for the comparative and superlative forms: *alt – älter, am ältesten.*
- → Adjektive auf *-er* und *-el* verlieren im Komparativ ein *e*: teuer – teurer.
  Adjectives ending in *-er* or *-el* lose an *e* in the comparative: *teuer – teurer.*
- → Adjektive auf *-sch/-s/-ß/-z* und *-d/-t* bekommen im Superlativ ein *e*: frisch – am frischesten.
  Adjectives ending in *-sch/-s/-ß/-z* or *-d/-t* receive a connecting *e* in the superlative: *frisch – am frischesten.*

Übungen

1 Komparativ: Joseph ist unzufrieden mit sich selbst. Was schreibt er in sein Tagebuch?
Comparatives: Joseph is unhappy with himself. What is he writing in his journal?

- Ich bin nicht aufmerksam genug. *Ab morgen bin ich aufmerksamer.*
1. Ich bin nicht höflich genug. *Ab morgen* ……………………
2. Ich bin nicht fleißig genug. ……………………
3. Ich bin nicht ordentlich genug. ……………………
4. Ich bin nicht freundlich genug. ……………………
5. Ich bin nicht geduldig genug. ……………………
6. Ich bin nicht schnell genug. ……………………
7. Ich bin nicht hilfsbereit genug. ……………………

2 Komparativ: Was wünscht sich Anna? Bilden Sie Sätze. Achten Sie auf die Adjektivendungen.
Comparatives: What would Anna like? Write sentences. Pay attention to the adjective endings.

- Anna hat einen niedrigen Lohn. *(hoch)* *Sie möchte einen höheren Lohn.*
1. Sie findet ihre Arbeit langweilig. *(interessant)* *Sie möchte eine* ……………………
2. Anna hat eine unfreundliche Chefin. *(nett)* ……………………
3. Anna arbeitet mit einem schwierigen Programm. *(leicht)* *Sie möchte* ……………………
4. Annas Büro ist sehr dunkel. *(hell)* ……………………
5. Annas Computerbildschirm ist klein. *(groß)* ……………………

3 Ergänzen Sie die Adjektive im Komparativ und im Superlativ.
Put the adjectives into the comparative and superlative forms.

	Komparativ	Superlativ
● Christoph hat viel trainiert. Er läuft jetzt schnell.	*schneller*	*am schnellsten*
1. Carlo hat auch viel trainiert. Er springt jetzt hoch.	……………	……………
2. Es ist Sommer. Die Produkte sind jetzt billig.	……………	……………
3. Es ist kurz vor Weihnachten. Spielzeug ist jetzt teuer.	……………	……………
4. Im Urlaub lese ich viel.	……………	……………
5. Der Wein hat lange gelagert. Er schmeckt jetzt gut.	……………	……………
6. Das Messer wurde neu geschliffen. Es ist jetzt scharf.	……………	……………
7. Im Winter sind die Nächte lang.	……………	……………
8. Im Sommer sind die Nächte kurz.	……………	……………

4 Superlative: Alles über Tiere. Fragen und antworten Sie wie im Beispiel. (57)
Aussprachehilfe: Hören Sie den Text und kontrollieren Sie Ihre Lösungen.
Superlatives: All about animals. Ask questions and answer them as shown in the example.
Pronunciation help: Listen to the text and check your answers.

- Welches Tier wird am *ältesten*? *(alt)* — Das *älteste* Tier ist die Riesenschildkröte. Sie kann 220 Jahre alt werden.
1. Welches Tier ist am ……………? *(lang)* — Das …………… Tier ist der Blauwal. Er kann 33 Meter lang werden.
2. Welches Tier ist am ……………? *(schnell)* — Das …………… Tier ist der Gepard. Er kann 105 km/h laufen.
3. Welches Tier ist am ……………? *(giftig)* — Das …………… Tier ist eine Seeanemone. Ihr Gift ist das tödlichste Gift der Welt.
4. Welches Tier ist für den Menschen am ……………? *(gefährlich)* — Das …………… Tier für den Menschen ist eine Schlange. Die Sandotter tötet jedes Jahr viele Tausend Menschen.
5. Welches Säugetier ist am ……………? *(klein)* — Das …………… Säugetier ist eine Fledermaus. Die Hummelfledermaus ist nur drei Zentimeter lang.
6. Welches Insekt ist am ……………? *(schwer)* — Das …………… Insekt ist ein Käfer. Der Goliathkäfer wiegt 110 Gramm.

5 **Superlativ: Rekorde. Ergänzen Sie das passende Adjektiv in der richtigen Form.** 58
Aussprachehilfe: Hören Sie den Text und kontrollieren Sie Ihre Lösungen.
Superlatives: Records. Complete each sentence with the appropriate adjective in the correct form.
Pronunciation help: Listen to the text and check your answers.

alt *(2 x)* • hart • schnell • klein • lang

- Ulm hat das *älteste* Brotmuseum der Welt. Es wurde 1955 gegründet. Die Sammlung umfasst 14 000 Objekte. Nur eines fehlt: echtes Brot.

1. Die .... Teile des menschlichen Körpers sind die Zähne.
2. Deutschland hat es auch ins Guinnessbuch der Rekorde geschafft: Im April 1990 warteten etwa 18 Millionen Autos an der ehemaligen innerdeutschen Grenze im .... Stau des 20. Jahrhunderts.
3. Das .... bekannte gedruckte Buch stammt aus China. Es wurde 868 hergestellt.
4. Das .... Buch der Welt erschien in einem Leipziger Verlag. Es misst 2,4 mal 2,9 Millimeter und hat 32 Seiten.
5. Der .... Aufzug der Welt befindet sich im Shanghai Tower. Der Lift des Shanghai Towers erreicht eine maximale Geschwindigkeit von 20,5 m/s (73,8 km/h).

Vergleiche Comparisons

Martina schwamm am schnellsten.
Sie schwamm schneller als Marie.
↓
Adjektiv im Komparativ → *als*

Franzi und Gabi kamen zeitgleich ins Ziel.
Franzi schwamm genauso schnell wie Gabi.
↓
Adjektiv im Positiv → *wie*

▶ Satzbau Sentence structure

In Vergleichssätzen können Angaben mit *als* und *wie* nach der Satzklammer stehen.
In comparative sentences the phrase beginning with *als* or *wie* may be placed after the second part of the sentence bracket (Satzklammer).

I.	II.	III.	Satzende	Nachfeld
Franzi	ist	beim Wettkampf genauso **schnell**	geschwommen	**wie** Gabi.
Martina	ist	viel **schneller**	geschwommen	**als** Marie.

Übungen

6 **Was passt? Ordnen Sie zu.**
Find the matching ending for each sentence.

1. Zitronen sind saurer
2. Ich sehe Krimis genauso gern
3. Berlin hat mehr Einwohner
4. Otto hat genauso hart trainiert
5. Doch Otto ist langsamer gelaufen
6. Selbst gekochtes Essen schmeckt besser

a) wie im letzten Jahr.
b) als Äpfel.
c) wie romantische Filme.
d) als im letzten Jahr.
e) als Fertiggerichte.
f) als Hamburg.

7 Vergleichen Sie. Bilden Sie Sätze.
Make comparisons. Form sentences.

- Flughafen in Frankfurt – Flughafen in Leipzig *(groß)*
  Der Flughafen in Frankfurt ist größer als der Flughafen in Leipzig.

1. Brücken: in Hamburg – in München *(viel)*
   In Hamburg gibt es ....
2. Einwohner: Dresden – Berlin *(wenig)*
   Dresden hat ....
3. Universität Heidelberg – Universität Jena *(alt)*
   ....
4. der Berg „die Zugspitze" – „der Watzmann" *(hoch)*
   ....
5. der Bodensee – der Königssee *(tief)*
   ....

8 Die sichersten Städte der Welt. Beschreiben Sie die Statistik.
The world's safest cities. Describe the statistics.

- Die Statistik gibt Informationen über die *sichersten* Großstädte der Welt. *(sicher)*

1. Auf Platz 1 steht Kopenhagen: Hier ist es .... als in allen anderen Städten. *(sicher)*
2. Die kanadische Stadt Toronto ist die zweit.......... Stadt der Welt. *(sicher)*
3. Die Bewohner von Singapur leben nur ein wenig .... als die Bewohner von Kopenhagen. *(gefährlich)*
4. In Tokio leben die Menschen fast genauso .... wie in Sydney. *(sicher)*
5. Die .... deutsche Stadt in diesem Ranking ist München auf Platz 8. *(gut)*
6. Zu den .... Städten in Deutschland zählen Frankfurt und Berlin. *(gefährlich)*

1. Kopenhagen (Dänemark)
2. Toronto (Kanada)
3. Singapur (Singapur)
4. Sydney (Australien)
5. Tokio (Japan)

9 Ergänzen Sie den Komparativ und bilden Sie Vergleichssätze mit *nicht so … wie*.
Put the adjective into the comparative form, and write sentences using *nicht so … wie*.

- Der Pfeilgiftfrosch ist *giftiger* als die Sandotter. *(giftig)*
  Die Sandotter *ist nicht so giftig wie der Pfeilgiftfrosch.*

1. In Afrika ist es .... als in Europa. *(warm)*
   In Europa ....
2. Eine Flasche Champagner ist .... als eine Flasche Wasser. *(teuer)*
   Eine Flasche Wasser ....
3. Eine Zugfahrkarte für die erste Klasse kostet .... als eine Fahrkarte für die zweite Klasse. *(viel)*
   Eine Zugfahrkarte für die zweite Klasse ....
4. Das neue Buch des Krimiautors finde ich .... als seine alten Bücher. *(langweilig)*
   Die alten Bücher des Krimiautors ....
5. Deutsch spreche ich .... als Koreanisch. *(gut)*
   Koreanisch ....
6. Otto isst Fisch .... als Fleisch. *(gern)*
   Otto isst Fleisch ....
7. Indisches Essen ist normalerweise .... als deutsches Essen. *(scharf)*
   Deutsches Essen ist normalerweise ....

4.3 Zahlwörter Numerals

Das sind drei (3) Mäuse.
↓
Kardinalzahl

Gustav isst heute schon den dritten (3.) Hamburger.
↓
Ordinalzahl

▶ Formen Forms

Kardinalzahl			Ordinalzahl		
1	eins	(ein Mann, eine Maus)	1.	erste	(der erste Hamburger, die erste Woche, das erste Mal)
2	zwei	(zwei Männer, zwei Mäuse)	2.	zweite	(der zweite Hamburger, die zweite Woche, das zweite Mal)
3	drei	(drei Männer, drei Mäuse)	3.	dritte	(der dritte Hamburger, die dritte Woche, das dritte Mal)

Kardinalzahl		Ordinalzahl		Kardinalzahl		Ordinalzahl	
4	vier	4.	vierte	21	einundzwanzig	21.	einundzwanzigste
5	fünf	5.	fünfte	22	zweiundzwanzig	22.	zweiundzwanzigste
6	sechs	6.	sechste	23	dreiundzwanzig	23.	dreiundzwanzigste
7	sieben	7.	siebte/siebente	24	vierundzwanzig	24.	vierundzwanzigste
8	acht	8.	achte	30	dreißig	30.	dreißigste
9	neun	9.	neunte	31	einunddreißig	31.	einunddreißigste
10	zehn	10.	zehnte	40	vierzig	40.	vierzigste
11	elf	11.	elfte	50	fünfzig	50.	fünfzigste
12	zwölf	12.	zwölfte	60	sechzig	60.	sechzigste
13	dreizehn	13.	dreizehnte	70	siebzig	70.	siebzigste
14	vierzehn	14.	vierzehnte	80	achtzig	80.	achtzigste
15	fünfzehn	15.	fünfzehnte	90	neunzig	90.	neunzigste
16	sechzehn	16.	sechzehnte	100	hundert	100.	hundertste
17	siebzehn	17.	siebzehnte	125	hundertfünfundzwanzig	125.	hundertfünfundzwanzigste
18	achtzehn	18.	achtzehnte	1000	(ein)tausend	1000.	(ein)tausendste
19	neunzehn	19.	neunzehnte	3000	dreitausend	3000.	dreitausendste
20	zwanzig	20.	zwanzigste	4573	viertausendfünfhundert-dreiundsiebzig	4573.	viertausendfünfhundert-dreiundsiebzigste

→ **Kardinalzahlen** benennen eine genaue Menge. Sie haben in der Regel keine Endung:
Das sind **drei** Mäuse. Wir haben **zwei** neue Mitarbeiter.
Eine Ausnahme ist die Zahl *eins*. Sie wird wie ein unbestimmter Artikel dekliniert:
Ich habe **einen** Mann, **ein** Kind und **eine** Katze.
Cardinal numbers indicate exact quantities. They do not take endings: *Das sind drei Mäuse. Wir haben zwei neue Mitarbeiter.* The only exception to this rule is the number "eins" (one). Its declension is the same as that of the indefinite article: *Ich habe einen Mann, ein Kind und eine Katze.*

→ **Ordinalzahlen** bezeichnen einen Rang in einer Reihe. Sie werden wie normale Adjektive dekliniert:
Gustav isst den **dritten** Hamburger. Martina belegte den **ersten** Platz.
Ordinal numbers indicate the position that something occupies within an ordered series. The declension of these numbers is the same as that of any other adjective: *Gustav isst den dritten Hamburger. Martina belegte den ersten Platz.*

Übungen

1 Schreiben Sie die Kardinalzahlen als Wörter.
Write the cardinal numbers as words.

Unsere Firma hat:

- *zwei* (2) Abteilungsleiterinnen

1. .... (3) Abteilungsleiter
2. .... (65) Beschäftigte insgesamt
3. .... (1) Praktikantin
4. .... (1) Geschäftsführer
5. .... (20) kleine Büroräume
6. .... (7) größere Büros
7. .... (5) Firmenwagen
8. .... (46) Computer
9. .... (10) Laptops
10. .... (39) Drucker
11. .... (4) Kopierer
12. .... (259 876) Euro Ausgaben im Monat

2 Datum. Was für ein Tag ist heute? Nennen Sie das Datum im Nominativ.
What is today's date? Write the dates in the nominative case.

Heute ist der:

- *einunddreißigste* (31.) Januar

1. .... (29.) Februar
2. .... (27.) März
3. .... (17.) April
4. .... (8.) Mai
5. .... (3.) Juni
6. .... (15.) Juli
7. .... (18.) August
8. .... (1.) September
9. .... (7.) Oktober
10. .... (11.) November
11. .... (24.) Dezember

3 Wann wurden diese Leute geboren? Bilden Sie Sätze. Die Ordinalzahl steht im Dativ.
When were these people born? Write sentences. The ordinal numbers are used in the dative case.

- Albert Einstein (Physiker): 14. März 1879
  Der Physiker Albert Einstein wurde am vierzehnten März achtzehnhundertneunundsiebzig geboren.

1. Thomas Mann (Schriftsteller): 6. Juni 1875
   ....
2. Werner Herzog (Regisseur): 5. September 1942
   ....
3. Kaiserin Elisabeth (Sisi): 24. Dezember 1837
   Kaiserin Elisabeth, genannt Sisi, wurde ....
4. Sigmund Freud (Arzt): 6. Mai 1856
   ....
5. Albrecht Dürer (Maler): 21. Mai 1471
   ....
6. Rudolf Diesel (Erfinder): 18. März 1858
   ....

Zahlwörter

4 Wann finden die nächsten Sprachkurse statt? Bilden Sie Sätze wie im Beispiel.
When will the next language courses take place? Form sentences as shown in the example.

- Französischkurs: 12.4.–15.6.
  a) *Der Französischkurs beginnt am zwölften April/Vierten und endet am sechzehnten Juni/Sechsten.*
  b) *Der Französischkurs läuft vom zwölften April/Vierten bis zum sechzehnten Juni/Sechsten.*

1. Deutschkurs: 2.5.–22.11.
   a) ....
   b) ....
2. Italienischkurs: 21.4.–10.7.
   a) ....
   b) ....
3. Spanischkurs: 9.5.–3.9.
   a) ....
   b) ....
4. Polnischkurs: 1.6.–10.10.
   a) ....
   b) ....
5. Englischkurs: 30.5.–12.11.
   a) ....
   b) ....
6. Japanischkurs: 24.4.–31.8.
   a) ....
   b) ....

5 Die Reise um die Erde in 80 Tagen. Bilden Sie Sätze über Phileas Foggs Reise.
Around the world in 80 days. Write sentences about Phileas Fogg's journey.

2. Oktober: England → 9. Oktober: Ägypten → 20. Oktober: Indien → 31. Oktober: Indonesien → 6. November: Hongkong → 11. November: China → 14. November: Japan → 3. Dezember: Amerika → 22. Dezember: England

Am zweiten Oktober war Phileas Fogg noch in England. Am neunten Oktober erreichte er Ägypten/kam er in Ägypten an/war er schon in Ägypten. ....

....

6 Schreiben Sie die Ordinalzahlen als Wörter. 59
Aussprachehilfe: Hören Sie die Sätze.
Write the ordinal numbers as words. Pronunciation help: Listen to the sentences.

- Anne schwamm nicht schnell genug. Sie belegte nur den *dritten* *(3.)* Platz.

1. Anton ist ein guter Schüler. Er geht jetzt in die .... *(5.)* Klasse.
2. Martin studiert im .... *(4.)* Semester Medizin. Er hat die Zwischenprüfung leider nicht bestanden. Vielleicht schafft er es beim .... *(2.)* Versuch.
3. Ich habe noch nie Austern gegessen. Das ist das .... *(1.)* Mal.
4. Wir waren schon sehr oft in Frankreich. Das ist unsere .... *(8.)* Reise nach Paris.

5 Präpositionen Prepositions

 Präpositionen bestimmen den Kasus der nachfolgenden Nomen oder Pronomen.
Prepositions determine the grammatical case of the noun or pronoun that follows them.

- Es gibt Präpositionen, nach denen immer derselbe Kasus folgt:
  Wir fahren **mit** dem Fahrrad. Nach *mit* folgt immer der Dativ.
  Martina kocht **für** ihre Gäste. Nach *für* folgt immer der Akkusativ.
  Some prepositions are always followed by the same case: *Wir fahren mit dem Fahrrad.* The preposition *mit* (with) is always followed by the dative case.
  Martina kocht für ihre Gäste. The preposition *für* (for) is always followed by the accusative case.
- Einige Präpositionen können den Fall wechseln. Sie können mit dem Dativ oder dem Akkusativ auftreten:
  Das Glas steht **neben** der Flasche. Ich habe das Glas **neben** die Flasche gestellt.
  There are a few prepositions which are not always followed by the same case. They are used with the dative or the accusative case depending on the context: *Das Glas steht neben der Flasche* (indicating location). *Ich habe das Glas neben die Flasche gestellt* (indicating direction).

5.1 Präpositionen mit dem Dativ Prepositions with the dative case

▶ Formen Forms

Präposition	Kurzform	Beispielsätze	
ab *(oft ohne Artikel)*		Das Flugzeug fliegt ab Frankfurt. Ab nächster Woche habe ich Urlaub.	*(lokal)* *(temporal)*

Präpositionen mit dem Dativ

Präposition	Kurzform	Beispielsätze	
aus *(bei Modal- und Kausalangaben ohne Artikel)*		Ich komme aus der Türkei. Die Tür ist aus Holz. Er heiratete sie aus Liebe.	*(lokal)* *(modal)* *(kausal)*
bei	bei + dem = beim	Er wohnt bei seinen Eltern. Er sieht beim Essen fern. Bei schlechtem Wetter gehe ich nicht spazieren.	*(lokal)* *(temporal)* *(konditional)*
mit		Ich fahre mit dem Zug. Sie trinkt Kaffee mit Zucker.	*(modal)* *(modal)*
nach *(bei Lokalangaben ohne Artikel)*		Nach Meinung von Experten steigen die Preise weiter. Ich fahre nach Hause. Nach dem Essen gehe ich ins Bett.	*(modal)* *(lokal)* *(temporal)*
seit		Es regnet seit zwei Tagen.	*(temporal)*
von	von + dem = vom	Ich komme gerade vom Zahnarzt. Das ist der Schreibtisch von meiner Kollegin.	*(lokal)* *(Genitiversatz)*
zu	zu + dem = zum zu + der = zur	Ich gehe zu Fuß. Zum Einparken sollte man beide Außenspiegel benutzen. Ich gehe zur Bibliothek.	*(modal – feste Wendung)* *(final)* *(lokal)*

Übungen

1 Lokalangaben

Adverbials of place

a) **Wohin? Ergänzen Sie die Präposition und den Artikel bzw. die Kurzform, wenn nötig.**
Where to (direction)? Fill in the preposition and article, or a preposition-article contraction, where necessary.

nach → bei Angaben ohne Artikel (Städten, Ländern ohne Artikel, Richtungen wie: *links, rechts, Norden* und *nach Hause*)
Used for expressions without an article: cities and countries without an article, directions such as *links* (left), *rechts* (right) and *Norden* (North), and the expression *nach Hause* (home).

zu → bei Personen, Veranstaltungen, einigen Institutionen und im Sinne von *in Richtung*
Used for people, events, some institutions and expressions conveying the idea of *in the direction of, towards.*

Wohin fahrt ihr? Wir fahren …

- die Bibliothek *zu der/zur Bibliothek.*
1. München ....
2. der Bahnhof ....
3. Portugal ....
4. rechts ....
5. die Polizei ....
6. der Zahnarzt ....
7. Hause ....
8. Otto und Frieda ....
9. die Bank ....
10. Deutschland ....
11. der Unterricht ....

b) **Woher? Ergänzen Sie die Präposition und den Artikel bzw. die Kurzform, wenn nötig.**
Where from? Fill in the preposition and article, or a preposition-article contraction, where necessary.

aus → bei Städten, Ländern und im Sinne von *heraus*
Used with cities and countries to express *from*, and in the sense of *heraus* (out of).

von → bei Personen, Veranstaltungen, einigen Institutionen, Richtungen wie: *links, rechts* und im Sinne von *Ausgangspunkt* (z. B. von Berlin nach Hamburg)
Used with people, events and some institutions, for directions such as *links* (left) and *rechts* (right), and with expressions conveying a point of departure, starting point (e.g. *von Berlin nach Hamburg*/from Berlin to Hamburg).

Woher kommst du? Ich komme …

- die Küche *aus der Küche.*
1. Frankreich ....
2. der Bahnhof ....
3. Leipzig ....
4. die Buchmesse ....
5. die Polizei ....
6. der Augenarzt ....
7. der Unterricht ....
8. Tante Else ....
9. die Sauna ....
10. eine Party ....
11. links ....

c) **Wo? Ergänzen Sie die Präposition und den Artikel bzw. die Kurzform, wenn nötig.**
Where? Fill in the preposition and the article, or a preposition-article contraction, where necessary.

bei → bei Personen, Veranstaltungen, Tätigkeiten, einigen Institutionen
Used with people, events, activities and some institutions.

Warst du schon …

- der Hausarzt *beim Hausarzt?*
1. Frau Weber ……………………………………?
2. das Schwimmen ……………………………………?
3. der Anwalt ……………………………………?
4. die Polizei ……………………………………?
5. der Englischunterricht ……………………………………?
6. der Friseur ……………………………………?
7. der Einstufungstest ……………………………………?

2 Alle sind unterwegs. Bilden Sie Sätze wie im Beispiel.

Everyone is travelling. Form sentences as shown in the example.

- Marie und Gustav – das Auto – Berlin
  Marie und Gustav fahren mit dem Auto nach Berlin.
1. Oma – das Taxi – ihre Enkelkinder
   ……………………………………………………………………………
2. Max und Moritz – das Schiff – über den Rhein – Köln
   ……………………………………………………………………………
3. Familie Feuerstein – der Zug – Frankreich
   ……………………………………………………………………………
4. Susi – das Fahrrad – die Party von Oskar
   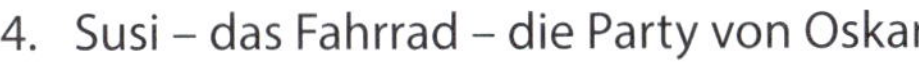
   ……………………………………………………………………………
5. mein Nachbar – das Motorrad – der Deutschunterricht
   ……………………………………………………………………………
6. meine Kollegen – der Bus – der Flughafen
   ……………………………………………………………………………
7. Herr Krumm – die U-Bahn – der Alexanderplatz
   ……………………………………………………………………………

3 Ergänzen Sie in dem Dialog die fehlenden Präpositionen *von/vom, zu/zum, mit, nach, seit*.

Aussprachehilfe: Hören Sie den Text und kontrollieren Sie Ihre Lösungen.
Complete the dialogue with the missing prepositions *von/vom, zu/zum, mit, nach, seit*.
Pronunciation help: Listen to the text and check your answers.

Lukas:	Hallo, Pauline, lange nicht gesehen! Wie geht es dir?
Pauline:	Grüß dich, Lukas. Mir geht es gut. Woher kommst du gerade?
Lukas:	Ich komme …………… Zahnarzt. Ich hatte schreckliche Zahnschmerzen.
Pauline:	Oh, ich muss auch mal wieder …………… Zahnarzt …………… einer Kontrolle. Was machst du im Moment? Studierst du noch?
Lukas:	Ja, ich studiere noch. Ich gehe aber nicht mehr so oft …………… den Vorlesungen und Seminaren. Ich schreibe gerade meine Abschlussarbeit.
Pauline:	Hast du schon eine Stelle gefunden?
Lukas:	Nein, aber nächste Woche fahre ich …………… einem Vorstellungsgespräch …………… Frankfurt.
Pauline:	Ein Freund …………… mir wohnt in Frankfurt. Eduard, vielleicht kennst du ihn.
Lukas:	Ach ja, du hast doch früher auch in Frankfurt gewohnt. Wie lange lebst du denn schon in München?
Pauline:	…………… vier Jahren. Ich bin damals …………… meinem Mann …………… München gezogen. Erst fand ich die Bayern ein bisschen seltsam, aber jetzt mag ich sie.
Lukas:	Pauline, ich habe nicht viel Zeit, ich muss noch …………… Bäcker, Kuchen kaufen. Meine Freundin hat heute Geburtstag.
Pauline:	Dann sag ihr schöne Grüße und alles Gute …………… Geburtstag.

5.2 Präpositionen mit dem Akkusativ — Prepositions with the accusative case

Frau Kunkel kann ***ohne Brille*** *nicht gut lesen.*

Martina kocht ***für ihre Gäste.***

Ich nehme eine Tablette ***gegen meine Kopfschmerzen.***

▶ Formen Forms

Präposition	Beispielsätze	
bis *(ohne Artikel)*	Der Zug fährt nur **bis** München. Ich bleibe **bis** Sonntag.	*(lokal)* *(temporal)*
durch	Wir fahren **durch** die Türkei. Die Mannschaft verbesserte sich **durch** hartes Training.	*(lokal)* *(modal)*
für	Ich brauche das Geld **für** meine Miete. Martina kocht **für** ihre Gäste.	*(final)* *(final)*
gegen	Das Auto fuhr **gegen** einen Baum. Ich nehme die Tabletten **gegen** meine Kopfschmerzen.	*(lokal)* *(kausal)*
ohne *(oft ohne Artikel)*	**Ohne** Brille kann ich nichts sehen.	*(modal)*
um	Die Besprechung beginnt **um** 9.00 Uhr. Wir sind **um** die Kirche (herum) gegangen.	*(temporal – Uhrzeit)* *(lokal)*

Übungen

1 Ergänzen Sie die fehlenden Präpositionen.
Fill in the missing prepositions.

- Wann kommt ihr heute zum Abendessen? – *Um* 20.00 Uhr.

1. Welche Medikamente nimmst du .... deine Halsschmerzen?
2. Diesmal fahren wir .... die Kinder in Urlaub: nur du und ich.
3. Ich brauche noch ein Geschenk .... meine Mutter. Sie hat am Samstag Geburtstag.
4. Wie viel hast du .... diese Jacke bezahlt? – 70 Euro.
5. Die Vorlesung von Professor Vetter endet heute .... 12.00 Uhr.
6. Wir müssen nur noch .... den Park laufen, dann sind wir da.
7. Frau Schmidt ist leider nicht im Büro. Kann ich etwas .... Sie tun?
8. .... deine Hilfe kann ich diese Aufgabe nicht lösen.

2 Bilden Sie Sätze.
Form sentences.

Herr Müller

ist hat kann	bis durch für gegen ohne um	seine Frau in den Supermarkt gegangen. nächste Woche Urlaub. ein Verkehrsschild gefahren. Smartphone nicht mehr leben. seinen Sohn einen Fußball gekauft. die ganze Stadt gelaufen. 17.00 Uhr in Frankfurt angekommen. seine Magenschmerzen einiges tun.

- *Herr Müller ist ohne seine Frau in den Supermarkt gegangen.*

5.3 Präpositionen mit Dativ oder Akkusativ Two-way prepositions

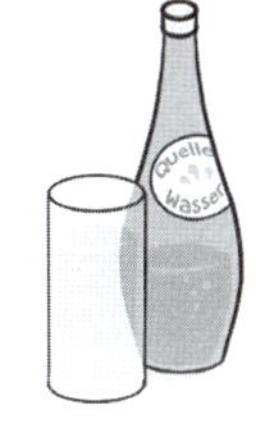

Wo?

Das Glas steht neben der Flasche.

Die Bücher liegen auf dem Tisch.

Emil sitzt im Sessel.

Das Bild hängt an der Wand.

↓ Dativ

Wohin?

Ich habe das Glas neben die Flasche gestellt.

Felix hat die Bücher auf den Tisch gelegt.

Emil hat sich in den Sessel gesetzt.

Ein Museumsmitarbeiter hat das Bild an die Wand gehängt.

↓ Akkusativ

▶ Formen Forms

Präposition	Kurzform	Kasus	Beispielsätze	
an	an + dem = am	Dativ	Das Bild hängt an der Wand.	lokal (wo?)
	an + das = ans	Akkusativ	Ich hänge den Mantel an die Garderobe.	lokal (wohin?)
		Dativ	Ich arbeite am Montag.	temporal (wann?)
auf	auf + das = aufs	Dativ	Das Buch liegt auf dem Tisch.	lokal (wo?)
		Akkusativ	Felix legt das Buch auf den Tisch.	lokal (wohin?)
		Akkusativ	Er macht es auf seine Art.	modal (wie?)
hinter		Dativ	Der Brief liegt hinter dem Schreibtisch.	lokal (wo?)
		Akkusativ	Der Brief ist hinter den Schreibtisch gefallen.	lokal (wohin?)
in	in + dem = im	Dativ	Ich war in der Schweiz.	lokal (wo?)
	in + das = ins	Akkusativ	Ich fahre in die Schweiz.	lokal (wohin?)
		Dativ	Wir haben im August Ferien.	temporal (wann?)
		Dativ	Er war in guter Stimmung.	modal (wie?)
neben		Dativ	Das Glas steht neben der Flasche.	lokal (wo?)
		Akkusativ	Ich stelle das Glas neben die Flasche.	lokal (wohin?)
über		Dativ	Das Bild hängt über dem Sofa.	lokal (wo?)
		Akkusativ	Otto hängt das Bild über das Sofa.	lokal (wohin?)
unter		Dativ	Die Katze sitzt unter dem Stuhl.	lokal (wo?)
		Akkusativ	Die Katze kriecht unter den Stuhl.	lokal (wohin?)
		Dativ	Wir arbeiten unter schlechten Bedingungen.	modal (wie?)
vor	vor + dem = vorm	Dativ	Die Taxis stehen vor dem (vorm) Bahnhof.	lokal (wo?)
		Akkusativ	Die Taxis fahren direkt vor die Tür.	lokal (wohin?)
		Dativ	Treffen wir uns vor dem (vorm) Mittagessen?	temporal (wann?)
		Dativ	Er sprang vor Freude in die Luft.	kausal (warum?)
zwischen		Dativ	Vielleicht ist das Foto zwischen den Büchern?	lokal (wo?)
		Akkusativ	Hast du das Foto zwischen die Bücher gesteckt?	lokal (wohin?)
		Dativ	Zwischen dem 1. und dem 5. Mai ist das Restaurant geschlossen.	temporal (wann?)

Präpositionen mit Dativ oder Akkusativ

→	**Lokalangaben**	Die oben genannten Präpositionen nennt man auch Wechselpräpositionen, weil sie bei lokalen Angaben den Fall wechseln: Auf die Frage *Wo?* folgt der Dativ, auf die Frage *Wohin?* folgt der Akkusativ. Emil sitzt **im** Sessel. (Wo?) Emil hat sich **in den** Sessel gesetzt. (Wohin?)
	Adverbials of place	The prepositions listed above are also called two-way prepositions (Wechselpräpositionen) because the grammatical case they require is determined by the context: If the adverbial of place answers the question *Wo?* (Where?/location) the dative is used. If it answers the question *Wohin?* (Where to?/direction, movement) the accusative is used. *Emil sitzt im Sessel.* (Where is Emil sitting?) *Emil hat sich in den Sessel gesetzt.* (Where did Emil sit down?)
→	**Temporalangaben**	Bei temporalen Angaben folgt nach *an, in, vor* und *zwischen* immer der Dativ. Wir sehen uns **am** Donnerstag, **in der** Pause, **vor der** Besprechung, **zwischen den** Gesprächen.
	Adverbials of time	In adverbials of time the prepositions *an, in, vor* and *zwischen* always require the dative case: *Wir sehen uns am Donnerstag, in der Pause, vor der Besprechung, zwischen den Gesprächen.*

Übungen

1 Beantworten Sie die Fragen.
Answer the questions.

a) **Wo ist Mizi?**

- unter – der Tisch — *Mizi ist/liegt unter dem Tisch.*
1. in – der Garten ....
2. hinter – die Gardine ....
3. unter – das Sofa ....
4. zwischen – die Kissen *(Pl.)* ....
5. vor – die Haustür ....
6. auf – der Schrank ....

b) **Wo haben die Bankräuber das Geld versteckt?**
Where did the bank robbers hide the money?

- in – ein Tresor – in – das Schlafzimmer
  Das Geld ist/befindet sich in einem Tresor im Schlafzimmer.
1. in – eine Plastiktüte – hinter – das Weinregal – in – der Keller ....
2. in – ein Schließfach – in – der Bahnhof ....
3. in – das Geheimfach eines Koffers – auf – der Dachboden ....
4. unter – ein Grabstein – auf – der Friedhof ....

2 So geht das nicht! Pauls Zimmer ist unordentlich. Marie gibt Paul Anweisungen zum Aufräumen.
Too much clutter! Paul's room is messy. Marie is telling Paul how to put things where they belong.

Paul, räum endlich dein Zimmer auf! Stell/Leg/Bring …

- die Bücher – auf – der Schreibtisch – legen — *Leg die Bücher auf den Schreibtisch.*
1. das Fahrrad – vor – die Wohnungstür – stellen
   ....
2. die Socken – in – die Schublade – legen
   ....
3. die Pizza – in – die Küche – bringen
   ....
4. die Kaffeetasse – auf – der Couchtisch – stellen
   ....
5. die Rollschuhe – in – der Schuhschrank – stellen
   ....

3 **Wo oder wohin? Dativ oder Akkusativ? Ergänzen Sie die Artikel/Endungen in der richtigen Form.**
Where or where to? Dative or accusative? Put the articles/endings in the correct form.

a)

- Wir treffen uns vor *dem* Kino.

1. Ich warte auf dich in d......... Schuhgeschäft in d......... Friedrichstraße.
2. In welch......... Restaurant möchtest du gehen?
3. Ich kenne ein nettes Restaurant direkt neben d......... Theater.
4. Ich hole dich an d......... Bushaltestelle ab.
5. Auf d......... Marktplatz findet heute Abend ein Open-Air-Konzert statt.

b)

1. Kommst du heute Abend mit in d......... neue Schwimmhalle?
2. Nein, ich gehe noch mal in d......... Firma.
3. Was willst du denn abends in d......... Firma noch machen?
4. Ich muss in mein......... Büro nach einem Dokument suchen. Ich hoffe, es liegt auf mein......... Schreibtisch.
5. Vielleicht hat Frau Weber das Dokument gefunden und in d......... Tresor gelegt.

4 **Im Büro**
Ergänzen Sie die Präpositionen *an, in, vor, zwischen* und die Artikelendung bzw. die Kurzform, wenn nötig.
At the office. Fill in the gaps with the prepositions *an, in, vor* and *zwischen* and the appropriate article endings, or a preposition-article contraction, where necessary.

- Die Besprechung der IT-Abteilung findet morgen, *am* 21. März, um 9.30 Uhr statt.

1. Herr Schmidt ist .... die......... Woche auf Geschäftsreise. Sie können sich gern an Frau Kümmel wenden.
2. Liebe Kolleginnen und Kollegen, wer möchte am Weihnachtsessen teilnehmen? Bitte geben Sie Frau Haffner spätestens .... Freitag Bescheid.
3. .... letzten Monat waren zwölf Beschäftigte krank.
4. .... d......... nächsten Besprechung müssen wir über das Projekt diskutieren.
5. Das Protokoll der letzten Sitzung wurde .... ein......... Woche per E-Mail verschickt.
6. .... dies......... Sommer nimmt unsere Firma an zwei großen Industrie-Messen teil.
7. .... d......... 4. und d......... 6. November ist die Kantine geschlossen.

5 **Stadtbesichtigung. Ergänzen Sie die fehlenden Präpositionen und Artikel.** 61
Aussprachehilfe: Hören Sie den Text und kontrollieren Sie Ihre Lösungen.
City tour. Complete the text by adding the missing prepositions and articles. Pronunciation help: Listen to the text and check your answers.

auf • in/im • an

Zuerst besichtigen wir die Altstadt, sie bietet viele interessante Sehenswürdigkeiten. Wenn Sie hinausschauen, dann sehen Sie *auf der* linken Seite die Johanneskirche. Sie ist eine moderne Kirche und wurde .... 18. Jahrhundert gebaut. Diese Kirche gilt heute als Symbol für den Frieden. .... Kirche haben sich Ende der 1980er-Jahre viele Menschen getroffen und miteinander diskutiert. .... rechten Seite können Sie die Ruinen einer mittelalterlichen Burg sehen. Die Burg wurde .... Krieg von Bomben zerstört und nur teilweise wieder aufgebaut. So, jetzt suchen wir einen Parkplatz für den Bus, wo wir aussteigen können. Dann besichtigen wir zusammen die Burg. .... Burg befindet sich das Grab des Fürsten Ferdinand August. Außerdem gibt es .... Wänden wunderschöne Gemälde, die .... letzten Jahren restauriert wurden. Nach der Besichtigung haben Sie frei. Sie können noch mit mir .... Johanneskirche kommen oder Sie gehen .... Stadt bummeln. Wir treffen uns um 18.00 Uhr hier .... Parkplatz. Seien Sie bitte pünktlich!

Ruinen: ruins • Bomben: bombs

Semantische Zuordnung der Präpositionen

Zusammenfassende Übungen

Lokalangaben
Adverbials of place

Wohin gehen/fahren/fliegen Sie?	Wo waren Sie?	
nach + Dativ (bei Richtungsangaben ohne Artikel)	*in* + Dativ	
nach Deutschland, nach München, nach Europa	in Deutschland, in München, in Europa	Länder ohne Artikel, Städte und Kontinente
nach Norden nach Hause	im Norden zu (!) Hause	Himmelsrichtungen
in + Akkusativ	*in* + Dativ	
im Sinne von *hinein*: in die Kirche, in die Schule, in das Restaurant, in den Park	in der Kirche, in der Schule, im Restaurant, im Park	
in die Schweiz, in den Sudan, in die Niederlande	in der Schweiz, im Sudan, in den Niederlanden	Länder mit Artikel
an + Akkusativ	*an* + Dativ	
im Sinne von *heran*: an das Fenster	am Fenster	
an die Nordsee, an den Strand	an der Nordsee, am Strand	Wasser
auf + Akkusativ	*auf* + Dativ	
im Sinne von *hinauf*: auf den Aussichtsturm	auf dem Aussichtsturm	
auf eine einsame Insel	auf einer einsamen Insel	Inseln
auf den Potsdamer Platz	auf dem Potsdamer Platz	Plätze
zu + Dativ	*bei* + Dativ	
zu meinen Eltern, zum Arzt, zum Friseur	bei meinen Eltern, beim Arzt, beim Friseur	Personen
zur Polizei, zum Unterricht, zu Mercedes	bei der Polizei, beim Unterricht, bei Mercedes	einige Behörden, Veranstaltungen o. ä.

1 ***Zu, nach* oder *in*? Ergänzen Sie die Präpositionen und Artikel bzw. die Kurzformen, wenn nötig.**
Zu, nach or *in*? Complete each sentence by adding the correct preposition and article, or a preposition-article contraction.

- Wenn ich Brot kaufen will, gehe ich *zum* Bäcker.

1. Wenn meine Haare zu lang sind, gehe ich .... Friseur.
2. Wenn ich schöne Fotos sehen möchte, gehe ich .... Fotomuseum.
3. Wenn ich das Guggenheim-Museum sehen möchte, fahre ich .... New York.
4. Wenn ich einen Spaziergang machen möchte, gehe ich .... Park.
5. Wenn ich ein nettes Gespräch führen möchte, gehe ich .... meiner Freundin.
6. Wenn ich einen Film sehen möchte, gehe ich .... Kino.
7. Wenn mein Auto kaputt ist, gehe ich .... Autowerkstatt.
8. Wenn ich krank bin, gehe ich .... Arzt.
9. Wenn ich Deutsch sprechen möchte, fahre ich .... Deutschland, ... Österreich oder .... Schweiz.
10. Wenn ich ein neues Hemd kaufen will, fahre ich .... Innenstadt.
11. Wenn ich mich sonnen möchte, gehe ich .... Strand.
12. Wenn ich meine Arbeit beendet habe, gehe ich .... Fitnessstudio.

2 **Ergänzen Sie die Präpositionen und Artikel bzw. die Kurzformen.**
Complete each sentence by adding the correct preposition and article, or a preposition-article contraction.

Wohin geht, rennt, fährt, fliegt Otto?
Otto geht, rennt, fährt, fliegt …

1. .... Bett
2. .... Büro
3. .... Berlin
4. .... Supermarkt
5. .... Deutschunterricht
6. .... Polizei
7. .... Oma Jutta
8. .... Griechenland
9. .... Hause
10. .... Aussichtsturm
11. .... Nordsee
12. .... Restaurant
13. .... Niederlande

Wo ist Otto?
Otto ist …

.... Bett
.... Büro
.... Berlin
.... Supermarkt
.... Deutschunterricht
.... Polizei
.... Oma Jutta
.... Griechenland
.... Hause
.... Aussichtsturm
.... Nordsee
.... Restaurant
.... Niederlanden

Temporalangaben
Adverbials of time

Zeitpunkt: Wann?	Präposition	+ Kasus	Beispiele
Wann treffen/sehen wir uns?	*um*	+ Akkusativ	um 8.00 Uhr
	an	+ Dativ	am Montag/8. Januar *(Tag)* am Morgen *(Tagteil)* am Wochenende
	in	+ Dativ	im Januar *(Monat)* im Winter *(Jahreszeit)* im 19. Jahrhundert im Moment/Augenblick in zwei Wochen
	–		2030 (aber: *im Jahr 2030)*
	vor	+ Dativ	vor dem Essen
	nach	+ Dativ	nach dem Essen
	zwischen	+ Dativ	zwischen 9.00 und 10.00 Uhr
	bei	+ Dativ	bei dem/beim Essen

Zeitdauer: Wie lange?	Präposition + Kasus	
Wie lange haben Sie Zeit?	*von … bis …*	von 9.00 bis 12.00 Uhr
Wie lange dauert der Kurs?	*vom … bis zum …* + Dativ	vom 2.2. bis zum 13.5.
Seit wann arbeiten Sie schon …?	*seit …* + Dativ	seit September

▸ Achtung: Zeitangaben ohne Präposition stehen im Akkusativ! Wann hat sich Eva verliebt? **Letzten** Sommer.
Keep in mind: In adverbials of time without a preposition the accusative case is used. *Wann hat sich Eva verliebt? Letzten Sommer.*

3 **Wann? Ergänzen Sie die Präpositionen und Artikel bzw. die Kurzformen, wenn nötig. Manchmal gibt es mehrere Lösungen.**
When? Complete each phrase by adding the correct preposition and article, or a preposition-article contraction. Sometimes more than one answer is possible.

a) Wann hat sich Eva den Arm verletzt?

- *am* Freitag

1. .... Urlaub
2. .... Wochenende
3. .... Skifahren
4. .... zwei Tagen
5. .... Fitnesstraining

Semantische Zuordnung der Präpositionen

b) Wann sprechen wir endlich über das Projekt?

1. .... nächsten Sitzung
2. .... 15. Juli
3. .... Mittagspause
4. .... zwei Wochen
5. .... Gespräch mit dem Direktor
6. .... Golfspielen

4 Antworten Sie wie im Beispiel.
Answer the questions as shown in the example.

- Seit wann arbeiten Sie als freischaffender Künstler? *(20 Jahre)*
Ich arbeite seit 20 Jahren als freischaffender Künstler.

1. Wann haben Sie mit dem Malen begonnen? *(35 Jahre)*
....
2. Wann haben Sie studiert? *(1999–2004)*
....
3. Wann haben Sie Ihr erstes Bild verkauft? *(Mai 2005)*
....
4. Seit wann arbeiten Sie in diesem Atelier? *(August 2007)*
....
5. Wann haben Sie den berühmten Maler Leo Qualm kennengelernt? *(einige Wochen)*
....
6. Wann ist die Eröffnung Ihrer Ausstellung? *(14. Mai, 17.00 Uhr)*
....
7. Wie lange kann man Ihre Ausstellung besuchen? *(14. Mai–7. Juni)*
....
8. Wann treffen Sie sich mit dem New Yorker Galeristen? *(Ausstellungseröffnung)*
....
9. Wann fahren Sie nach New York? *(Winter)*
....

5 Ergänzen Sie die lokalen und temporalen Präpositionen. 62
Aussprachehilfe: Hören Sie den Text und kontrollieren Sie Ihre Lösungen.
Complete each adverbial of time or place with the appropriate preposition. Pronunciation help: Listen to the text and check your answers.

nach *(3 x)* • am • durch • in *(6 x)* • im *(3 x)* • bis

Kennen Sie Salzburg?

Salzburg ist *in* (0) Österreich und hat heute etwa 150 000 Einwohner. Die kleine Stadt liegt .... (1) Nordrand der Alpen. .... (2) Salzburg fließt der Fluss Salzach. .... (3) den Namen von Stadt und Fluss kommt das Wort „Salz" vor, weil es .... (4) der Region große Salzvorkommen gab. Das „weiße Gold der Berge" sorgte für großen Reichtum: Schon 2 000 Jahre vor Christus wurde .... (5) der Umgebung von Salzburg Salz gewonnen.

.... (6) späten Mittelalter wurde Salzburg als internationaler und regionaler Handelsplatz immer wichtiger. Neben der Salzgewinnung wurde .... (7) 16. Jahrhundert auch Gold zu einer wichtigen Säule des Wohlstands. Das Gold wurde .... (8) der Nähe von Salzburg gefunden. Weil die Stadt reich war, gab es genügend finanzielle Mittel für Kunst und Kultur. Davon profitierte unter anderem der Komponist und Musiker Wolfgang Amadeus Mozart, der 1756 .... (9) Salzburg geboren wurde. Mozart wurde von Erzbischof Siegismund Graf Schrattenbach, der auch sein guter Freund war, unterstützt. .... (10) dem Tod des Erzbischofs erhielt Mozart weniger finanzielle Hilfe. Er stritt sich mit dem neuen Erzbischof und musste 1781 die Stadt verlassen. Mozart ging .... (11) Wien, wo er 1791 starb.

.... (12) dem Napoleonkrieg gewann die Stadt Ende des 19. Jahrhunderts wieder an Wohlstand und Bedeutung. Zur Kulturmetropole von internationalem Ruf wurde Salzburg durch die Einführung der weltbekannten Salzburger Festspiele .... (13) Jahr 1920, die .... (14) heute ein großes Publikum anziehen.

Salzvorkommen: salt deposits • Reichtum: wealth • Handelsplatz: trading centre • Säule des Wohlstandes: pillar of prosperity • Ruf: reputation

Weitere Angaben
Other adverbials

Finalangaben Adverbials of reason Wofür? • Wozu?	*für* + Akkusativ *zu* + Dativ	Ich tue das alles nur für dich. Zum Einparken sollte man beide Außenspiegel benutzen.
Modalangaben Adverbials of manner Wie? • Womit? • Mit wem?	*aus* + Dativ (*ohne Artikel*) *durch* + Akkusativ *mit* + Dativ *nach* + Dativ *ohne* + Akkusativ (*oft ohne Artikel*) *unter* + Dativ *zu* + Dativ	Das Kleid ist aus reiner Seide. Die Mannschaft verbesserte sich durch hartes Training. Wir fahren mit dem Zug. Nach Meinung der Experten steigt die Inflation. Ohne Brille kann ich nicht lesen. Wir arbeiten unter schlechten Bedingungen. Wir gehen zu Fuß. (*feste Wendung*)
Kausalangaben Adverbials of cause Warum?	*aus* + Dativ (*ohne Artikel*) *vor* + Dativ (*ohne Artikel*) *gegen* + Akkusativ	Er heiratete sie aus Liebe. Er sprang vor Freude in die Luft. Ich nehme die Tabletten gegen Kopfschmerzen.
Konditionalangaben Adverbials of condition Wann?	*bei* + Dativ	Bei schlechtem Wetter gehe ich nicht spazieren.

6 Eine zufällige Begegnung.
Ergänzen Sie die lokalen, temporalen und modalen Präpositionen und Artikel bzw. die Kurzform. 

Aussprachehilfe: Hören Sie den Text und kontrollieren Sie Ihre Lösungen.
A chance encounter. Complete the dialogue by adding the correct preposition (of place, time or manner) and article, or a preposition-article contraction. Pronunciation help: Listen to the text and check your answers.

Laura: Hallo, Daniel. Was machst du hier *in* Köln?

Daniel: Hallo, Laura. .... Februar arbeite ich hier .... ein.......... Möbelfirma. Ich bin .... Berlin weggezogen, weil es mir dort zu voll, zu laut und zu hektisch wurde. Hier .... Köln fühle ich mich wohl.

Laura: Das ist ja super. Sag mal, hast du morgen Abend schon etwas vor? Ich habe zwei Karten .... ein Jazzkonzert. Wir könnten zusammen hingehen. Du magst doch Jazzmusik.

Daniel: Morgen Abend habe ich leider keine Zeit. Ich muss .... mein......... Schwedischkurs.

Laura: Du lernst Schwedisch?

Daniel: Ja. Unsere Firma arbeitet eng .... ein......... schwedischen Unternehmen zusammen. Nächstes Jahr muss ich wahrscheinlich öfter .... Stockholm fliegen.

Laura: Klingt sehr interessant, aber ich muss jetzt los. .... drei Uhr habe ich eine Besprechung. Wenn du Zeit hast, könnten wir uns .... Wochenende treffen, ... Samstag oder .... Sonntag. Ich möchte gern einen Ausflug .... ein......... Schiff über den Rhein machen.

Daniel: Sehr gerne. Das Wetter ist ja prima und eine Schiffsfahrt finde ich sehr interessant.

Laura: Gibst du mir deine Telefonnummer? Ich rufe dich .... Freitag an, dann können wir alles genau besprechen.

Semantische Zuordnung der Präpositionen

7 Bilden Sie Sätze. Achten Sie auf den Kasus.
Form sentences. Pay attention to the grammatical case.

- wir – das Geld – zu – das Überleben – brauchen
  Wir brauchen das Geld zum Überleben.

1. die Schränke – aus – Holz – sein
   ....
2. Tante Lisa – mit – das Auto, – aber – ohne – ihr Hund – kommen
   ....
3. Martha – für – ihr Sohn – eine Gitarre – kaufen
   ....
4. nach – Meinung – von – Experten – die wirtschaftliche Lage – schlechter werden
   ....
5. ohne – Fleiß – wir – der Wettkampf – nicht – gewinnen können
   ....
6. das Fußballspiel – unter – schlechte Wetterbedingungen – stattfinden
   ....
7. aus – Angst – vor – eine Verletzung – der Stürmer Franz Kaiser – nicht – mitspielen
   ....
8. das ganze Gebäude – aus – Stahl und Glas – sein
   ....
9. ich – die alten Pfannen – von – meine Oma – zu – das Kochen – gerne – nehmen
   ....
10. bei – heftiger Schnee – man – die Bergstraße – nicht – befahren können
    ....
11. er – dir – nur – aus – Mitleid – helfen
    ....
12. die Übung – gegen – Rückenschmerzen – helfen
    ....

8 Ergänzen Sie die Präpositionen in dem folgenden Zeitungsartikel. (64)
Aussprachehilfe: Hören Sie den Text und kontrollieren Sie Ihre Lösungen.
Complete the following newspaper article by adding the correct prepositions. Pronunciation help: Listen to the text and check your answers.

am *(3 x)* • für • im *(2 x)* • in • mit *(2 x)* • nach • um • zwischen

Mittagsschlaf *im* Büro?

.... Deutschland würden 33 Prozent der Beschäftigten gern .... Arbeitsplatz einen Mittagsschlaf machen. Studien belegen, dass man die Reaktions- und Konzentrationsfähigkeit .... einem kurzen Mittagsschlaf erhöhen kann. .... einer 30-minütigen Siesta erwacht man frisch und man ist leistungsfähiger und kreativer als die Kolleginnen und Kollegen, die ihre Müdigkeit .... Koffein bekämpfen.
Wenn wir unseren Biorhythmus nicht respektieren, können wir zehn Stunden pro Tag .... Büro verbringen, ohne effizient zu arbeiten.
.... unsere Leistung ist es besser, wenn wir zum Beispiel komplizierte Aufgaben .... 10.00 und 11.00 Uhr vormittags oder .... späteren Nachmittag erledigen, statt .... frühen Morgen oder .... 13.00 Uhr.

leistungsfähig: effective • erhöhen: to increase • Müdigkeit: tiredness • bekämpfen: to fight, to combat • erledigen: to get done • statt: instead of

6 Adverbien und Partikeln Adverbs and particles

6.1 Fragewörter Interrogative (question) words
6.1.1 *Wann, warum, wie und wo?* *When, why, how* and *where?*

Wann fährt Martina zu ihrer Tante? Martina fährt morgen zu ihrer Tante.
→ Frage nach dem Zeitpunkt Asking about time

Warum fährt Martina zu ihrer Tante? Martinas Tante ist krank.
→ Frage nach dem Grund Asking about reasons

Wie fährt Martina zu ihrer Tante? Martina fährt mit dem Motorroller.
→ Frage nach der Art und Weise Asking about manner

Wie lange fährt Martina zu ihrer Tante? Martina fährt eine Stunde.
→ Frage nach der Dauer Asking about duration

Wie oft fährt Martina zu ihrer Tante? Martina fährt zweimal in der Woche.
→ Frage nach der Häufigkeit Asking about frequency

Wie viel hat Martinas Motorroller gekostet? Martinas Motorroller hat 800 Euro gekostet.
→ Frage nach einer Menge/Anzahl Asking about quantity/number

Wo wohnt Martinas Tante? Martinas Tante wohnt in Holzkirchen.
→ Frage nach dem Ort Asking about place, location

Woher kommt Martina und *wohin* fährt sie?
Martina kommt aus München und fährt nach Holzkirchen.
→ Frage nach der Richtung Asking about direction

Fragewörter leiten Fragesätze ein. Die Fragewörter: *wann, warum, wie, wie (lange, oft, alt, hoch, weit, viel* usw.), wo, woher, wohin* werden nicht dekliniert, sie bleiben unverändert.
Question words introduce wh- questions. The following question words cannot be declined: *wann, warum, wie (lange, oft, alt, hoch, weit, viel* usw.), wo, woher, wohin*. They are invariable.

* Wenn das unbestimmte Zahlwort *viel* direkt vor einem Nomen steht, wird es dekliniert: *Wie viele Tanten hat Martina?*
However, the indefinite numeral *viel* has to be declined if it precedes a noun: *Wie viele Tanten hat Martina?*

➤ Seite 100: Fragepronomen *wer* und *was*

Übungen

1 An der Zookasse. Ergänzen Sie in dem folgenden Dialog die Fragewörter. (65)
Aussprachehilfe: Hören Sie den Text und kontrollieren Sie Ihre Lösungen.
At the zoo ticket counter. Complete the following dialogue by adding the correct question words.
Pronunciation help: Listen to the text and check your answers.

Herr Freitag:	Wir hätten gerne Eintrittskarten für zwei Erwachsene und zwei Kinder.
Zoomitarbeiterin:	*Wie alt* sind denn die Kinder?
Herr Freitag:	Fünf und acht.
Zoomitarbeiterin:	Dann brauchen Sie nur eine Kinderkarte, bis sechs Jahre ist der Eintritt frei.
Herr Freitag:	Okay, und .... kostet die Kinderkarte?
Zoomitarbeiterin:	14 Euro, das steht auch hier auf dem Schild.
Herr Freitag:	Ah ja, das habe ich gar nicht gesehen.
Zoomitarbeiterin:	Das macht dann zusammen 56 Euro bitte. .... möchten Sie zahlen?

Fragewörter: *wann, warum, wie* und *wo*

Herr Freitag:	Mit Karte bitte. .... hat der Zoo denn heute geöffnet?
Zoomitarbeiterin:	Bis 19.00 Uhr. Unsere Afrika-Savanne schließt aber bereits um 17.00 Uhr.
Herr Freitag:	Oh, das ist aber schade. .... denn?
Zoomitarbeiterin:	Heute Abend gibt es dort eine besondere Veranstaltung: Die Lichternacht. Die ist leider nicht im Eintrittspreis enthalten.
Herr Freitag:	Und .... befindet sich die Savanne? Dann können wir vielleicht zuerst die Tiere in der Savanne sehen.
Zoomitarbeiterin:	Hier ist ein Plan. Die Savanne ist rechts neben dem Elefantenhaus.
Herr Freitag:	Und .... werden die Elefanten gefüttert? Wissen Sie das zufällig?
Zoomitarbeiterin:	Die Fütterungszeiten stehen bei den Tiergehegen. Haben Sie unsere App schon heruntergeladen?
Herr Freitag:	Nein, noch nicht.
Zoomitarbeiterin:	Schade, denn dort finden Sie neben dem Zooplan auch alle aktuellen Informationen.
Herr Freitag:	Dann lade ich die App jetzt schnell herunter. Vielen Dank für Ihre Hilfe.

2 Fragen und Antworten. Formulieren Sie Fragen und antworten Sie.
Questions and answers. Ask questions and answer them.

- Themen: Urlaub – Arbeit – Hobbys

Wann ...?	**Wohin ...?**	**Wo ...?**
Wie lange ...?	**Wie viel ...?**	**Wie oft ...?**
Wie ...?	**Warum ...?**	**...?**

- *Wann fahren Sie (fahrt ihr/fährst du) in den Urlaub?*
  Wir fahren (Ich fahre) im August.
  Wann sind Sie (seid ihr/bist du) in den Urlaub gefahren?
  Wir sind (Ich bin) im Dezember in den Urlaub gefahren.

1. ....
2. ....
3. ....
4. ....
5. ....
6. ....
7. ....
8. ....

3 Formulieren Sie passende Fragen mit Fragewörtern und Fragepronomen.
Ask appropriate questions using interrogative words and interrogative pronouns.

- *Wie heißen Sie?* – Ich heiße Kerstin Kramer.

1. ....? – Ich bin 33 Jahre alt.
2. ....? – Ich wohne in Berlin.
3. ....? – Ich bin 2013 nach Berlin gezogen.
4. ....? – Ich fand Berlin toll und habe auch in Berlin studiert.
5. ....? – Germanistik und Romanistik.
6. ....? – Ich arbeite als Lehrerin an einem Gymnasium.
7. ....? – Ich arbeite dort schon acht Jahre.
8. ....? – Sehr gut. Sie macht mir viel Spaß.
9. ....? – In meiner Klasse sind 25 Kinder.
10. ....? – Ich spiele regelmäßig Volleyball.
11. ....? – Zweimal in der Woche und manchmal am Wochenende.
12. ....? – Weil Volleyball eine Mannschaftssportart ist.

4 Das neue Projekt. Bilden Sie Fragen wie im Beispiel.
The new project. Write questions as shown in the example.

- das Projekt – dauern – wie lange
  Wie lange dauert das Projekt?

1. wir – Mitarbeiterinnen und Mitarbeiter – brauchen – wie viele
   ....
2. können – weitere Informationen – wir – finden – wo
   ....
3. finanzielle Unterstützung – bekommen – wir – woher
   ....
4. uns – treffen – wir – in der Woche – wie oft
   ....
5. wir – rechnen – mit ersten Ergebnissen – können – wann
   ....
6. das Projekt – kosten – insgesamt – wie viel
   ....

5 Fragen an die Studienberatung. Ergänzen Sie die Fragewörter. 66
Aussprachehilfe: Hören Sie den Text und kontrollieren Sie Ihre Lösungen.
Questions for the Student Advisory Service. Fill in the question words. Pronunciation help: Listen to the text and check your answers.

wie lange • wie hoch • wo • wann *(2x)* • wie viel *(2x)* • wie *(2x)*

Sehr geehrte Damen und Herren,

ich wende mich heute an Sie, weil ich einige Fragen zum Bachelorstudium Germanistik habe. Ich denke darüber nach, dieses Fach zu studieren.
Meine erste Frage bezieht sich darauf, ... der Studiengang aufgebaut ist. .... dauert das Studium insgesamt? Gibt es neben Lehrveranstaltungen zur deutschen Sprache und Literatur auch Seminare zum kreativen Schreiben? Mit .... Selbststudienzeit muss ich rechnen? Bis .... muss ich mich für das Studium bewerben?
Außerdem möchte ich gern wissen, ... die Studiengebühren sind und .... Geld man im Monat fürs Wohnen ausgeben muss. .... , ... und .... kann ich mich zum Beispiel für ein Zimmer im Wohnheim für Studierende anmelden?
Das waren jetzt sehr viele Fragen. Ich hoffe, Sie können mir weiterhelfen und mich bei meiner Studienentscheidung unterstützen.

Mit freundlichen Grüßen
Luisa Priem

6.1.2 *Wo(r)* + Präposition *Wo(r)* + preposition

Anna fährt mit dem Auto ins Büro.
Womit fährt Anna ins Büro?
→ Frage nach einer Sache: *wo* + Präposition
Asking about a thing: *wo* + preposition

Moritz und Martina reden über das Wetter.
Worüber reden Moritz und Martina?
→ Frage nach einer Sache: *wo* + *r* + Präposition
Die Präposition beginnt mit einem Vokal.
Asking about a thing: *wo* + *r* + preposition
The preposition begins with a vowel.

Martina redet mit Moritz.
Mit wem redet Martina?
→ Frage nach einer Person: Präposition + Fragepronomen
Asking about a person: preposition + interrogative pronoun

→ Fragewörter mit *wo(r)* + Präposition wie: *wovon, woran, womit, worüber, worauf* werden nicht dekliniert, sie bleiben unverändert. ➤ auch Seite 65
Question words formed with *wo(r)* + preposition, such as *wovon, woran, womit, worüber* and *worauf,* cannot be declined. They are invariable.

→ Fragen nach Personen werden mit einer Präposition und den Fragepronomen *wer, wen, wem* gebildet. Fragepronomen werden dekliniert. (Mit wem hat Martina so lange geredet?) ➤ Seite 65 und 100
Questions about people are formed with a preposition and one of the following interrogative pronouns: *wer, wen* or *wem.* These pronouns must be declined.

Übungen

1 Ergänzen Sie das Fragewort und antworten Sie. Achten Sie auf den richtigen Kasus.
Fill in the question words and answer the questions. Pay attention to the grammatical case.

- *Wovon* träumt Maria? *(von – eine Gehaltserhöhung)* *Maria träumt von einer Gehaltserhöhung.*
1. .... freust du dich? *(über – das gute Ergebnis)* ....
2. .... arbeitet ihr? *(mit – ein neues Programm)* ....
3. .... ärgert sich Ingo? *(über – der Stau)* ....
4. .... denkt Herr Klein? *(an – die Einnahmen der Firma)* ....
5. .... habt ihr geredet? *(über – die Fußballergebnisse)* ....
6. .... interessierst du dich? *(für – Politik)* ....
7. .... hat der Koch die Soße gewürzt? *(mit – Chili)* ....
8. .... wartet ihr? *(auf – Beginn des Feuerwerks)* ....

2 Oma ist schwerhörig und muss immer nachfragen. Was sagt sie?
Grandma can't hear very well and always asks people to repeat things. What are her questions?

- Ich habe heute über einen Witz gelacht. – *Was sagst du? Worüber hast du gelacht?*
1. Ich bin heute mit dem Bus zur Arbeit gefahren. – ....
2. Ich nehme an einer Konferenz teil. – ....
3. Ich spreche dort über meine Arbeitsergebnisse. – ....
4. Ich freue mich schon auf das Wochenende. – ....
5. Ich will mich um eine neue Stelle bewerben. – ....
6. Ich bin mit meinem Gehalt nicht zufrieden. – ....

6.2 Adverbien Adverbs

Heute gibt es im Haus von Familie Feuerstein eine große Party.
↓
Temporaladverb
Adverb of time

Hier feiert Paulchen seinen zehnten Geburtstag.
↓
Lokaladverb
Adverb of place

Paulchen hat sich über seine Geschenke sehr gefreut.
↓
Modaladverb
Adverb of manner

▶ Formen Forms

temporale Adverbien Adverbs of time	Wann?	montags, vormittags, abends	Der A2-Kurs ist **montags**.
		Vergangenheit Past damals, früher, vorhin, gestern	**Früher** war alles anders.
		Gegenwart: Present heute, jetzt, nun, momentan	Ich bin **jetzt** im Büro.
		Zukunft Future morgen, bald, nachher, später, gleich	Das mache ich **später**. Ich habe **morgen** einen Termin.
		Reihenfolge Order of events zuerst, dann, danach, anschließend, zuletzt	**Zuerst** müssen Sie das Gerät einschalten.
	Wie oft?	**Häufigkeit** Frequency immer, meistens, oft, manch-mal, selten, nie, täglich	Ich trinke **selten** Tee.
lokale Adverbien Adverbs of place	Wo?	**Ort** Place links, rechts, oben, unten, vorn, hinten, überall, hier, dort	Ich fühle mich **hier** richtig wohl. Er ist **überall** auf der Welt zu Hause.
	Wohin?	**Richtung** Direction nach links, nach rechts, nach oben, nach unten, geradeaus	Fahren Sie bitte erst nach **links**, dann **geradeaus**.
	Woher?	**Herkunft** Origin von links, von rechts, von oben, von unten	Das Auto kam von **rechts**.
modale Adverbien Adverbs of manner	Wie?	anders, besonders, gern, leider	Ich habe **leider** keine Zeit.
	Wie stark? Wie viel?	**Graduierung** Degree sehr, wenig, ein bisschen, kaum	Er liebt sie **sehr**.

Adverbien können zum Beispiel Zeit, Häufigkeit, Ort oder Art und Weise eines Geschehens angeben. Sie werden nicht dekliniert.
Adverbs can be used to describe the time, frequency, place or manner of an action. They cannot be declined.

Adverbien

Übungen

1 Bilden Sie Sätze. Achten Sie auf die Reihenfolge.
Form sentences. Pay attention to the word order.

- abends – stattfinden – unsere Sprachkurse – nur
  Unsere Sprachkurse finden nur abends statt.

1. zurückrufen – Frau Fischer – Sie – später
   ......
2. ich – die E-Mail – gleich – schreiben
   ......
3. Kollege Schmitz – zum Mittagessen – oft – um 12.30 Uhr – gehen
   ......
4. sein – Frau Müller – nie – krank
   ......
5. momentan – viele Aufträge – haben – wir
   ......
6. Herr Seifert – das neue Projekt – morgen – vorstellen
   ......
7. besonders – ich – finde – sympathisch – den neuen Projektleiter
   ......
8. fünfzig E-Mails – beantworten – täglich – muss – die Kundenberaterin
   ......
9. ein bisschen – wir – heute Abend – bleiben – länger – im Büro
   ......

2 In der Firma ist viel los. Beschreiben Sie die Temporalangaben mit einem Adverb.
The company's employees have a lot to do. Replace each adverbial of time with an appropriate adverb.

- Jeden Montag macht Frau Müller die Wochenplanung. *montags*

1. Jeden Vormittag findet im Zimmer 103 eine Teambesprechung statt. ......
2. Die zwei neuen Kollegen gehen am Mittag zusammen in die Kantine. ......
3. Am Nachmittag schreibt Anton E-Mails und Berichte. ......
4. Frau Müller und Herr Klein sind am Abend oft noch im Büro. ......
5. Am Samstag und am Sonntag genießen alle ihr Wochenende. ....

3 Hier ist einiges durcheinandergeraten. Beschreiben Sie den Vorgang des Wäschewaschens in der richtigen Reihenfolge. Benutzen Sie dabei die Adverbien: *zuerst, dann, danach, anschließend, zuletzt*.
Things got mixed up here. Put the steps of how to wash clothes in the right order. Use the following adverbs: *zuerst, dann, danach, anschließend, zuletzt*.

die Wäsche herausnehmen und aufhängen • das Programm wählen • die Maschine ausschalten • die Tür schließen • den Einschaltknopf drücken • das Waschpulver einfüllen • ~~die Wäsche in die Waschmaschine legen~~ • die Tür öffnen *(2x)*

Zuerst muss man die Tür öffnen und die Wäsche in die Waschmaschine legen.
......

4 **Wie heißt das Gegenteil?**
Write the opposite of the underlined words.

- Martha sagt, wir müssen *nach links* fahren, Gregor meint, wir müssen *nach rechts*.

1. Martha ist <u>oben</u> im Arbeitszimmer, Gregor ist .... im Keller.
2. Martha liest lieber <u>morgens</u> Zeitung, Gregor ....
3. Martha geht <u>oft</u> im Park spazieren, Gregor ....
4. Martha mag den Garten <u>sehr</u>, Gregor mag ihn nur ....
5. Martha kommt lieber <u>früher</u> zu einer Verabredung, Gregor kommt immer etwas ....

5 **Wegbeschreibung. Beschreiben Sie die folgenden Wege.**
Giving directions. Describe the following routes.

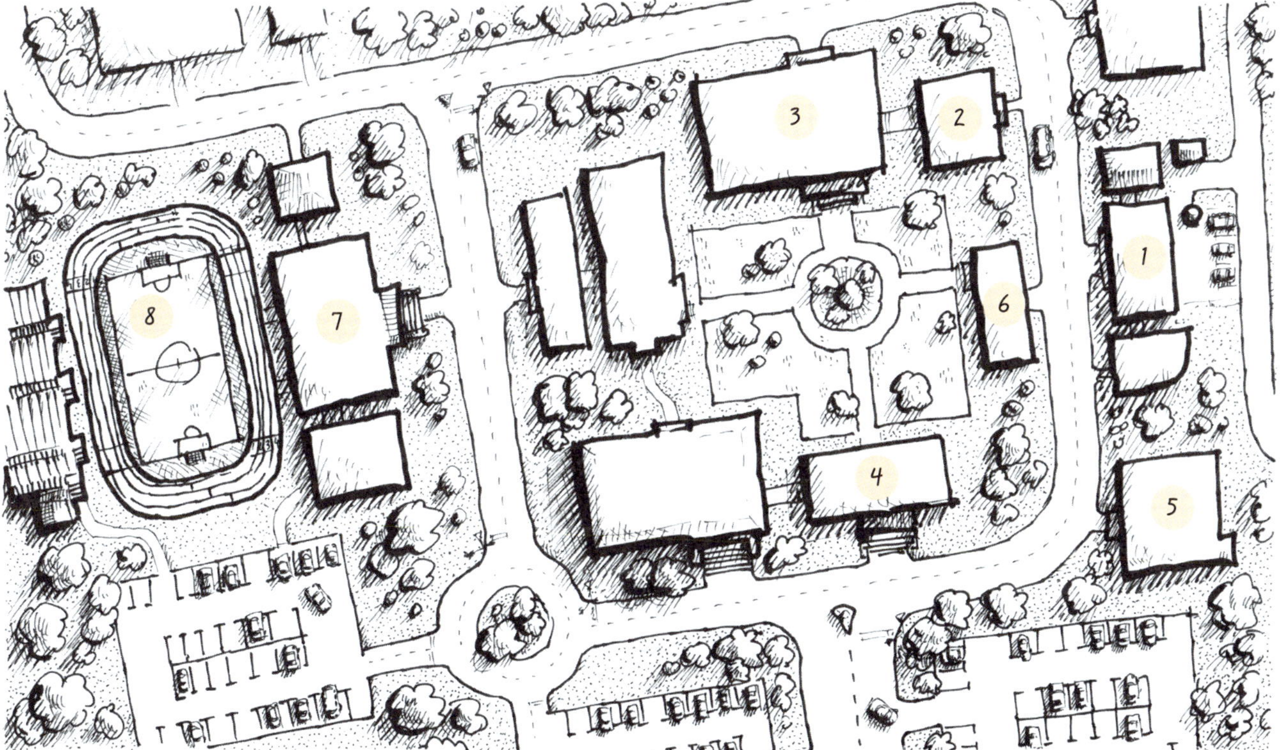

1. die Verwaltung
2. die Aula
3. die Mensa
4. die Cafeteria
5. die Bibliothek
6. das Sekretariat für Studierende
7. das Campusmanagement
8. der Sportplatz

- von der Sporthalle zur Mensa — *Wenn Sie aus der Sporthalle kommen, müssen Sie zuerst nach links gehen und dann nach rechts.*

1. von der Mensa in die Bibliothek ....
2. von der Bibliothek zur Verwaltung ....
3. von der Verwaltung zum Campusmanagement ....
4. vom Campusmanagement zur Aula ....
5. von der Aula zur Cafeteria ....
6. von der Cafeteria zum Sekretariat für Studierende ....
7. vom Studierendensekretariat zum Sportplatz ....

6.3 Redepartikeln Modal particles

□ *Oh, Gudrun, mir ist gestern etwas Furchtbares passiert!*

△ *Was ist denn passiert, Sabine?*

□ *Stell dir vor, ich wollte mir gestern neue Schuhe kaufen und beim Anprobieren der Schuhe hat mir jemand mein Portemonnaie gestohlen! Das ist doch unglaublich, oder?*

△ *Das ist ja schrecklich! Wie viel Geld war denn im Portemonnaie?*

□ *500 Euro.*

△ *500 Euro! Davon kann man ja fünf Paar Schuhe kaufen!*

denn, doch, ja → Redepartikeln

▶ Formen Forms

Überraschung ausdrücken Expressing surprise	Was hast du **denn** gemacht? Das ist **ja** schrecklich!
Ärger ausdrücken Expressing anger or irritation	Das weißt du **doch**! Kommen Sie **doch** her und sehen Sie sich das an!
Interesse ausdrücken Expressing interest	Was ist **denn** passiert?
in Erwartung einer zustimmenden Reaktion Expecting an affirmative response	Das ist **doch** unglaublich, oder?

Redepartikeln gehören zur gesprochenen Sprache. Sie haben keine wichtige Bedeutung, man kann sie auch weglassen. Wenn man sie verwendet, bekommt der Satz einen bestimmten emotionalen Ausdruck. Redepartikeln werden nicht dekliniert.
Modal particles are typical of spoken language. They have no particular meaning and can therefore be omitted from the sentence. They serve to indicate the speaker's attitude towards what is being said. Modal particles cannot be declined.

Übungen

1 Bringen Sie Emotionen in die Sätze. Benutzen Sie Redepartikeln. (67)
Aussprachehilfe: Hören Sie die Lösungen und sprechen Sie die Sätze nach.
Use modal particles to add emotions to the sentences. Pronunciation help: Listen to the answers and repeat the sentences.

- Was ist los? — *Was ist denn los?*
1. Was machst du da? ....
2. Das sieht schön aus, oder? ....
3. Das ist der Kaffee von gestern. ....
4. Das ist ein wunderschöner Ring. ....
5. Das kann nicht wahr sein! ....
6. Schau mal. Das ist das Auto von Max, oder? ....
7. Wie siehst du aus? Du bist ganz blass. ....

2 Bilden Sie Fragen mit *denn*.
Form questions with *denn*.

- was – Sie – mit meinen Unterlagen – machen? — *Was machen Sie denn mit meinen Unterlagen?*
1. wann – der neue Mitarbeiter – kommen? ....
2. wann – die Sitzung – beginnen? ....
3. wo – du – waren? ....
4. warum – Andreas – nicht da – sein? ....

7 Einfache Sätze Simple sentences

7.1 Position der Verben Position of the verb(s)

A Das konjugierte Verb steht an Position 2. The conjugated verb is in the second position.

▶ **Formen** Forms

	Position 1	Position 2	Mittelfeld	Satzende
Aussagesatz	Sandra Seit September	**spielt** **studiert**	zweimal in der Woche Tennis. Nico in Dresden.	
Aussagesatz mit trennbarem Verb	Kathrin Sie	**gibt** **leitet**	das Passwort die Dokumente an die Kollegin	**ein.** **weiter.**
Aussagesatz mit Modalverb	Otto Sandra	**kann** **will**	sehr gut gesund und fit	**kochen.** **bleiben.**
Aussagesatz im Perfekt	Max In München	**hat** **sind**	die Rechnung schon 50 Oldtimer durch die Innenstadt	**bezahlt.** **gefahren.**
Aussagesatz im Passiv	Die Ministerin Im letzten Jahr	**wird** **wurden**	heute in Paris in Deutschland mehr Fahrräder	**empfangen.** **verkauft.**
Fragesatz mit Fragewort	Was Wann	**ist** **hat**	Ihre Lieblingssportart? das Konzert	 **begonnen?**

→ Im Aussagesatz und im Fragesatz mit Fragewort steht das konjugierte Verb immer an 2. Stelle.
In statements and wh-questions the conjugated verb is always in the second position.

→ Verben mit trennbarem Präfix *(ich gebe ein)* und zweiteilige Verbformen *(ich kann kochen, er hat bezahlt, sie wird empfangen)* bilden eine Satzklammer. Das trennbare Präfix, der Infinitiv oder das Partizip stehen am Satzende.
The two parts of a verbal phrase: verbs and their separable prefixes *(ich gebe ein)* or auxiliary verbs with an infinitive or a participle *(ich kann kochen, er hat bezahlt, sie wird empfangen)* can form a so-called sentence bracket (Satzklammer). The separable prefix, infinitive or participle is placed at the end of the sentence.

→ Alle anderen Satzglieder kann man verschieben. Normalerweise steht das Subjekt an Position 1. Es können auch andere Satzglieder an erster Stelle stehen, z. B. Adverbien *(Heute …)* oder adverbiale Angaben *(Im letzten Jahr …)*. In diesen Fällen steht das Subjekt direkt nach dem konjugierten Verb.
Other words and phrases do not have a mandatory place in the sentence. The subject is usually in the first position, but other words or phrases can also be placed in the first position, for example adverbs *(Heute …)* or adverbial complements *(Im letzten Jahr …)*. In such cases the subject comes directly after the conjugated verb.

Position der Verben

B Das konjugierte Verb steht an Position 1. The conjugated verb is in the first position.

▶ **Formen** Forms

	Position 1	Mittelfeld	Satzende
Fragesatz ohne Fragewort	Treiben	Sie gern Sport?	
	Hat	das Konzert schon	begonnen?
Aufforderungssatz	Bewegen	Sie sich regelmäßig!	
	Ruf	mich doch bitte morgen	an.

→ Im Aufforderungssatz und im Fragesatz ohne Fragewort steht das konjugierte Verb immer an 1. Stelle.
In imperative sentences and yes-no questions the conjugated verb is always in the first position.

→ Verben mit trennbarem Präfix *(ruf an)* und zweiteilige Verbformen *(hat begonnen)* bilden eine Satzklammer. Das trennbare Präfix, der Infinitiv oder das Partizip stehen am Satzende.
Verbs with separable prefixes *(ruf an)* and two-part verb forms *(hat begonnen)* form a sentence bracket (Satzklammer). The separable prefix, infinitive or participle is placed at the end of the sentence.

Übungen

1 Heute und gestern. Bilden Sie Sätze im Präsens oder Perfekt. Achten Sie auf die Wortfolge.
Today and yesterday. Write sentences in the present or the perfect tense. Pay attention to the word order.

- Heute holt Michael die Kinder ab. *(gestern – Renate)*
  Gestern hat Renate die Kinder abgeholt.

1. Gestern hat Renate das Abendessen gekocht. *(heute – Michael)*
   ....
2. Gestern hat Michael im Supermarkt eingekauft. *(heute – Renate)*
   ....
3. Heute begleitet Michael die Kinder zur Klavierstunde. *(gestern – Renate)*
   ....
4. Gestern hat Renate den Kindern bei den Hausaufgaben geholfen. *(heute – Michael)*
   ....
5. Heute kommen Michaels Eltern zum Abendessen. *(gestern – Renates Eltern)*
   ....
6. Gestern hat Michael den Kindern ein Märchen vorgelesen. *(heute – Renate)*
   ....
7. Gestern hat Renate abends noch lange gearbeitet. *(heute – Michael)*
   ....

2 Eine E-Mail aus Berlin. Schreiben Sie einen Text. Die unterstrichenen Satzglieder stehen an erster Stelle.
An email from Berlin. Write a text. Begin each sentence with the underlined word or phrase.

- aus Berlin – dir – <u>herzliche Grüße</u> – Paula – senden

1. hier – wir – <u>gestern</u> – angekommen sein
2. in Strömen – <u>es</u> – regnen *(Präteritum)*
3. ins Hotel – <u>zuerst</u> – wir – gefahren sein
4. in der Nähe der Museumsinsel – <u>das Hotel</u> – sein
5. das Neue Museum – wir – <u>am Nachmittag</u> – besucht haben
6. die weltberühmte Nofretete – <u>in diesem Museum</u> – sich befinden
7. sehr schön – wirklich – <u>sie</u> – sein
8. ein italienisches Restaurant – <u>neben unserem Hotel</u> – sein
9. Pizza – <u>dort</u> – wir – gestern Abend – gegessen haben
10. auf unserem Besuchsplan – das Brandenburger Tor – <u>heute</u> – stehen
11. später – wieder – <u>ich</u> – sich melden

Herzliche Grüße aus Berlin sendet dir Paula. ……………………

……………………

……………………

……………………

……………………

……………………

3 **Erweitern Sie den Satz mit dem vorgegebenen Wort in der richtigen Form. Achten Sie auf die Wortstellung.**

Rewrite each sentence adding the words in brackets in the correct form. Pay attention to the word order.

- Otto spielt gut Tennis. *(können)* — *Otto kann gut Tennis spielen.*

1. Hast du dich mit Gertrud gestritten? *(warum)* ……………………
2. Ich nehme dich mit. *(können)* ……………………
3. Das Geschäft ist geschlossen. *(sonntags)* ……………………
4. Bleibst du heute länger im Büro? *(müssen)* ……………………
5. Das Auto wird repariert. *(morgen/Frage)* ……………………
6. Wir gehen ins Stadion. *(sein/Perfekt)* ……………………
7. Hast du das Paket zur Post gebracht? *(wann)* ……………………
8. Ich rufe dich an. *(haben/Perfekt)* ……………………

4 **Smalltalk vor der Verhandlung** 68
Zwei Geschäftspartner treffen sich zum ersten Mal in einer Firma in München. Formulieren Sie passende Fragen mit oder ohne Fragewort.

Aussprachehilfe: Hören Sie die Lösungen und sprechen Sie die Sätze nach.

Small talk before a negotiation. Two business colleagues from different companies meet for the first time in Munich. Ask appropriate questions with or without a question word. Pronunciation help: Listen to the answers and repeat the sentences.

- *Sind Sie das erste Mal in München?* – Nein, ich bin schon das dritte Mal in München.

1. ……………………? – Ich komme aus Leipzig.
2. ……………………? – Nein, ich bin mit dem Auto gefahren.
3. ……………………? – Vier Stunden.
4. ……………………? – Nein, ich kenne Ihr Firmengebäude noch nicht.
5. ……………………? – Ich hätte gern eine Tasse Kaffee.
6. ……………………? – Mit Milch, bitte.
7. ……………………? – Ich arbeite seit drei Jahren bei IPROTEX.
8. ……………………? – In der Abteilung Marketing.
9. ……………………? – Ja, natürlich kenne ich Herrn Klein. Ich arbeite eng mit ihm zusammen.
10. ……………………? – Herr Klein arbeitet im Moment an einem anderen Projekt.

5 **Eine Lehrerin geht mit ihren Schülern ins Museum. Formulieren Sie Aufforderungen in der 2. Person Plural.**

A teacher goes to the museum with her students. Write her commands in the second-person plural *(ihr)*.

- die Mäntel und Taschen – an der Garderobe – abgeben
  Gebt die Mäntel und Taschen an der Garderobe ab!

1. Abstand – zu den Bildern – halten ……………………
2. keine Fotos – machen ……………………
3. die Kunstwerke – nicht – anfassen ……………………
4. nicht – so laut – reden ……………………
5. nicht – durch die Räume – rennen ……………………
6. die Bilder – genau – sich anschauen ……………………
7. dem Museumsführer – gut – zuhören ……………………
8. bis morgen – einen Aufsatz – über das schönste Bild – schreiben ……………………

7.2 Position der anderen Satzglieder Positions of other words and phrases
7.2.1 Wortstellung im Mittelfeld Word order in the middle field

A Kasusergänzungen Obligatory nominative, accusative and dative complements

Nina erklärt der neuen Kollegin das Programm.
Nina → Subjekt Nominativ
der neuen Kollegin → Ergänzung Dativ
das Programm → Ergänzung Akkusativ

Die Marketingmanagerin lädt die Gäste zu einem Essen ein.
Marketingmanagerin → Subjekt Nominativ
die Gäste → Ergänzung Akkusativ
zu einem Essen → präpositionale Ergänzung

▶ **Formen** Forms

	Position 1	Position 2	Mittelfeld	Satzende
Beispiel 1	Nina	erklärt	der neuen Kollegin das Programm.	
Beispiel 2	Paul	hat	es ihr auch schon	erklärt.
Beispiel 3	Gestern	habe	ich meiner Freundin beim Einkaufen	geholfen.
Beispiel 4	Die Managerin	lädt	die Gäste zum Essen	ein.

→ Normalerweise ist die Reihenfolge: Nominativ, Dativ, Akkusativ (> Beispiel 1).
The word order is usually as follows: nominative, dative, accusative (> example 1).

→ Gibt es zwei Pronomen, steht der Akkusativ vor dem Dativ (> Beispiel 2).
If the accusative and dative complements are both pronouns, the accusative precedes the dative (> example 2).

→ Dativ- oder Akkusativergänzungen stehen vor präpositionalen Ergänzungen (> Beispiele 3 und 4).
Dative and accusative complements always precede prepositional complements (> examples 3 and 4).

B Adverbiale Angaben Adverbial complements

Tina und Tim fahren am Wochenende mit dem Auto nach Berlin.
am Wochenende → Temporalangabe
mit dem Auto → Modalangabe
nach Berlin → Lokalangabe

▶ **Formen** Forms

	Position 1	Position 2	Mittelfeld	Satzende
Beispiel 1	Tina und Tim	fahren	am Wochenende mit dem Auto nach Berlin.	
Beispiel 2	Paul	geht	heute aus Zeitgründen nicht in die Kantine.	
Beispiel 3	Ich	möchte	mir in diesem Winter einen neuen Mantel	kaufen.
Beispiel 4	Die Managerin	hat	die Gäste gestern netterweise zum Essen	eingeladen.

Position der anderen Satzglieder: Mittelfeld

→ Im Deutschen ist nur die Position der Verben genau festgelegt, alle anderen Satzglieder kann man verschieben. ➤ Seite 137/138.
In German, only the position of the verbs is fixed. All other parts of the sentence can be placed in different positions. ➤ page 137/138

→ Trotzdem gibt es einige Regeln zur Position der Ergänzungen (➤ A) und adverbialen Angaben. Adverbiale Angaben stehen meistens in der Reihenfolge: 1. temporal (wann?) • 2. kausal (warum?) • 3. modal und instrumental (wie? mit wem? womit?) • 4. lokal (wo? wohin?) (➤ Beispiele 1 und 2).
Kleine Eselsbrücke: te – ka – mo – lo
Nevertheless, there are some rules for the position of obligatory complements (➤ section A above) and adverbial complements. Adverbial complements usually follow each other in the order: 1. temporal *(when?)* • 2. causal *(why?)* • 3. modal or instrumental *(how? with whom? with what?)* • 4. local *(where? where to?)* (➤ examples 1 and 2 above). Mnemonic: *te – ca – mo – lo*

→ Adverbiale Angaben stehen oft zwischen **zwei** Ergänzungen (Kasusergänzung oder präpositionale Ergänzung) (➤ Beispiele 3 und 4).
Adverbial complements are often placed between two complements (case or or prepositional complements) (➤ examples 3 and 4 above).

→ Die Reihenfolge der Kasusergänzungen und adverbialen Angaben kann verändert werden, wenn man etwas besonders hervorheben möchte. Diese Informationen stehen am Satzende.
The order of case and adverbial complements can be changed if you want to emphasise something. The most important information is placed at the end of the sentence.
Sie hat mit ihrem Kollegen <u>in einem italienischen Restaurant</u> gegessen. Sie hat in einem italienischen Restaurant <u>mit ihrem Kollegen</u> gegessen.

Übungen

1 Bilden Sie Sätze. Achten Sie auf die Wortstellung.
Form sentences. Pay attention to the word order.

● schreiben – der Kundin – ich – eine E-Mail – gleich *Ich schreibe der Kundin gleich eine E-Mail.*
1. ein Fahrrad – schenken – meine Cousine – ihrer Tochter – zu Weihnachten
....
2. zeigen – die Urlaubsfotos – Piet – seinen Freunden – auf dem iPad
....
3. ein leckeres Menü – wir – unseren Gästen – servieren – heute Abend
....
4. Petra – die Dokumente – gegeben haben – ihm
....
5. um Hilfe – bitten – Maria – ihren Bruder
....
6. die Rechnung – wir – senden – dem Kunden – morgen
....
7. mit Frau Huber – besprechen – Konrad – das Problem – nach der Mittagspause
....
8. sich interessieren – für Informationen über die Schweiz – viele Geschäftsleute
....

2 Wie entspannen Sie sich? Wohin passen die Wörter in Klammern?
How do you relax? Complete the sentences using the words in brackets.

● Karla: Ich mache einen kurzen Mittagsschlaf. *(manchmal – im Büro)*
Karla macht manchmal im Büro einen kurzen Mittagsschlaf.
1. Roberta: Ich entspanne mich beim Yoga. *(einmal in der Woche)*
2. Andreas: Ich lese einen Krimi. *(oft – abends)*
3. Jörg: Ich jogge. *(im Park – morgens)*
4. Anna: Ich treffe mich mit meinen Freundinnen. *(am Samstag)*
5. Anke: Ich gehe in die Sauna. *(nach der Arbeit)*
6. Bertus: Ich koche etwas Leckeres. *(am Wochenende – meistens)*
7. Maike: Ich trainiere in einem Fitnessstudio. *(regelmäßig)*
8. Regine: Ich nehme ein heißes Bad. *(zur Entspannung – sonntags)*

Position der anderen Satzglieder: Mittelfeld

3 **Schreiben Sie zwei E-Mails.**
Benutzen Sie die vorgegebenen Wörter. Die unterstrichenen Satzglieder stehen an erster Stelle. 69
Aussprachehilfe: Hören Sie die Texte und kontrollieren Sie Ihre Lösungen.
Write two emails using the words below. Begin each sentence with the underlined word or phrase.
Pronunciation help: Listen to the texts and check your answers.

a) **Anfrage**

geschäftliche Beziehungen – in Dresden – zu einer Firma – <u>wir</u> – haben • nach Dresden – <u>ungefähr zehn Beschäftigte unserer Firma</u> – mehrmals – im Monat – reisen müssen • für unsere Mitarbeiterinnen und Mitarbeiter – ein geeignetes Hotel – wir – <u>nun</u> – suchen • uns – Sie – für die Übernachtung – ein spezielles Angebot – unterbreiten – <u>können</u>

Sehr geehrte Damen und Herren,

....

....

....

....

....

....

....

....

Vielen Dank im Voraus, mit freundlichen Grüßen

Otto Sander

b) **Angebot**

Ihnen – für Ihre Anfrage vom 12. April – <u>wir</u> – danken • finden – unser Angebot – <u>im Anhang</u> – Sie • einen Rabatt von 20 Prozent – <u>unseren festen Kundinnen und Kunden</u> – wir – gewähren • im Monat – Ihre Firma – <u>allerdings</u> – uns – garantieren – eine Minimalzahl von 20 Übernachtungen – muss • ein reichhaltiges Frühstück – <u>im Preis inbegriffen</u> – sind – und – die kostenlose Benutzung unseres Fitnessraumes • mit unseren Leistungen – sehr zufrieden – sind – unsere Hotelgäste – <u>bisher</u> • auch – auf unserer Website – unter „Bewertungen" – nachlesen – <u>das</u> – Sie – können • Ihre Reservierungen – wir – erwarten – <u>gerne</u> – und – auf Ihren Besuch – freuen – uns

Sehr geehrter Herr Sander,

....

....

....

....

....

....

....

....

....

....

....

....

Mit freundlichen Grüßen
Cornelia Wagner
Sonnenschein-Hotel Dresden

7.2.2 Satzglieder im Nachfeld Words and phrases in the "post-field"

Der Kuchen hat 20 Cent mehr gekostet als vor einem Jahr.

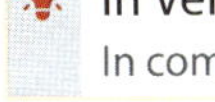

Formen Forms

Position 1	Position 2	Mittelfeld	Satzende	Nachfeld
Der Kuchen	hat	20 Cent mehr	gekostet	**als vor einem Jahr.**
Franzi	ist	heute genauso schnell	geschwommen	**wie Gabi.**

In Vergleichssätzen können Angaben mit *als* und *wie* nach der Satzklammer stehen.
In comparative sentences phrases beginning with *als* or *wie* may be placed after the second part of the sentence bracket.

Übungen

1 Was passt? Ordnen Sie zu. Ergänzen Sie *als* oder *wie*.
Find the matching ending for each sentence. Fill in the gaps with *als* or *wie*.

1. In Deutschland ist es im Januar kälter
2. Der neue Roman hat sich genauso gut verkauft
3. Mein Bürostuhl ist viel unbequemer
4. Fotos von Andreas Gursky können mehr kosten
5. Dieser Sturm ist nicht so gefährlich

a) .... das letzte Buch der Autorin.
b) .... eine Million Euro.
c) .... im März.
d) .... erwartet.
e) .... der Stuhl von Frau Müller.

2 Bilden Sie Sätze wie im Beispiel. Ergänzen Sie *als* oder *wie*.
Form sentences as shown in the example. Add the word *als* or *wie*.

- langsamer – Marie – Martina – gelaufen sein
  Marie ist langsamer gelaufen als Martina.

1. heute – es – mir – gestern – besser gehen
   ....
2. Otto – Gustav – heute – das gleiche Hemd – tragen
   ....
3. alkoholische Getränke – in Schweden – in Deutschland – teurer – sein
   ....
4. länger – im Winter – im Sommer – die Nächte – sein
   ....
5. schneller – ein Gepard – ein Pferd – laufen – können
   ....
6. Giftschlangen – andere Tiere – mehr Menschen – töten
   ....
7. Max – genauso – hart – Moritz – trainieren
   ....
8. Schalke 04 – mehr Tore – der FC Bayern München – geschossen haben
   ....
9. das Buch – den Film – ich – spannender – finden
   ....
10. die Preise für Lebensmittel – höher – in diesem Jahr – im letzten Jahr – sein
   ....

7.3 Negation Negation

Der Kaffee hat Helene nicht geschmeckt.
↓
Mit *nicht* kann man Sätze oder Satzteile verneinen.
Nicht can be used to negate either a whole sentence or a single word or phrase.

Ich trinke keinen Kaffee. Ich trinke nur Tee.
↓
Der negative Artikel *kein-* negiert das nachfolgende Nomen/die nachfolgende Nomengruppe.
The negative article *kein-* negates the noun or noun group that follows it.

7.3.1 Satznegation Sentence negation

▶ **Formen** Forms

Position von *nicht*	Position 1	Position 2	Mittelfeld	Satzende
am Ende At the end of the sentence	Ich Frau Weber	beantworte kommt	diese E-Mail **nicht**. heute **nicht**.	
vor dem zweiten Teil des Verbs/der Verbform Preceding the second part of the verb/verb form	Sie Wir Ich	leitete haben kann	das Dokument **nicht** das Paket noch **nicht** morgen leider **nicht**	weiter. erhalten. kommen.
vor Ergänzungen, die eng zum Verb gehören Preceding complements that are closely linked to the verb	Otto Heute	kann bin	**nicht** Schach ich **nicht** Fahrrad	spielen. gefahren.
vor präpositionalen Ergänzungen Preceding prepositional complements	Wir Marie	haben interessiert	**nicht** über Politik sich **nicht** für alte Autos.	gesprochen.
vor bestimmten Adverbien Preceding certain adverbs	Der Minister Mir	hat gefällt	**nicht** sofort das Bild **nicht** besonders gut.	reagiert.
vor lokalen Angaben Preceding adverbials of place	Wir Bist	gehen du	heute **nicht** ins Kino. **nicht** nach London	 geflogen?

In der Satznegation steht *nicht* möglichst weit am Ende des Satzes.
When negating a whole sentence, *nicht* is placed as close to the end of the sentence as possible.

Übungen

1 **Ergänzen Sie das Wort *nicht*.**
Aussprachehilfe: Hören Sie die Sätze und kontrollieren Sie Ihre Lösungen. (70)
Rewrite the sentences with the word *nicht*. Pronunciation help: Listen to the sentences and check your answers.

- Julia hat die Rechnung bezahlt. *Julia hat die Rechnung nicht bezahlt.*
1. Ich fahre mit dem Bus. ....
2. Der Hausmeister kommt heute. ....
3. Ich kann das Dokument bearbeiten. ....
4. Ich möchte die E-Mail sofort beantworten. ....
5. Ich habe das Buch gelesen. ....
6. Das mache ich. ....

7. Der Schmuck ist sehr wertvoll. ....
8. Er kann dich hören. ....
9. Wir arbeiten sonntags. ....
10. Ich kann Golf spielen. ....

2 Ergänzen Sie *nicht* oder *kein-*.

Fill in the gaps with either *nicht* or *kein-*.

- Ich habe heute leider *keine* Zeit.

1. Ich gehe jetzt .... ans Telefon.
2. Heute findet .... Besprechung statt.
3. Ab morgen ist Herr Neumann .... im Büro, er ist auf Dienstreise.
4. Frau Schmidt kommt morgen auch ...., sie fühlt sich .... wohl.
5. Sie hat .... schwere Grippe, nur eine Erkältung.
6. Sie hat auch .... Fieber.
7. Ich habe die Unterlagen noch .... kopiert.
8. Die Kaffeemaschine funktioniert .... Wir können .... Kaffee trinken.

3 Olaf und Thomas sind Zwillinge, aber sie haben ganz verschiedene Charaktere. Beenden Sie die Sätze. Benutzen Sie *nicht* oder *kein-*.

Olaf and Thomas are twins but have very different personalities. Complete the sentences about them using *nicht* or *kein-*.

- Olaf steht gern früh auf, Thomas *steht nicht gern früh auf.*

1. Olaf mag Haustiere, Thomas ....
2. Olaf tanzt gern, Thomas ....
3. Olaf ist oft unterwegs, ...
4. Olaf ist freundlich, ...
5. Olaf hat viele Freunde, ...
6. Olaf möchte einen Garten, ...
7. Olaf kann gut kochen, ...
8. Olaf ist mit seinem Leben zufrieden, ...

4 Grüße aus München. Ergänzen Sie *nicht* oder *kein-*.

Complete each sentence by adding *nicht* or *kein-*.

Lieber Edward,

wir sind vor drei Tagen in München angekommen und es gefällt mir überhaupt *nicht* (0). Unsere Pension ist furchtbar. Das Zimmer hat .... (1) Fernseher, ... (2) Tisch und .... (3) WLAN. In der Minibar stehen .... (4) Getränke und im Bad liegen .... (5) Handtücher. Glücklicherweise habe ich immer ein Handtuch im Koffer. Außerdem wird das Zimmer .... (6) regelmäßig sauber gemacht. Gestern waren wir in einer Kunstausstellung in der Pinakothek der Moderne. In dem Gebäude hängen viele moderne Kunstwerke und du weißt doch, dass ich abstrakte Kunstwerke .... (7) mag. Abends wollten wir in ein Konzert gehen, aber es gab leider .... (8) Karten mehr. Gestern Abend war ich ein wenig deprimiert. Heute geht es mir wieder etwas besser: Die Sonne scheint und es regnet .... (9). Ich besuche gleich das Deutsche Museum. Das ist ein Technik-Museum, dort hängen also .... (10) supermodernen Gemälde! Elisabeth kommt .... (11) mit, sie interessiert sich .... (12) für Technik. Sie möchte lieber ins Museum *Fünf Kontinente* gehen.

Bis bald
John

5 **Hausordnung. Was darf man in diesem Haus nicht tun? Bilden Sie Sätze. Benutzen Sie *nicht* oder *kein-*.**
House rules. What are you not allowed to do in this house? Write sentences using *nicht* or *kein-*.

	Man darf …
● das Auto direkt vor dem Hauseingang parken	*das Auto nicht direkt vor dem Hauseingang parken.*
1. auf dem Balkon grillen	....
2. Haustiere halten	....
3. im Treppenhaus Bilder aufhängen	....
4. Plastikabfälle in den Biomüll werfen	....
5. auf das Dach steigen	....
6. den Hausmeister unnötig stören	....
7. nachts Klavier oder andere Instrumente spielen	....
8. Fahrräder in den Hausflur stellen	....
9. Werbung in die Briefkästen stecken	....

7.3.2 Teilnegation Partial negation

▶ **Formen** Forms

Position 1	Position 2	Mittelfeld	Satzende
Die Personalabteilung	hat	nicht Paul für die Leitungsstelle	ausgewählt.
Maria	hat	die Stelle	bekommen.

Nicht steht vor dem Satzteil, der negiert wird.
Nicht precedes the word or phrase that is negated.

Übungen

1 **Ein Erfinder spricht mit seinem Berater. Ergänzen Sie den Dialog.** (71)
Aussprachehilfe: Hören Sie die Texte und kontrollieren Sie Ihre Lösungen.
An inventor is speaking with his consultant. Complete the dialogue.
Pronunciation help: Listen to the texts and check your answers.

● Erfinder: Ich will meine Erfindung auf der Messe in Rostock vorstellen.
Berater: Stellen Sie *die Erfindung nicht auf der Messe in Rostock vor,* sondern in Hannover. Die Hannover-Messe ist viel wichtiger.

1. Erfinder: Ich lasse die Gebrauchsanweisung ins Dänische übersetzen.
Berater: Lassen Sie ....! Chinesisch ist die Weltsprache der Zukunft!

2. Erfinder: Ich möchte die Werbekampagne selbst organisieren.
Berater: Organisieren Sie ....! Eine Werbeagentur macht das viel besser.

3. Erfinder: Ich melde die Erfindung im nächsten Jahr zum Patent an.
Berater: Sie dürfen ....! Sie müssen die Erfindung jetzt zum Patent anmelden.

4. Erfinder: Ich zahle Ihnen 5 000 Euro Honorar.
Berater: Ich bekomme ...., sondern 10 000 Euro Honorar!

2 Korrigieren Sie die Aussagen.
Correct the statements using the information in brackets.

a) **Bekannte Menschen aus Deutschland, Österreich und der Schweiz**
Famous people from Germany, Austria and Switzerland.

- Rudolf Diesel hat den Kühlschrank erfunden. *(den Dieselmotor)*
  Rudolf Diesel hat nicht den Kühlschrank erfunden, sondern den Dieselmotor.

1. Der Komponist Wolfgang Amadeus Mozart spielte Trompete. *(Klavier)*
   ....
2. Der Dichter Johann Wolfgang von Goethe wurde in Köln geboren. *(in Frankfurt am Main)*
   ....
3. Die Schriftstellerin Herta Müller wurde 2009 mit dem Friedensnobelpreis ausgezeichnet. *(mit dem Literaturnobelpreis)*
   ....
4. Der erfolgreiche Fußballer Franz Beckenbauer spielte in der österreichischen Nationalmannschaft. *(in der deutschen)*
   ....
5. Franz Schubert komponierte den „Ring der Nibelungen". *(Richard Wagner)*
   ....
6. Die wohl bekannteste Autorin der Schweiz, die im Jahr 1879 die Romanfigur Heidi erschuf, hieß Emilie Spyri. *(Johanna Spyri)*
   ....
7. Der Philosoph Rudolf Steiner hat die erste Sportschule gegründet. *(die erste Waldorf-Schule)*
   ....
8. Der österreichische Arzt Sigmund Freud beschäftigte sich mit dem Körper der Menschen. *(mit der Psyche)*
   ....
9. Erzherzogin Maria Theresia führte im 18. Jahrhundert in Österreich die allgemeine Wehrpflicht ein. *(Schulpflicht)*
   ....
10. Der Physiker Albert Einstein erhielt 1921 den Nobelpreis für die Entwicklung der Relativitätstheorie. *(für die Deutung des fotoelektrischen Effekts)*
    ....
11. Martin Luther hat im 16. Jahrhundert griechische Gedichte ins Deutsche übersetzt. *(die Bibel)*
    ....
12. Richard Strauß schrieb viele berühmte Walzermelodien. *(Johann Strauß)*
    ....
13. Der Komponist Johann Sebastian Bach lebte und arbeitete in Köln. *(in Leipzig)*
    ....

b) **Tobias sagt nicht immer die Wahrheit. Korrigieren Sie seine Aussagen.**
Tobias does not always tell the truth. Correct his statements using the information in brackets.

1. Heute bin ich mit dem Auto zur Arbeit gekommen. *(Fahrrad)*
   Tobias ist heute nicht mit dem Auto zur Arbeit gekommen, sondern mit seinem Fahrrad.
2. Gestern Abend habe ich ein Bier getrunken. *(sechs)*
   ....
3. Meine Ferien habe ich in Italien verbracht. *(an der Ostsee)*
   ....
4. Ich habe in Nizza ein Haus gekauft. *(in Warnemünde ein Eis)*
   ....
5. Abends habe ich Kaviar gegessen. *(Gemüseeintopf)*
   ....
6. Ich habe zehn Millionen Euro auf meinem Bankkonto. *(zehn Euro)*
   ....
7. Nächstes Wochenende fahre ich nach Paris. *(Bad Tölz)*
   ....
8. Mein Bruder arbeitet als Modedesigner in München. *(Verkäufer)*
   ....

7.3.3 Negative Frage Negative questions

Frage ohne Fragewort (Ja-Nein-Frage):

Kannst du in dem neuen Bett nicht schlafen?

Nein, ich kann nicht schlafen.
Doch, ich kann sehr gut schlafen.

Frage mit Fragewort:

Warum kannst du nicht schlafen?

Ich kann nicht schlafen, weil das Bett zu weich ist.

Wenn eine negative Ja-Nein-Frage positiv beantwortet wird, benutzt man *doch*.
Doch can be used as a positive answer to a negative yes-no question.

Übungen

1 Antworten Sie positiv und negativ.
Give positive and negative answers.

- Hast du kein Fahrrad? *Doch, ich habe ein Fahrrad.* *Nein, ich habe kein Fahrrad.*

1. Hast du deinen Laptop nicht mit? ……………………
2. Treibst du keinen Sport mehr? ……………………
3. Geht ihr nicht zur Weihnachtsfeier? ……………………
4. Isst du nicht gern Gemüse? ……………………
5. Liebt Leonie ihren Freund nicht mehr? ……………………
6. Gefällt dir das Foto nicht? ……………………
7. Ist der Zug wieder nicht pünktlich? ……………………
8. Hast du kein Handy dabei? ……………………

2 Bilden Sie negative Fragen im Perfekt.
Write negative questions in the perfect tense.

- dir – die Nachspeise – schmecken *Hat dir die Nachspeise nicht geschmeckt?*

1. du – mit der Personalchefin – sprechen ……………………
2. du – den Film – sehen ……………………
3. ihr – das Deutsche Museum – besuchen ……………………
4. du – die E-Mail – noch – schreiben ……………………
5. ihr – die Rechnung – noch – bezahlen ……………………

8 Zusammengesetzte Sätze Compound sentences

Hauptsatz + Hauptsatz:

Martin macht im Winter in den Alpen Urlaub, denn er fährt gern Ski.
↓ Konjunktion
Coordinating conjunction

Hauptsatz + Hauptsatz:

Martin fährt gern Ski, deshalb macht er im Winter in den Alpen Urlaub.
↓ Konjunktionaladverb
Conjunctive adverb

Hauptsatz + adverbialer Nebensatz:

Martin macht im Winter in den Alpen Urlaub, weil er gern Ski fährt.
↓ Subjunktion
Subordinating conjunction

Hauptsatz + *dass*-Satz:

Martin weiß, dass im Winter in den Alpen Schnee liegt.
↓ Subjunktion
Subordinating conjunction

Hauptsatz + indirekter Fragesatz:

Lena weiß noch nicht, wann sie Urlaub nehmen kann.
↓ Fragewort
Question word

Hauptsatz + Infinitiv mit *zu*:

Lena hat auf jeden Fall vor, in ein warmes Land zu fahren.
↓ *zu* + Infinitiv
zu + infinitive

Hauptsatz + Relativsatz:

Lena will die Bücher mitnehmen, die sie für den Urlaub gekauft hat.
↓ Relativpronomen
Relative pronoun

8.1 Hauptsätze Main clauses

8.1.1 Satzverbindung: Konjunktionen

Connecting sentences: Coordinating conjunctions

Martin macht im Winter in den Alpen Urlaub, denn er fährt gern Ski.
↓ Konjunktion
Coordinating conjunction

Zusammengesetzte Sätze
Hauptsätze: Konjunktionen

▶ Formen Forms

	Hauptsatz 1	Konjunktion	Hauptsatz 2
Grund Reason (Kausalangabe)	Martin **macht** im Winter in den Alpen Urlaub,	denn	er **fährt** gern Ski.
Gegensatz Contrast (Adversativangabe)	Wir **möchten** gern auf die Malediven fliegen, Kathrin **fährt** in diesem Jahr <u>nicht</u> an die Ostsee,	aber sondern	wir **haben** kein Geld. sie **bleibt** zu Hause.
Alternative Alternative	Vielleicht **gehen** wir am Wochenende wandern(,)	oder	wir **arbeiten** im Garten.
Addition Addition	Im Januar **fahren** wir nach Österreich(,)	und	im Sommer **reisen** wir nach Irland.

→ Konjunktionen verbinden zwei Hauptsätze miteinander. Im zweiten Hauptsatz steht das konjugierte Verb an 2. Stelle nach der Konjunktion. Die Position der Konjunktion kann nicht verändert werden.
Coordinating conjunctions are used to connect two main clauses. The conjugated verb of the second clause is placed in the second position after the conjunction. The position of the coordinating conjunction cannot be changed.

→ Die Konjunktionen *aber* und *sondern* bezeichnen einen Gegensatz. *Sondern* steht nach einer Negation und stellt Informationen aus dem ersten Satz richtig.
The conjunctions *aber* (but, however) and *sondern* (but, rather) indicate contrast. *Sondern* is used when the second clause corrects a piece of information given in the first clause. In this case, the first clause always contains a negation.

Übungen

1 Finden Sie das passende Satzende.
Find the matching ending for each sentence.

1. Ich muss die Verabredung absagen, → c)
2. Ich muss Peter noch anrufen
3. Ich kann dir 10 Euro leihen,
4. Freitagabend könnt ihr zu uns zum Abendessen kommen
5. Ich kann heute nicht mit dir essen gehen,
6. Dieses Jahr organisiere ich meinen Urlaub nicht selbst,
7. Ich wollte gestern mit dir sprechen,

a) denn ich muss meine Tante besuchen.
b) oder wir können uns in einem Restaurant treffen.
c) denn ich bin krank.
d) sondern Jan bucht für uns eine Pauschalreise.
e) aber du musst mir das Geld morgen zurückgeben.
f) aber du warst nicht im Büro.
g) und du musst Karl eine E-Mail schreiben.

2 Verbinden Sie die Sätze mit der passenden Konjunktion.
Connect the clauses with the appropriate conjunction.

- Ich war pünktlich am Bahnhof, *aber* der Zug hatte 20 Minuten Verspätung.

1. Ich bin heute nicht mit dem Fahrrad gekommen, ... ich habe das Auto genommen.
2. Ich wollte dich anrufen, ... ich habe mein Handy zu Hause vergessen.
3. Ich komme 30 Minuten später, ... ich stehe im Stau.
4. Ich habe eine halbe Stunde auf den Bus gewartet, ... er ist nicht gekommen.
5. Ich musste zur Firma laufen, ... alle Busfahrer streiken heute.
6. Ich bin nicht zu spät, ... du bist zu früh!

3 *Sondern* oder *aber*? Ergänzen Sie die passende Konjunktion.
Sondern or *aber*? Fill in the gaps with the appropriate conjunction.

- Rudi ist schon drei Jahre alt, *aber* er kann noch nicht sprechen.

1. Das Programm hat sich geändert: Wir gehen nicht zusammen Mittag essen, ... wir treffen uns erst um 16.00 Uhr.
2. Ich studiere nicht mehr, ... ich arbeite schon seit zwei Jahren bei einer Firma.
3. Ich teile mir mein Büro mit zwei Kolleginnen: Die eine ist nett und hilfsbereit, ... die andere ist sehr unfreundlich.
4. Ich komme gerne zu deiner Party, ... ich muss um 23.00 Uhr zu Hause sein.
5. Wir treffen uns nicht heute, ... wir sehen uns morgen.

8.1.2 Satzverbindung: Konjunktionaladverbien
Connecting sentences: Conjunctive adverbs

Martin fährt gern Ski, deshalb macht er im Winter in den Alpen Urlaub.
↓
Konjunktionaladverb
Conjunctive adverb

Formen Forms

	Hauptsatz 1	Hauptsatz 2
Grund Reason (Kausalangabe)	Martin **fährt** gern Ski, Martin **fährt** gern Ski,	deshalb **macht** er im Winter in den Alpen Urlaub. er **macht** deshalb im Winter in den Alpen Urlaub.
Gegengrund Contrast (Konzessivangabe)	Juliane **kann** nicht Ski fahren, Juliane **kann** nicht Ski fahren,	trotzdem **macht** sie im Winter in den Alpen Urlaub. sie **macht** trotzdem im Winter in den Alpen Urlaub.

→ *Deshalb* und *trotzdem* sind Adverbien. Adverbien sind eigenständige Satzglieder. Sie können an verschiedenen Positionen des Satzes stehen. Meistens stehen sie vor oder nach dem konjugierten Verb.
Deshalb (hence, therefore) and *trotzdem* (nevertheless) are adverbs. Unlike conjunctions, they can be placed at various positions in the clause. However, they are usually placed right before or right after the conjugated verb.

→ Das konjugierte Verb steht in beiden Hauptsätzen an Position 2.
The conjugated verb is in the second position in both main clauses.

Übungen

1 Wer sieht was im Fernsehen? Bilden Sie Sätze und verbinden Sie die Sätze mit *deshalb* wie im Beispiel.
Who watches what on TV? Form sentences and connect them with *deshalb* as shown in the example.

- Martin und seine Freunde – für Fußball – sich interessieren •
sie – jeden Samstag gemeinsam – die Sportschau – sehen
Martin und seine Freunde interessieren sich für Fußball, deshalb sehen sie jeden Samstag gemeinsam die Sportschau.

1. Gerda – Krimis – mögen • sie – keine Krimiserie – verpassen
....
2. Mathildes Hobby – Gartenarbeit – sein • sie – Sendungen über Landschaftsgestaltung – sehr interessant – finden
....
3. Georg – für die Umwelt – sich interessieren • er – viele Dokumentarfilme über das Thema – sehen
....
4. Karl – Zeichentrickfilme – mögen • er – verschiedene Streamingportale – nutzen
....
5. Paula – über die Ereignisse in der Welt – sich informieren – wollen • sie – jeden Abend – die Tagesschau – sich ansehen
....
6. Kathrin – Romantikerin – sein • sie – Liebesfilme mit Happy End – mögen
....
7. Laura – zurzeit – krank – sein • sie – den ganzen Tag – vor dem Fernseher – sitzen
....

Hauptsätze: Konjunktionaladverbien

2 Wer wohnt wo? Finden Sie das passende Satzende.
Who lives where? Find the matching ending for each sentence.

1. Herta mag ihre Ruhe,
2. Felix ist schon 30 Jahre alt,
3. Brigitte und Josef bekommen bald ein Kind,
4. Konrad wohnt weit weg von seinem Arbeitsplatz,
5. Carla hat sehr viel Geld,
6. Robert wohnt gerne mit anderen Menschen zusammen,
7. Casper hat eine französische Freundin,

a) er wohnt trotzdem noch bei seinen Eltern.
b) sie wohnt trotzdem in einer Einzimmerwohnung.
c) deshalb wohnt sie alleine.
d) sie suchen deshalb eine größere Wohnung.
e) er möchte deshalb nach Frankreich ziehen.
f) trotzdem will er nicht umziehen.
g) deshalb mietet er ein Zimmer in einer Wohngemeinschaft.

3 *Trotzdem* oder *deshalb*? Verbinden Sie die Sätze.
Trotzdem or *deshalb*? Connect the sentences.

- Frank mag Autos. Er geht oft zu Automessen.
Frank mag Autos, deshalb geht er oft zu Automessen.
Frank mag Autos, er geht deshalb oft zu Automessen.

1. Ich habe nicht viel Geld. Ich mache diesen Sommer nur einen kurzen Urlaub.
....
2. Gerda verdient sehr gut. Sie ist sehr sparsam.
....
3. Rita mag Kinder. Sie möchte Kindergärtnerin werden.
....
4. Olga hat ein sehr schlechtes Abiturzeugnis. Sie möchte Medizin studieren.
....
5. Ich habe Halsschmerzen. Ich bleibe zu Hause.
....
6. Lea interessiert sich für Tiere. Sie geht jeden Mittwoch in den Zoo.
....
7. Jenny will nicht gestört werden. Sie schaltet ihr Handy aus.
....

4 Grüße aus Frankfurt. Ergänzen Sie die passenden Satzverbindungen. (72)
Aussprachehilfe: Hören Sie die Texte und kontrollieren Sie Ihre Lösungen.
Greetings from Frankfurt. Fill in the gaps with the appropriate conjunctions or conjunctive adverbs.
Pronunciation help: Listen to the texts and check your answers.

trotzdem • denn *(2x)* • deshalb *(2x)* • aber • und *(2x)* • sondern

Lieber Franz,

herzliche Grüße aus Frankfurt. Ja, du hast richtig gelesen: aus Frankfurt! Ich wohne schon seit acht Monaten in Frankfurt, ...(1) habe ich mich so lange nicht gemeldet. Ich habe einen neuen Job ....(2) eine neue Freundin habe ich auch. Außerdem gibt es noch eine Überraschung: Ich arbeite nicht bei einer Bank, ...(3) ich gebe an einer Sprachschule Italienischunterricht. Es gibt in Frankfurt viele Leute, die Italienisch lernen möchten. Einige Lernende sind sehr fleißig, ...(4) machen sie nur langsam Fortschritte. Ich verstehe das sehr gut, ...(5) ich kenne die Probleme beim Sprachenlernen. Mein Deutsch ist schon viel besser geworden, ...(6) ich finde es noch nicht gut genug. Ich muss noch mehr sprechen, ...(7) rede ich jetzt mit meiner Freundin Deutsch. Das ist ein seltsames Gefühl, ...(8) wir haben früher miteinander Italienisch gesprochen. Das Essen hier ist sehr lecker. Kennst du Frankfurter Würstchen oder Frankfurter Soße? Komm doch mal bei uns vorbei. Dann gehen wir in eine typische Frankfurter Kneipe ....(9) trinken zusammen ein Glas Apfelwein.

Bis bald
Giorgio

8.2 Adverbiale Nebensätze Adverbial clauses

Martin macht im Winter in den Alpen Urlaub, weil er gern Ski fährt.
↓
Subjunktion
Subordinating conjunction

▶ Formen Forms

	Hauptsatz	Nebensatz
Grund Reason (Kausalangabe)	Martin **macht** im Winter in den Alpen Urlaub,	weil er gern Ski **fährt**.
Gegengrund Contrast (Konzessivangabe)	Juliane **macht** im Winter in den Alpen Urlaub,	obwohl sie nicht Ski fahren **kann**.
Bedingung Condition (Konditionalangabe)	Leon **fährt** nur in den Urlaub,	wenn seine Freundin **mitfährt**.
Zeit Time (Temporalangabe)	Ich **treffe** mich mit Martin, Ich **habe** mich mit Martin getroffen,	wenn ich in Österreich **bin**. als ich im letzten Jahr in Österreich **war**.

→ Subjunktionen leiten Nebensätze ein. Im Nebensatz steht das konjugierte Verb an letzter Stelle.
Subordinating conjunctions introduce subordinate clauses. In subordinate clauses the conjugated verb is placed at the end of the sentence.

→ Nebensätze ergänzen Hauptsätze. Sie können vor oder hinter dem Hauptsatz stehen.
Subordinate clauses add information to main clauses. They can be placed before or after the main clause.

→ In temporalen Nebensätzen verwendet man *wenn* in der Gegenwart, in der Zukunft und bei mehrmaligen Ereignissen in der Vergangenheit: **Wenn** ich in München bin, komme ich mal bei dir vorbei. Immer **wenn** Paul in München war, besuchte er das Deutsche Museum.
In temporal clauses *wenn* (when) is used for the present, the future and repeated actions in the past: *Wenn ich in München bin, komme ich mal bei dir vorbei. Immer wenn Paul in München war, besuchte er das Deutsche Museum.*

Als gebraucht man bei einmaligen Ereignissen oder Zuständen in der Vergangenheit: Ich habe mich mit Martin getroffen, **als** ich im letzten Jahr in Österreich war. **Als** ich ein Kind war, hatte ich Angst vor Gespenstern.
Als (when) is used for one-time events or conditions in the past: *Ich habe mich mit Martin getroffen, als ich im letzten Jahr in Österreich war. Als ich ein Kind war, hatte ich Angst vor Gespenstern.*

▶ Satzbau Sentence structure

Hauptsatz Main Clause			**Nebensatz** Subordinate Clause		
	konjugiertes Verb		**Subjunktion**		**konjugiertes Verb**
Martin	**macht**	im Winter in den Alpen Urlaub,	weil	er gern Ski	**fährt.**

Nebensatz Subordinate Clause			**Hauptsatz** Main Clause	
Subjunktion		**konjugiertes Verb**	**konjugiertes Verb**	
Weil	er gern Ski	**fährt,**	**macht**	Martin im Winter in den Alpen Urlaub.

Wenn der Nebensatz vor dem Hauptsatz steht, folgt das konjugierte Verb direkt nach dem Nebensatz.
If the main clause is preceded by the subordinate clause, the conjugated verb of the main clause is placed in the first position, right after the subordinate clause.

Adverbiale Nebensätze

Übungen

1 Was ist der Grund? Bilden Sie die Sätze mit *weil*.
What is the reason? Write sentences using *weil*.

Warum hast du so gute Laune?

- Ich kann nächstes Jahr eine Weltreise machen.
  Ich habe so gute Laune, weil ich nächstes Jahr eine Weltreise machen kann.

1. Ich muss heute nicht arbeiten. ……………………
2. Ich wurde zum Essen eingeladen. ……………………
3. Der Deutschkurs fällt heute aus. ……………………
4. Das Semester ist zu Ende. ……………………
5. Ich habe mein erstes Gehalt bekommen. ……………………
6. Ich habe eine neue Stelle gefunden. ……………………
7. Ich habe meine Sprachprüfung bestanden. ……………………
8. Ich habe mich verliebt. ……………………

2 *Weil* oder *obwohl*?
Weil or *obwohl*?

a) **Verbinden Sie die Sätze.**
Connect the sentences.

- Alexandra vereinbart einen Termin beim Zahnarzt. Sie hat Zahnschmerzen.
  Alexandra vereinbart einen Termin beim Zahnarzt, weil sie Zahnschmerzen hat.

1. John ist gestresst. Er muss heute Nachmittag seine Arbeitsergebnisse präsentieren.
   ……………………
2. Elias lernt nicht. Er hat morgen eine wichtige Prüfung.
   ……………………
3. Lucas hat Paul nicht zu seiner Geburtstagsparty eingeladen. Sie sind gute Freunde.
   ……………………
4. Jana darf nicht Auto fahren. Sie ist erst 16.
   ……………………
5. Denis spricht kein einziges Wort Italienisch. Er wohnt seit zwei Jahren in Rom.
   ……………………
6. Kathrin hat mich am Wochenende nicht angerufen. Sie hat es mir versprochen.
   ……………………
7. Ilona isst jeden Tag eine Tafel Schokolade. Sie möchte abnehmen.
   ……………………
8. Johanna nimmt Nachhilfestunden in Mathematik. Sie hat sehr schlechte Noten.
   ……………………

b) **Formen Sie die Sätze in Teil a) um. Der Nebensatz steht jetzt vor dem Hauptsatz.**
Rewrite the sentences in Part a) as shown in the example. The subordinate clause should now come before the main clause.

- *Weil sie Zahnschmerzen hat, vereinbart Alexandra einen Termin beim Zahnarzt.*

1. ……………………
2. ……………………
3. ……………………
4. ……………………
5. ……………………
6. ……………………
7. ……………………
8. ……………………

3 **Was ist ein guter Film? Bilden Sie Sätze mit *wenn*. Achten Sie auf die Konjugation der Verben.**
What makes a good movie? Write sentences using *wenn*. Pay attention to the conjugation of the verbs.

a) **Ich finde es toll:**

- gute Darstellerinnen und Darsteller – mitspielen
  Ich finde es toll, wenn gute Darstellerinnen und Darsteller mitspielen.

1. die Geschichte – spannend sein ……………
2. der Film – nicht zu lange dauern ……………
3. die Hauptfigur – sympathisch sein ……………
4. der Film – eine wahre Geschichte – erzählen ……………
5. der Film – ein Happy End – haben ……………

b) **Ich mag es nicht:**

1. der Film – nicht synchronisiert sein ……………
2. der Film – nur aus Actionszenen – bestehen ……………
3. die Heldin oder der Held – am Ende – sterben ……………
4. die Dialoge – nicht witzig sein ……………
5. die Leute – im Kino – ihr Handy – nicht ausschalten ……………

4 **Kindheitserinnerungen. Bilden Sie Sätze mit *als* wie im Beispiel. Achten Sie auf die Reihenfolge der Satzglieder und die Konjugation der Verben. Der Nebensatz steht im Präteritum, der Hauptsatz im Perfekt.**
Childhood memories. Write sentences using *als* as shown in the example. Pay attention to the word order and the conjugation of the verbs. Use the preterite for the subordinate clause and the perfect tense for the main clause.

- noch – klein – ich – sein • Schokolade – gern – ich – essen
  Als ich noch klein war, habe ich gern Schokolade gegessen.

1. Otto – noch – klein – sein • am liebsten – er – mit Matchboxautos – spielen
   ……………
2. noch – klein – Max und Moritz – sein • sie – immer – sich streiten
   ……………
3. Anna – sieben Jahre – alt – sein • sie – zum ersten Mal – einen Kuchen – backen
   ……………
4. ich – acht Monate – alt – sein • ich – meinen ersten Schritt – machen
   ……………
5. Boris – ein Jahr – alt – sein • sein erstes Wort – er – sagen
   ……………
6. Finn – drei Jahre alt – sein • zum ersten Mal – ins Puppentheater – er – gehen
   ……………

5 **Annemaries Eltern sprechen über ihre Tochter. *Als* oder *wenn*? Ergänzen Sie die Subjunktionen.**
Annemarie's parents are talking about their daughter. Add *als* or *wenn* to the following sentences.

- *Als* Annemarie noch klein war, liebte sie kalte Winter mit Eis und viel Schnee.

1. …………… sie sechs Jahre alt wurde, hat sie ihre ersten Schlittschuhe bekommen.
2. Sie freute sich immer, …………… sie mit Papa Schlittschuhlaufen konnte.
3. …………… ihr Bruder geboren wurde, war sie sehr aufgeregt.
4. …………… sie mit ihrem Bruder gespielt hat, gab es oft Streit.
5. Es war nicht leicht für die Kinder, …………… wir in eine andere Stadt gezogen sind.
6. Wir waren stolz auf Annemarie, …………… sie bei einem Wettkampf im Eisschnelllauf gewonnen hat.
7. Es war ein komisches Gefühl, …………… Annemarie sich zum ersten Mal verliebt hat.
8. Annemarie ist jetzt 20 und seit einem Jahr studiert sie in Köln Psychologie. Wir freuen uns immer, …………… sie uns besucht.

8.2 Zusammengesetzte Sätze
Adverbiale Nebensätze

6 Ein Gespräch an der Uni. Ergänzen Sie die Subjunktionen *weil, wenn* oder *als*. 

Aussprachehilfe: Hören Sie den Text und kontrollieren Sie Ihre Lösungen.
A conversation at the university. Add *weil, wenn* or *als* to the sentences. Pronunciation help: Listen to the text and check your answers.

Claudia:	Hallo, Simon! Gut, dass ich dich treffe. Sag mal, warst du heute Morgen in der Vorlesung?
Simon:	Ja, natürlich. Und du? Ich habe dich gar nicht gesehen.
Claudia:	Ich habe noch geschlafen, ... ich den Wecker nicht gehört habe. Ich musste noch das Referat für heute Nachmittag vorbereiten, und daran habe ich bis 3.00 Uhr gearbeitet.
Simon:	Das passiert mir auch, ... ich so spät ins Bett gehe. .... ich noch im ersten Studienjahr war, habe ich die Vorlesung um 8.00 Uhr sehr oft verpasst.
Claudia:	Könntest du mir deine Notizen von der Vorlesung geben?
Simon:	Tut mir leid, ich habe nichts mitgeschrieben, ... ich über das Thema schon sehr viel weiß.
Claudia:	.... du so schlau bist, kannst du mir ja bei der Prüfungsvorbereitung helfen.
Simon:	.... ich Zeit habe, mache ich das gerne.

7 Peter erinnert sich an seinen ersten Urlaub mit Freunden. Wählen Sie die passende Subjunktion aus.
Peter is talking about his first holiday with friends. Choose the appropriate subordinating conjunction for each sentence.

●	Früher musste ich mit meinen Eltern in den Urlaub fahren, *wenn* ich Ferien hatte.	a) weil	b) wenn	c) als
1.	.... ich 18 wurde, durfte ich zum ersten Mal mit meinen Freunden Urlaub machen.	a) Als	b) Wenn	c) Weil
2.	Wir sind in den Schwarzwald gefahren, ... die Eltern eines Freundes dort eine Ferienwohnung hatten.	a) wenn	b) als	c) weil
3.	.... einiges schiefgegangen ist, fanden wir diesen Urlaub sehr schön.	a) Wenn	b) Weil	c) Obwohl
4.	Zum Beispiel haben wir den Zug verpasst, ... wir zu spät aufgestanden sind.	a) obwohl	b) als	c) weil
5.	Und einmal sind wir ohne Abendessen ins Bett gegangen, ... Otto zu viel Salz in das Essen getan hat.	a) obwohl	b) weil	c) wenn
6.	Wir sind viel gewandert, ... es geregnet hat.	a) obwohl	b) weil	c) wenn
7.	Ich muss immer lachen, ... ich an diese Reise denke.	a) obwohl	b) wenn	c) als

8 Die Erfindung des Dönerkebab. Ergänzen Sie die passenden Subjunktionen. 74
Aussprachehilfe: Hören Sie den Text und kontrollieren Sie Ihre Lösungen.
The invention of the doner kebab. Fill in the gaps with the appropriate subordinating conjunctions.
Pronunciation help: Listen to the text and check your answers.

obwohl *(2x)* • wenn *(2x)* • weil *(2x)* • als *(2x)*

.... man das Wort Dönerkebab hört, denkt man sofort an die Türkei. Aber das ist nicht ganz richtig, ... diese Erfindung aus Deutschland kommt. Der Erfinder des Dönerkebab heißt Mahmut Aygün. Mahmut wurde in der Türkei geboren. .... er 16 Jahre alt war, zog er mit seiner Familie nach Deutschland. In Berlin hatte Mahmut eine Imbissbude am Zoo. Er wollte dort ein türkisches Gericht anbieten, das man auch mitnehmen kann. .... er gründlich recherchiert hat, fand er in der Türkei kein geeignetes Gericht. Der kreative Mahmut erfand aus diesem Grund sein eigenes Rezept. Es war im Jahr 1971, ... er den ersten Dönerkebab verkaufte: Er packte etwas Döner-Fleisch mit Joghurt-Soße in eine Teigtasche. Sein Kebab kostete damals 2 DM. Heute ist der Dönerkebab in der ganzen Welt beliebt. Selbst Fastfood-Ketten können auf die Döner-Industrie neidisch sein, ... sie in Europa mehr Geld verdient als McDonald's und Burger King zusammen. .... der Dönerkebab so große Erfolge hat, ist Mahmut Aygün nicht Millionär geworden. Das liegt daran, dass er kein Patent auf das Döner-Rezept hat. .... er seine Erfindung zum Patent angemeldet hätte, wäre er heute ein reicher Mann.

8.3 *Dass*-Sätze Sentences with *dass* (that)

Martin weiß, dass im Winter in den Alpen Schnee liegt.
↓
Subjunktion
Subordinating conjunction

▶ Formen Forms

- *Dass*-Sätze stehen oft **nach** oder **vor**:
  Clauses beginning with *dass* are usually used after or before:

unpersönlichen Ausdrücken mit *es*: impersonal expressions with *es*:	Es ist richtig, Es ist wichtig, Es stimmt, Es tut mir leid, Es freut mich,	dass die Regierung die Steuern senkt. dass wir über die Ergebnisse reden. dass wir einen neuen Mitarbeiter bekommen. dass ich keine Zeit für dich hatte. dass du die Prüfung bestanden hast.
Wendungen wie: idioms like:	Mir gefällt nicht, Ich bin der Meinung,	dass ich nicht gefragt wurde. dass wir etwas ändern müssen.
Verben wie: verbs like:	Ich glaube, Martin weiß, Meteorologen erwarten, Jana sagte, Ich hoffe, Die Zeitungen berichten, Ein Forschungsteam hat herausgefunden,	dass er das richtige Studienfach gewählt hat. dass im Winter in den Alpen Schnee liegt. dass es morgen regnet. dass sie nicht kommen kann. dass du bald wieder gesund wirst. dass viele Bauern unter der Trockenheit leiden. dass Tiere lachen können.

→ *Dass*-Sätze sind Verbergänzungen. Sie stehen oft für ein Akkusativobjekt: Meteorologen erwarten morgen Regen. Meteorologen erwarten, dass es morgen regnet.
Dass-clauses are complements to the verb. They often replace an accusative object: *Meteorologen erwarten morgen Regen. Meteorologen erwarten, dass es morgen regnet.*

→ *Dass*-Sätze sind Nebensätze. Das konjugierte Verb steht an letzter Stelle. *Dass*-Sätze können **vor** oder **nach** dem Hauptsatz stehen. Die Subjekte von Haupt- und Nebensatz sind oft verschieden: Ein Forschungsteam hat herausgefunden, dass Tiere lachen können.
Dass-clauses are subordinate clauses. The conjugated verb is placed at the end of the clause. The subordinate clause itself can be placed before or after the main clause. The subjects of the main and subordinate clause are often different: *Ein Forschungsteam hat herausgefunden, dass Tiere lachen können.*

▶ Satzbau Sentence structure

Hauptsatz Main Clause		**Nebensatz** Subordinate Clause		
	konjugiertes Verb	**Subjunktion**		**konjugiertes Verb**
Martin	**weiß,**	dass	im Winter in den Alpen Schnee	**liegt.**

Nebensatz Subordinate Clause			**Hauptsatz** Main Clause	
Subjunktion		**konjugiertes Verb**	**konjugiertes Verb**	
Dass	im Winter in den Alpen Schnee	**liegt,**	**weiß**	Martin.

Wenn der Nebensatz vor dem Hauptsatz steht, folgt das konjugierte Verb direkt nach dem Nebensatz.
If the main clause is preceded by the subordinate clause, the conjugated verb of the main clause is placed in the first position, right after the subordinate clause.

Dass-Sätze

Übungen

1 Neuigkeiten im Büro. Wussten Sie schon, dass …? Bilden Sie *dass*-Sätze.
Office news. Did you know that …? Write sentences using *dass*.

- Frau Müller arbeitet jetzt drei Tage pro Woche im Homeoffice.
  Wussten Sie schon, dass Frau Müller jetzt drei Tage pro Woche im Homeoffice arbeitet?

1. Der Hausmeister ist seit zwei Wochen krank. ……………………
2. Die Direktorin hat Ärger mit dem Verwaltungsleiter. ……………………
3. Wir haben den großen Auftrag nicht bekommen. ……………………
4. Die Einnahmen sind zurückgegangen. ……………………
5. Die Firma muss sparen. ……………………
6. Die Weihnachtsfeier fällt dieses Jahr aus. ……………………
7. Wir bekommen eine neue Kollegin. ……………………
8. Die neue Kollegin hat in London studiert. ……………………

2 Neuigkeiten aus der Wissenschaft. Bilden Sie Sätze wie im Beispiel. (75)
Aussprachehilfe: Hören Sie die Sätze und kontrollieren Sie Ihre Lösungen.
Science news. Write sentences as shown in the example. Pronunciation help: Listen to the sentences and check your answers.

- mehrere Forschungsteams – herausgefunden haben • sein – gesund – Lachen
  Mehrere Forschungsteams haben herausgefunden, dass Lachen gesund ist.

1. Analysen – gezeigt haben • Flugzeuge – die sichersten Verkehrsmittel – sein
   ……………………
2. eine Umfrage – ergeben haben • glauben – die meisten Menschen – an die Liebe auf den ersten Blick
   ……………………
3. ein Forschungsteam – entdeckt haben • können – singen – Mäuse
   ……………………
4. Umfragen – gezeigt haben • glücklich machen – kreative Berufe
   ……………………
5. Untersuchungen – ergeben haben • die Deutschen – 7,75 Stunden – im Durchschnitt – schlafen – jeden Tag
   ……………………
6. eine Studie – zu dem Ergebnis – gekommen sein • der Mensch – brauchen – sieben bis acht Stunden Schlaf
   ……………………
7. Forschende der Universität Wageningen – herausgefunden haben • Zimmerpflanzen – reduzieren – psychischen Stress
   ……………………
8. eine Umfrage – ergeben haben • Eltern und Kinder – sich streiten – am häufigsten – über Ordnung und Sauberkeit
   ……………………

3 Formulieren Sie Ihre Meinung mit einem *dass*-Satz.
Write your opinion using a *dass*-clause.

ich bin der Meinung • ich denke (nicht) • ich finde (nicht) • ich glaube (nicht) …	~~der Energieverbrauch auf der Welt weiter steigt~~ • der Autoverkehr nimmt zu • die Windenergie ist eine gute Lösung für die Energieprobleme • wir müssen viele Tierarten besser schützen • die Menschen produzieren zu viel Abfall • wir müssen etwas gegen die Luftverschmutzung tun

- *Ich glaube, dass der Energieverbrauch auf der Welt weiter steigt.*

1. ……………………
2. ……………………
3. ……………………
4. ……………………
5. ……………………

8.4 Infinitiv mit *zu* Infinitive + *zu*

Lena hat vor, im Urlaub in ein warmes Land zu fahren.
↓
zu + Infinitiv
zu + infinitive

Formen Forms

- Der Infinitiv mit *zu* steht oft **nach:**
  Infinitive + *zu* constructions are often used after:

unpersönlichen Ausdrücken wie: impersonal expressions like:	Es ist wichtig, Es ist verboten, Es ist erlaubt, Es ist schwer,	das Projekt schnell zu beenden. hier zu parken. auf dem Platz Fußball zu spielen. den Termin zu halten.
Nomen in Verbindung mit *haben*: nouns that are used with the verb *haben*:	Ich habe keine Lust, Ich habe keine Zeit, Ich habe die Absicht, Ich habe den Wunsch,	auf dich zu warten. die E-Mail zu schreiben. Französisch zu lernen. mein Englisch zu verbessern.
Verben wie: verbs like:	Ich habe vor, Ich verspreche dir, Ich freue mich, Ich empfehle dir, Ich versuche, Ich fange jetzt an,	gesünder zu essen. immer meine Hausaufgaben zu machen. mal wieder etwas von dir zu hören. mehr Sport zu treiben. dich abzuholen. regelmäßig spazieren zu gehen.

- **Kein** Infinitiv mit *zu* kann stehen **nach:**
  Infinitive + *zu* constructions are never used after:

Modalverben: Modal verbs:	dürfen, können, mögen, müssen, sollen, wollen, möchten	Man darf hier parken. Ich muss meine Hausaufgaben machen. Lena will in ein warmes Land fahren.

→ Infinitivkonstruktionen sind Verbergänzungen.
Infinitive constructions are complements to the verb.

→ Infinitivkonstruktionen stehen nach dem Hauptsatz. Der Infinitiv steht an letzter Stelle.
Infinitive constructions come after the main clause. The infinitive is placed at the end of the sentence.

→ Die Infinitivkonstruktion kann einen *dass*-Satz ersetzen, wenn das Subjekt in beiden Satzteilen gleich ist.
Ich verspreche dir, dass ich immer meine Hausaufgaben mache.
Ich verspreche dir(,) immer meine Hausaufgaben zu machen.
Infinitive constructions may replace *dass*-clauses if the subjects of the main and subordinate clause are identical.
Ich verspreche dir, dass ich immer meine Hausaufgaben mache. Ich verspreche dir(,) immer meine Hausaufgaben zu machen.

→ Bei trennbaren Verben steht *zu* zwischen dem Präfix und dem Verbstamm: Ich versuche(,) dich ab**zu**holen.
With separable verbs *zu* is placed between the prefix and the verb stem: *Ich versuche(,) dich abzuholen.*

8.4 Zusammengesetzte Sätze

Infinitiv mit *zu*

Satzbau Sentence structure

Hauptsatz Main Clause			**Infinitivsatz** Infinitive Clause	
	konjugiertes Verb			***zu* + Infinitiv**
Lena	**hat**	**im Mai vor,**	in ein warmes Land	**zu fahren.**
Ich	**verspreche**	**dir,**	meine Hausaufgaben	**zu machen.**

Übungen

1 Was passt zusammen? Verbinden Sie.
Find the matching ending for each sentence.

1. In diesem Restaurant ist es nicht erlaubt,
2. Ich verspreche dir,
3. Bitte hör auf,
4. Ich habe leider keine Zeit,
5. Es ist schwer,
6. Ich empfehle dir,

a) weniger fernzusehen und mehr zu lesen.
b) mit dem Handy zu telefonieren.
c) dich vom Bahnhof abzuholen.
d) immer mein Zimmer aufzuräumen.
e) mich 20-mal am Tag anzurufen!
f) alle Aufgaben richtig zu lösen.

2 Max Weber ist gestresst. Er hat für verschiedene Dinge keine Zeit. Bilden Sie Sätze wie im Beispiel.
Max Weber is feeling stressed. He doesn't have time to do various things. Write sentences as shown in the example.

- die Fehler im Programm verbessern — *Max hat heute keine Zeit, die Fehler im Programm zu verbessern.*
1. die Fahrtkostenabrechnung machen ……
2. die Gäste vom Bahnhof abholen ……
3. alle E-Mails beantworten ……
4. das Flugticket für seine Dienstreise buchen ……
5. die Projektunterlagen kopieren ……
6. an der Besprechung teilnehmen ……
7. den Bericht schreiben ……
8. in die Kantine essen gehen ……
9. die neue Kollegin begrüßen ……

3 Was macht Martin? Bilden Sie Sätze mit den Verben *wollen* und *vorhaben* wie im Beispiel.
What is Martin planning to do? Write sentences using *wollen* and *vorhaben* as shown in the example.

- im Winter – Urlaub machen
  a) *Martin will im Winter Urlaub machen.* b) *Martin hat vor, im Winter Urlaub zu machen.*
1. nach Österreich – fahren
   a) …… b) ……
2. im Hotel „Bergsicht" – übernachten
   a) …… b) ……
3. den ganzen Tag – Ski fahren
   a) …… b) ……
4. abends im Restaurant – essen
   a) …… b) ……
5. an einem Skiwettkampf – teilnehmen
   a) …… b) ……
6. den Skiwettkampf – gewinnen
   a) …… b) ……

4 Carla und Otto haben einige Probleme. Bilden Sie Sätze wie im Beispiel.
Carla and Otto have problems. Form sentences as shown in the example.

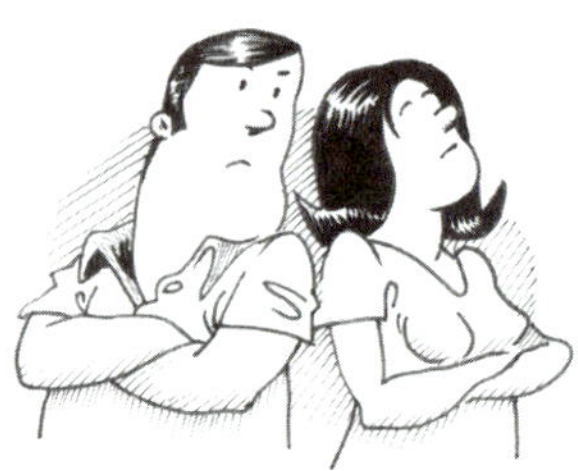

- Carla: die Absicht haben – das Auto verkaufen
  Otto: wollen – das Auto behalten
  Carla hat die Absicht, das Auto zu verkaufen.
  Otto will das Auto behalten.

1. Carla: Lust haben – heute Abend – ausgehen
   Otto: möchten – lieber fernsehen

   ....

2. Carla: den Auftrag haben – am Wochenende – eine Projektidee – entwickeln
   Otto: sollen – am Wochenende – einen Bericht – für seinen Chef – schreiben

   ....

3. Carla: vorhaben – ihren Urlaub im Ausland verbringen
   Otto: möchten – in Deutschland bleiben

   ....

4. Carla: mal wieder – den Wunsch haben – die Wohnung umräumen
   Otto: wollen – nichts verändern

   ....

5. Carla: es – Spaß machen – Englisch lernen
   Otto: müssen – Englisch lernen

   ....

5 **Sönke macht seiner Freundin Versprechungen. Formen Sie die Sätze um wie im Beispiel.**
Sönke is making promises to his girlfriend. Rewrite the clauses as shown in the example.

Ich verspreche dir, …

- dass ich mich mehr bewege.
  mich mehr zu bewegen.

1. dass ich dir im Haushalt helfe.
   ....
2. dass ich dreimal in der Woche das Abendessen koche.
   ....
3. dass ich dich jeden Tag fünfmal anrufe.
   ....
4. dass ich weniger Zeit mit meinen Freunden verbringe.
   ....
5. dass ich dir immer zuhöre.
   ....
6. dass ich dir jede Woche Blumen schenke.
   ....
7. dass ich immer nett zu deiner Mutter bin.
   ....
8. dass ich vorsichtiger fahre.
   ....

6 **Das ist Benno. Was erlauben ihm seine Eltern und was nicht? Bilden Sie Sätze wie im Beispiel.**
This is Benno. What do his parents allow him to do and what not? Write sentences as shown in the example.

- nach 22.00 Uhr Computer spielen: nein
  Benno darf nicht nach 22.00 Uhr Computer spielen.
  Seine Eltern erlauben Benno nicht, nach 22.00 Uhr Computer zu spielen.

1. Saxofonstunden nehmen: ja
   ....
2. nach 20.00 Uhr Saxofon üben: nein
   ....
3. sich ein neues Handy kaufen: nein
   ....
4. nach der Schule zu seinem Freund gehen: ja
   ....
5. bei seinem Freund übernachten: nein
   ....
6. in den Ferien an einem einwöchigen Musikkurs teilnehmen: ja
   ....

8.5 Fragesätze als Nebensätze — Interrogative clauses (questions) as subordinate clauses

Frage mit Fragewort:
Wann kann Lena Urlaub nehmen?
Lena weiß noch nicht, wann sie Urlaub nehmen kann.
↓
Fragewort
Question word

Frage ohne Fragewort (Ja-Nein-Frage):
Kann Lena im Mai Urlaub nehmen?
Es ist noch unklar, ob Lena im Mai Urlaub nehmen kann.
↓
Subjunktion: *ob*
Subordinating conjunction: *ob*

▶ Formen Forms

Frage mit Fragewort Wh-question		**Können Sie/ Kannst du mir sagen,**	**Ich weiß nicht,**
	Wann landet das Flugzeug?	wann das Flugzeug landet?	wann das Flugzeug landet.
	Wer eröffnet die Ausstellung?	wer die Ausstellung eröffnet?	wer die Ausstellung eröffnet.
	Mit wem hat Lars gesprochen?	mit wem Lars gesprochen hat?	mit wem Lars gesprochen hat.
	Wofür interessiert sich Nele?	wofür sich Nele interessiert?	wofür sich Nele interessiert.
Frage ohne Fragewort Yes-no question	Ist das Parken hier kostenlos?	**Können Sie mir sagen,** ob das Parken hier kostenlos ist?	**Ich weiß nicht,** ob das Parken hier kostenlos ist.

Indirekte Fragen sind Nebensätze. Das konjugierte Verb steht am Satzende.
Bei Fragen mit Fragewort benutzt man das Fragewort als Einleitung.
Bei Fragen ohne Fragewort gebraucht man die Subjunktion *ob*.
Indirect questions are subordinate clauses. The conjugated verb is placed at the end of the clause.
With wh-questions, the clause begins with the respective question word.
With yes-no questions, the clause begins with the subordinating conjunction *ob* (whether, if).

▶ Satzbau Sentence structure

Hauptsatz Main Clause			**Nebensatz** Subordinate Clause		
	konjugiertes Verb		**Subjunktion**		**konjugiertes Verb**
Lena	**weiß**	noch nicht,	wann	sie Urlaub nehmen	**kann.**
Es	**ist**	noch unklar,	ob	Lena im Mai Urlaub nehmen	**kann.**

Nebensatz Subordinate Clause			**Hauptsatz** Main Clause	
Subjunktion		**konjugiertes Verb**	**konjugiertes Verb**	
Wann	Lena Urlaub nehmen	**kann,**	**weiß**	sie noch nicht.
Ob	Lena im Mai Urlaub nehmen	**kann,**	**ist**	noch unklar.

Übungen

1 Otto hat Probleme. Beantworten Sie Ottos Fragen wie im Beispiel.
Otto has problems. Answer Otto's questions as shown in the example.

- Wann kommt Frau Müller? — *Ich kann Ihnen nicht sagen, wann Frau Müller kommt.* *Ich weiß nicht, wann Frau Müller kommt.*

1. Wo sind die Unterlagen für die Besprechung? ....
2. Hat Frau Müller die Unterlagen kopiert? ....
3. Wann fängt die Besprechung an? ....
4. Hat Herr Klein die Präsentation vorbereitet? ....
5. Hat die Praktikantin die belegten Brötchen bestellt? ....
6. Gibt es in der Kantine auch belegte Brötchen? ....
7. Sind die Gäste schon angekommen? ....
8. Warum geht der Kopierer nicht? ....
9. Wo steht die Kaffeemaschine? ....
10. In welchem Büro findet die Besprechung statt? ....

2 Touristeninformation. Formen Sie die Sätze um wie im Beispiel. Achten Sie auf die Wortstellung.
Tourist information. Rewrite the sentences as shown in the example. Pay attention to the word order.

- Welche Stadtführungen gibt es? — *Ich möchte gerne wissen, welche Stadtführungen es gibt.* *Können Sie mir sagen, welche Stadtführungen es gibt?*

1. Wie viel kostet eine Rundfahrt mit dem Bus?
2. Wie lange dauert ein Stadtspaziergang durch die Altstadt?
3. Was ist das älteste Gebäude der Stadt?
4. Wo kann man Karten für die Oper kaufen?
5. Kann man mit öffentlichen Verkehrsmitteln zur Oper fahren?
6. Welche Museen haben am Sonntag geöffnet?
7. Gibt es zurzeit besondere Ausstellungen?
8. In welchen Restaurants kann man gut und preiswert essen?
9. Darf man die Prospekte kostenlos mitnehmen?

3 Ihre Nachbarin ist verschwunden. Welche Fragen hat Ihnen die Polizei gestellt? Berichten Sie.
Your neighbour is missing. What did the police ask you? Write sentences.

- Wo waren Sie gestern Abend zwischen 22.00 und 23.00 Uhr?
  Die Polizistin wollte wissen, wo ich gestern Abend zwischen 22.00 und 23.00 Uhr war.

1. Waren Sie allein zu Hause?
   Die Polizistin wollte wissen, ...
2. Wann haben Sie Frau Krüger zum letzten Mal gesehen?
   ....
3. Was für ein Mensch ist Frau Krüger?
   ....
4. Hatte Frau Krüger mit jemandem Ärger?
   ....
5. Wie ist Ihr Verhältnis zu Frau Krüger?
   ....
6. Ist Frau Krüger oft verreist?
   ....
7. Hatte Frau Krüger oft Besuch?
   ....
8. Ist Ihnen sonst noch etwas Besonderes aufgefallen?
   ....

Fragesätze als Nebensätze

4 Wer wird Millionär? Die Moderatorin fragt, der Kandidat antwortet. Bilden Sie Fragen und antworten Sie wie im Beispiel. Kreuzen Sie die richtige Antwort an.

Who Wants to Be a Millionaire? The game-show host asks questions and the contestant answers them. Make questions and answer them as shown in the example. Mark the correct answer.

● Wie viele Einwohner hat Deutschland?
a) ca. 80 Millionen b) ca. 120 Millionen c) ca. 50 Millionen
Moderatorin: *Wissen Sie, wie viele Einwohner Deutschland hat?*
Kandidat: *Ich denke, dass Deutschland ... Millionen Einwohner hat.*
oder: *Ich habe keine Ahnung, wie viele Einwohner Deutschland hat.*

1. In welchem Jahr hat die deutsche Nationalelf die Fußballweltmeisterschaft gewonnen?
a) 1998 b) 2006 c) 2014
Moderatorin: ....
Kandidat: ....

2. Was bedeutet die Abkürzung SPD?
a) Sozialdemokratische Partei Deutschlands b) Sozialpolitische Delegation c) Soziale Partei der Demokratie
Moderatorin: ....
Kandidat: ....

3. Welche Stadt war zwischen 1949 und 1990 die Hauptstadt der Bundesrepublik Deutschland?
a) Köln b) Bonn c) Westberlin
Moderatorin: ....
Kandidat: ....

4. Welcher Fluss fließt durch Deutschland und Österreich und weiter bis zum Schwarzen Meer?
a) der Rhein b) die Donau c) der Main
Moderatorin: ....
Kandidat: ....

5. Wie heißt das deutsche Parlament?
a) Bundestag b) Bundeshaus c) Bundesrat
Moderatorin: ....
Kandidat: ....

6. Wann erfand Werner von Siemens den Dynamo?
a) im 19. Jahrhundert b) im 20. Jahrhundert c) im 18. Jahrhundert
Moderatorin: ....
Kandidat: ....

7. Was ist das Lieblingsgetränk der Deutschen?
a) Kaffee b) Mineralwasser
c) Wein
Moderatorin: ....
....
Kandidat: ....
....

8. Wie viele Menschen haben Deutsch als Erstsprache oder Zweitsprache?
a) ca. 200 Millionen Menschen b) ca. 75 Millionen Menschen
c) ca. 130 Millionen Menschen
Moderatorin: ....
....
Kandidat: ....
....

8.6 Relativsätze Relative clauses

Lena nimmt die Bücher mit, die sie für den Urlaub gekauft hat.
↓
Relativpronomen
Relative pronoun

Sie möchte in einem Hotel wohnen, das direkt am Strand liegt.
↓
Relativpronomen
Relative pronoun

▶ Formen Forms

	Singular			Plural
Kasus	**maskulin**	**neutral**	**feminin**	
Nominativ	der	das	die	die
Akkusativ	den	das	die	die
Dativ	dem	dem	der	**denen**

➤ Seite 102: *Relativpronomen*

→ Mit einem Relativsatz beschreibt man Personen oder Sachen näher. Der Relativsatz ist ein Nebensatz. Er wird mit einem Relativpronomen eingeleitet und steht nach dem Hauptsatz.
Relative clauses give additional information about a person or a thing. Relative clauses are subordinate clauses. They are introduced by a relative pronoun and always follow the main clause.

→ Das Relativpronomen richtet sich in Genus und Numerus nach dem Bezugswort im Hauptsatz, im Kasus nach der Funktion im Relativsatz.
The relative pronoun that introduces a relative clause must agree in gender and number with the noun to which it refers in the main clause. The case is determined by the grammatical function of the pronoun in the relative clause.

▶ Satzbau Sentence structure

Hauptsatz Main Clause			**Nebensatz** Subordinate Clause		
	konjugiertes Verb		**Relativ-pronomen**		**konjugiertes Verb**
Lena	**nimmt**	die Bücher mit,	**die**	sie für den Urlaub gekauft	**hat.**

Übungen

1 Was passt zusammen? Verbinden Sie.
Find the matching ending for each sentence.

1. Übernachtest du wieder in dem Hotel,
2. Sind in dem Hotel nicht die weichen Betten,
3. Hat das Hotel nicht einen Koch,
4. Kann man in dem Hotel den Wein kaufen,
5. Hast du in dem Hotel nicht die Familie kennengelernt,
6. Gibt es in diesem Hotel nicht ein Badezimmer,

a) in denen man so gut schlafen kann?
b) den du mir letztes Jahr geschenkt hast?
c) die in deiner Nachbarschaft wohnt?
d) der sehr berühmt ist?
e) in dem ein großer Whirlpool ist?
f) das so einen großen Swimmingpool hat?

Relativsätze

2 Was oder wer ist das? Welches Wort passt zur Definition?
What/Who is this? Write the word that matches the definition.

der Ball • das Lehrbuch • der Lebenslauf • das Wetter • die Nachbarn • Neujahr • die Schauspielerin/der Schauspieler • das Geschenk • ~~die Katze~~

- ein Tier, das viele Menschen gerne haben: *die Katze*

1. eine Sache, über die sich jeder freut: ....
2. ein runder Gegenstand, mit dem Kinder gerne spielen: ....
3. eine Person, die im Theater arbeitet: ....
4. ein Tag, den man in vielen Ländern feiert: ....
5. ein Text, in dem wir über unsere Ausbildung und Arbeitserfahrung berichten: ....
6. ein Buch, mit dem man eine Fremdsprache lernen kann: ....
7. Menschen, die neben uns wohnen: ....
8. ein Thema, über das man sich manchmal unterhält: ....

3 Hast du …? Ergänzen Sie die Relativsätze.
Have you …? Did you …? Complete the following sentences by writing the appropriate relative clause.

- Du hast mir den Ring zum Geburtstag geschenkt.
  Hast du irgendwo den Ring gesehen, *den du mir zum Geburtstag geschenkt hast?*

1. Der Porsche hat uns gerade überholt.
   Hast du den Porsche gesehen, ...
2. Ich habe die Weinflasche gestern in den Kühlschrank gestellt.
   Hast du die Weinflasche gesehen, ...
3. Ich habe die Dokumente auf den Kopierer gelegt.
   Hast du die Dokumente gesehen, ...
4. Ich habe vor einer Stunde mit dem Kollegen gesprochen.
   Hast du den Kollegen gesehen, ...
5. Den Kuchen hat Frau Müller mitgebracht.
   Hast du den Kuchen gegessen, ...
6. Die E-Mail hat die Personalabteilung gestern an alle geschickt.
   Hast du die E-Mail gelesen, ...

4 Geburtstagsgeschenke. Wer hat was bekommen? Verbinden Sie die Sätze wie im Beispiel.
Birthday presents. Who got what? Connect the sentences as shown in the example.

- Peter hat einen Pullover bekommen. Der Pullover ist schön warm.
  Peter hat einen Pullover bekommen, der schön warm ist.

1. Martha hat ein Kleid bekommen. Das Kleid passt ihr nicht.
   ....
2. Paul hat einen Papagei bekommen. Der Papagei kann sprechen.
   ....
3. Ina hat Stiefel bekommen. Die Stiefel haben viel zu hohe Absätze.
   ....
4. Sarah hat eine Opernkarte bekommen. Die Opernkarte will sie in Geld umtauschen.
   ....
5. Onkel Ralf hat ein Buch über Gartenarbeit bekommen. In dem Buch stehen viele Informationen über Obstbäume.
   ....
6. Paul hat einen neuen Hometrainer bekommen. Er hat für den Hometrainer gar keinen Platz mehr.
   ....
7. Inka hat einen Fotoapparat bekommen. Mit dem Fotoapparat kann sie professionelle Fotos machen.
   ....
8. Ella hat ein Smartphone bekommen. Das Smartphone hat eine sehr gute Kamera.
   ....

9 Anhang

9.1 Sprechübungen für Gruppen und Tandemlernende

Zur Vertiefung von grammatischen Strukturen in Gruppen oder zu zweit eignen sich besonders gut kleine Dialoge. Sie können als Partnerübung oder als Gruppenübung nach dem Prinzip: A fragt, B antwortet und fragt, A bzw. C antwortet und fragt usw. eingesetzt werden.

Die Teilnehmer können die Fragen mit einem Satz oder (ausführlicher) mit mehreren Sätzen beantworten.

■ Verben

1 *Übung zum Präsens der Verben*
Kettenspiel oder zu zweit: Was machst du gern?

Stellen Sie Fragen und beantworten Sie sie wie im Beispiel.
Das Spiel ist zu Ende, wenn keinem ein neues Verb einfällt.

A: *Kochst du gern?*

B: *Ja, ich koche gern.*
Nein, ich koche nicht gern.
Und du? Singst du gern?

Hilfe: singen • tanzen • reisen • arbeiten • reden • telefonieren • lesen

2 *Übung zum Präsens der Modalverben*

a) **Kettenspiel oder zu zweit: Kannst du …?**

A: *Kannst du kochen?*

B: *Ja, ich kann (gut) kochen.*
Nein, ich kann nicht gut kochen.
Nein, ich kann überhaupt nicht kochen.
Und du? Kannst du …?

A/C: *Ich …*

Hilfe: ein Instrument spielen • singen • Deutsch sprechen • Auto fahren • tauchen • schnell rennen

b) **Kettenspiel oder zu zweit: Magst du …?**

A: *Magst du den Regen?*

B: *Nein, die Sonne ist mir lieber.*

Hilfe: (der) Tag/(die) Nacht • Horrorfilme/Liebesfilme • Krimis/Gedichte • alte Autos/neue Autos • Bier/Wein • Hunde/Katzen • rote Rosen/weiße Nelken • Schwarz-Weiß-Fotos/Farbfotos

3 *Übung zum Präsens der Modalverben*
Arbeit in Kleingruppen: Was möchten/wollen Sie in der nächsten Deutschstunde (nicht) machen?

Schreiben Sie drei Vorschläge auf einen Zettel (mit einem Partner oder allein). Vergleichen Sie Ihre Ideen und treffen Sie dann eine Entscheidung (in Kleingruppen oder im Plenum).

Vorschläge machen: *Ich möchte/will (nicht/keinen/keine/kein) …*

Eine Entscheidung diskutieren: *Wir können …*

Hilfe: (die Konjugation) wiederholen • viel sprechen • einen interessanten Text lesen • einen Test schreiben • ein Lied lernen • Grammatikübungen machen • spielen • (Alltagssituationen) üben

Sprechübungen für Gruppen und Tandemlernende

4 *Übung zu Modalverben (besonders geeignet nach Übung 4 auf S. 20)*
Rollenspiel in Zweiergruppen: Buchen Sie ein Zimmer.

Buchen Sie ein Doppelzimmer in einem Hotel in den Bergen/am Bodensee/an einem frei gewählten Urlaubsort. Erkundigen Sie sich nach Wellnessangeboten, Sportmöglichkeiten und Restaurants.
Benutzen Sie den Dialog in Übung 4 als Modell. Sie können diesen Dialog auch bei geschlossenem Buch nachspielen.

5 *Übung zum Perfekt (unregelmäßige Verben)*

a) **Hast du schon mal …?**

A: *Hast du schon mal ein Buch geschrieben?*
B: *Ja, ich habe schon mal/oft …*
Nein, ich habe noch nie …
Hast du …?

Hilfe: ein Weihnachtslied singen • 50 Jahre alten Whisky trinken • Zwiebeln schneiden • eine Patentanmeldung lesen • einem Freund helfen • in einem Zelt schlafen • Geld auf der Straße finden • einen berühmten Menschen treffen • einen Horrorfilm sehen

b) **Bist du schon mal …?**

A: *Bist du schon mal in der Nordsee geschwommen?*
B: *Ja, ich bin schon …*
Nein, ich bin noch nie …
Bist du …?

Hilfe: nach New York fliegen • zu spät zu einer Prüfung kommen • zehn Kilometer laufen • drei Tage im Bett bleiben • mit einem Motorrad fahren • zu Fuß zur Arbeit gehen

6 *Übung zum Perfekt (Verben mit Präfix)*
Im Büro. Hast du … schon …?

A: *Hast du den Kopierer schon eingeschaltet?*
B: *Ja, ich habe den Kopierer schon eingeschaltet.*
Nein, ich habe den Kopierer noch nicht eingeschaltet.
Hast du …?

Hilfe: den Computer einschalten • das Passwort eingeben • das Firmenpapier einlegen • Frau Müller anrufen • die Dokumente ausdrucken • Herrn Klein zurückrufen • die Gäste abholen • die E-Mail weiterleiten • das Formular ausfüllen • deinen Schreibtisch aufräumen • den Termin absagen • den kaputten Kopierer ausschalten

7 *Übung zum Perfekt (Verben mit Präfix)*
Zu zweit: Interview

Machen Sie ein Interview mit Ihrer Nachbarin/Ihrem Nachbarn. Sie haben dafür zehn Minuten Zeit. Stellen Sie ihr/ihm möglichst viele Fragen über den Tagesablauf.
Wechseln Sie dann die Rollen.

A: *Wann hast du gestern/bist du gestern …?*
Hast/Bist du gestern …?
B: *Ich habe/bin …*

Hilfe: aufstehen • frühstücken • mit der Arbeit anfangen • einen Termin mit jemandem vereinbaren • deine Mutter/deinen Vater/deinen Bruder/einen Kunden anrufen • frisches Gemüse einkaufen • das Abendessen vorbereiten • fernsehen • einschlafen

8 *Übung zur Wiederholung der Zeitformen*

a) *Übung zum Präsens der Verben*
Zu zweit oder in Einzelarbeit: Was macht Peter von Montag bis Sonntag?

Wählen Sie einen Wochentag aus und erzählen Sie, was Peter an diesem Tag macht. Bringen Sie die Bilder in eine logische Reihenfolge, Sie brauchen nicht alle Bilder zu benutzen. Geben Sie auch die Uhrzeiten an. Spielen Sie dann kleine Dialoge wie im Beispiel.

A: (mit Tagesordnung für Montag): *Peter steht um 7.00 Uhr auf. Und wann steht er am Dienstag auf?*
B: *Am Dienstag steht er auch um 7.00 Uhr auf. Wann steht er am Mittwoch auf?* usw.

Hilfe: kochen • fernsehen • ins Bett gehen/schlafen • Deutsch lernen • Musik hören • einkaufen • Wäsche waschen • duschen • E-Mails beantworten • essen • das Geschirr spülen

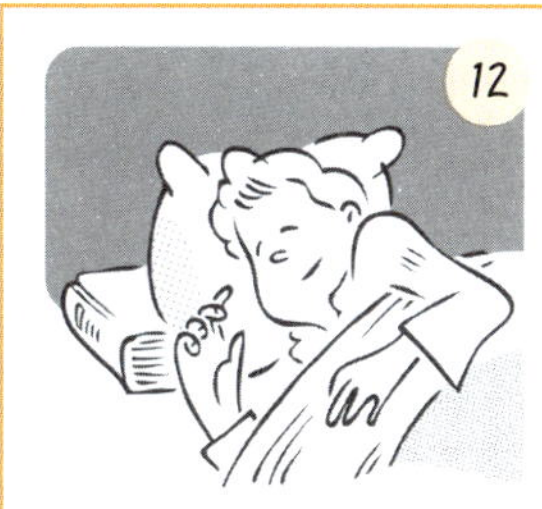

b) *Übung zum Perfekt der Verben*
Kettenspiel oder zu zweit: Was haben Sie letzten (Montag) … gemacht?

Wählen Sie einen Tag Ihrer Woche aus und erzählen Sie etwas über diesen Tag (in einem Satz oder ausführlicher). Fragen Sie dann Ihre Nachbarin/Ihren Nachbarn, was sie/er an diesem Tag gemacht hat.

A: *Am Samstag bin ich um 10.00 Uhr aufgestanden. Wann bist du aufgestanden?*
B: *Ich bin um 8.00 Uhr aufgestanden. Dann habe ich in einem Café gefrühstückt. Wo hast du gefrühstückt?* usw.

9 *Übung zum Konjunktiv II (besonders geeignet nach Übung 3 auf S. 53)*
Rollenspiel in Zweiergruppen

Vereinbaren Sie einen Termin. Benutzen Sie als Modell den Dialog in Übung 3. Sie können auch diesen Dialog bei geschlossenem Buch nachspielen.

Einige Ideen: Wohnungsbesichtigung • einen Freund besuchen • ein Produkt vorstellen • Zahnarztbesuch • Gespräch mit dem Chef über eine Gehaltserhöhung • Gespräch mit einem Kollegen über das neue Projekt

Sprechübungen für Gruppen und Tandemlernende

10 *Übung zu Verben mit präpositionalem Kasus (reflexive Verben)*

Kettenspiel: Wofür interessierst du dich?

A: *Wofür interessierst du dich?*

B: *Ich interessiere mich für … Und du? Wofür interessierst du dich?*

A: *Ich … Und worüber ärgerst du dich?*

Hilfe: sich ärgern über • sich freuen auf • sich fürchten vor

Nomen und Artikel

11 *Übung zum bestimmten und unbestimmten Artikel*

a) **Kettenspiel: Was sehen Sie auf dem Bild?**

Jeder soll einen Gegenstand oder eine Person nennen.

A: *Ich sehe auf dem Bild eine Frau. Die Frau hat einen Einkaufskorb in der Hand. In dem Einkaufskorb ist Gemüse. Sie nimmt gerade eine Flasche aus dem Regal.*

B: *Ich sehe auf dem Bild …*

b) **Kettenspiel: Soll ich dir was mitbringen?** *(nach dem Muster von „Ich packe meinen Koffer")*

A: *Ich gehe in den Supermarkt. Soll ich dir was mitbringen?*

B: *Ja, bring mir bitte zwei Tafeln Schokolade mit.*
Ich gehe in den Supermarkt. Soll ich dir was mitbringen?

C: *Ja, bring mir bitte zwei Tafeln Schokolade und 100 Gramm Käse mit.* usw.

Hilfe: zwei Gurken • frisches Obst • ein Kilo Kartoffeln • drei Zwiebeln • zwei Flaschen Wein • 200 Gramm ungarische Salami • eine Flasche Bier

12 *Übung zum unbestimmten und negativen Artikel*
Kettenspiel oder zu zweit: Hast du einen/eine/ein ...?

A: *Hast du eine Brille?*
B: *Ja, ich habe eine Brille.*
Nein, ich habe keine Brille.
Und du? Hast du ...?
A/C: *Ich ...*

Hilfe: der Fernseher • das Auto • der Regenschirm • der Kugelschreiber • die Villa • der Hund • die Katze • das Fahrrad • der Garten • die Mikrowelle

13 *Übung zu Possessivartikeln*
Kettenspiel: Ist das dein ...?

Notieren Sie auf einem Kärtchen den Namen eines Gegenstandes mit Artikel. Formulieren Sie dann der Reihe nach Sätze wie im Beispiel.

Erste Runde – Nominativ:

A: *Das ist mein Kugelschreiber. Ist das dein Grammatikbuch?*
B: *Ja, das ist mein Grammatikbuch. Ist das dein Schreibheft?*
C: *Ja, das ist mein Schreibheft. Ist das ...*

Zweite Runde – Akkusativ:

A: *Ich benutze meinen Kugelschreiber oft/selten. Benutzt du dein Grammatikbuch oft?*
B: *Ich benutze mein Grammatikbuch sehr oft. Benutzt du dein Schreibheft oft?*
C: *Nein, ...*

Dritte Runde – Dativ:

A: *Ich schreibe mit meinem Kugelschreiber. Was machst du mit deinem Grammatikbuch?*
B: *Ich lese Erklärungen und mache Übungen. Was machst du mit deinem Schreibheft?*
C: *Ich schreibe neue Wörter auf.*

Hilfe: das Grammatikbuch • der Kugelschreiber • das Schreibheft • das iPad • das Handy • der Laptop • die Kopfhörer *(Pl.)*

14 *Übung zum Possessivpronomen (besonders geeignet nach Übung 2 auf S. 96)*
Kettenspiel oder zu zweit: Nach der Party

In diesem Zimmer liegt nach der Party viel herum. Stellen Sie Fragen wie im Beispiel.

A: *Da liegt ein Heft. Ist das deins?*
B: *Nein, das ist nicht meins.*
Da steht eine Tasse.
Ist das deine? usw.

Hilfe: das Fahrrad • die Socken *(Pl.)* • die Blumen *(Pl.)* • die Pizza • das Heft • das Radio • das Buch • die Tasse • die Rollschuhe *(Pl.)* • der Zettel • das Wörterbuch • der Reiseführer • der Kugelschreiber

Sprechübungen für Gruppen und Tandemlernende

Adjektive

15 *Übung zur Adjektivdeklination (besonders geeignet nach Übung 5 auf S. 108)*

a) **Was tragen Sie (nicht) gern?**

Was für Kleidungsstücke tragen Sie (nicht) gern? Nennen Sie ein Kleidungsstück mit Adjektiv.

b) **Kettenspiel: Was hat Ihre Nachbarin/Ihr Nachbar an?**

Was hat Ihre Nachbarin/Ihr Nachbar heute an? Nennen Sie ein Kleidungsstück mit Adjektiv.

Hilfe: langer Rock • kurze Hose • alte Schuhe • helles Hemd • karierte Hose • schwarze Bluse • weicher Kaschmirpullover • blaue Jeans

16 *Übung zur Adjektivdeklination*

Rollenspiel in Zweiergruppen: Wer hat den Dieb gesehen? Die Polizei sucht eine Täterbeschreibung.

A: *Sie haben den Dieb gesehen. Wie groß war er?*
B: *...*
A: *Wie alt war er?*
B: *...*
A: *Wie sah er aus?*
B: *Er hatte ...*

Hilfe: rund, Gesicht • groß, Nase • kurz, blond, Haare • gelb, Zähne • klein, Ohren • dick, Bauch

A: *Was hatte er an?*
B: *Er hatte ... an.*
Er trug ...

Hilfe: schwarz, Jacke • weiß, Hemd • braun, Schuhe • lang, Hose • bunt, Krawatte • schwarz, Fliege • alt, Arbeitskleidung

17 *Übung zur Adjektivdeklination (Ortsangaben)*

Kettenspiel oder zu zweit: Beschreiben Sie ein Zimmer in Ihrer Wohnung.

A: *Was ist dein Lieblingszimmer?*
B: *Mein Lieblingszimmer ist das Wohnzimmer.*
A: *Kannst du das Zimmer beschreiben?*
B: *Also, in der Mitte steht ein großer Tisch. Dann gibt es in dem Zimmer noch ein altes Sofa ... Das Zimmer hat grüne Wände. Was ist dein Lieblingszimmer?*
A: *...*

Hilfe: der Stuhl • der Tisch • das Sofa • der Fernseher • die Lampe • das Foto • das Gemälde • das Bücherregal • die Pflanze • der Teppich • der Schrank • das Klavier • die Vase • der Sessel

18 *Übung zum Komparativ (besonders geeignet z. B. nach Übung 1 auf S. 111)*

Kettenspiel: Was möchten Sie ändern?

Sagen Sie einen Satz und fragen Sie dann Ihre Nachbarin/Ihren Nachbarn.

A: *Ich bin manchmal so ungeduldig. Ich möchte geduldiger sein.*
Und du? Was möchtest du ändern?

Hilfe: langsam/schnell arbeiten • nervös/ruhig sein • unpünktlich/pünktlich sein • faul/fleißig sein noch nicht so gut/gut (Deutsch sprechen, Auto fahren) • oft zu Hause bleiben/viel reisen

19 *Übung zum Komparativ (besonders geeignet z. B. nach Übung 7 auf S. 113)*
Wie sind Sie?

Vergleichen Sie sich mit jemandem in der Gruppe. Formulieren Sie mindestens einen Unterschied und eine Ähnlichkeit. Benutzen Sie dabei die Sätze von Übung 7 als Modell.

Hilfe: Haarfarbe • Augenfarbe • Größe • Farbe der Kleidung • Alter

Nomen und Präpositionen

20 *Übung zu Präpositionen mit dem Dativ*
Kettenspiel oder zu zweit: Womit fährst du …?

A: *Womit fährst du zum Deutschkurs?*
B: *Ich fahre mit dem Auto.*
Und du? Womit fährst du …?
A/C: *Ich …*

Hilfe: die Uni/die Straßenbahn • die Arbeit/der Bus • die Sprachschule/der Zug • der Bahnhof/das Fahrrad • die Bäckerei/das Motorrad

21 *Übung zu Präpositionen mit dem Dativ*
Kettenspiel: Woher kommen Sie? Wohin gehen Sie?

Bilden Sie eine Satzkette wie im Beispiel. Wiederholen Sie zuerst das letzte Nomen wie im Beispiel und geben Sie dann eine neue Person/einen neuen Ort an.

A: *Ich komme vom Zahnarzt und gehe zum Friseur. Und du?*
B: *Ich komme vom Friseur und gehe zu …*

Hilfe: der Bäcker • der Metzger • der Masseur • meine Tante • mein Cousin • das Museum • der Supermarkt • meine Schulfreundin • die Bibliothek • der Gemüsehändler • der Bahnhof • eine Ausstellung • die Apotheke • die Autowerkstatt • der Schwimmkurs

22 *Übung zu Wechselpräpositionen/Präpositionen mit dem Dativ*
Kettenspiel oder zu zweit: Warst du schon mal in …?

A: *Warst du schon mal in Berlin/bei einem Fußballspiel?*
B: *Ja, ich war schon mal in Berlin/bei einem Fußballspiel.*
Nein, ich war noch nie in Berlin/bei einem Fußballspiel.
Und du? Warst du …?
A/C: *Ja, …/Nein, …*

Hilfe: eine Sauna • ein Fünf-Sterne-Hotel • die USA • die Schweiz • die Alpen • Asien • Wien • Südamerika • ein Zoo • ein Boxkampf • Nordeuropa • ein Yogakurs • eine Modenschau • eine Ausstellungseröffnung • ein Weihnachtskonzert

23 *Übung zu Wechselpräpositionen*
Kettenspiel: Beschreiben Sie Ihren Kursraum.

Wo sind die Gegenstände? Nennen Sie die Position eines Gegenstandes.

Hilfe: die Tafel • der Lehrertisch • Ihr Stuhl • das Regal • Ihre Tasche • das Lehrbuch • das Plakat • der Beamer • der Computer • das Smartphone • die Flasche • das Smartboard

Sprechübungen für Gruppen und Tandemlernende

Fragewörter

24 *Übung zu Fragewörtern*

Formulieren Sie Fragen zu den Personen auf den Bildern.
Ihre Nachbarin/Ihr Nachbar soll die Frage beantworten und einer anderen Person in der Gruppe eine andere Frage stellen. Jedes Fragewort darf nur einmal benutzt werden.

Fragewörter: wann? • wer? • wen? • wo? • wie lange? • wie oft? • wie viel? • warum? • woher? • wohin? • welch …? • was für ein …? • mit wem? • über wen? • womit? • worüber? usw.

Sätze

25 *Übung zu Negationen*
Kettenspiel oder zu zweit: Sagen Sie das Gegenteil.

Formulieren Sie eine Aussage wie im Beispiel. Ihre Nachbarin/Ihr Nachbar soll das Gegenteil sagen und eine neue Aussage formulieren. (Die Sätze müssen nicht zusammenhängend sein.) Sie können auch ein Thema auswählen (z. B. Urlaub, Wochenende, Arbeit) und zu diesem Thema Ihre Aussagen formulieren.

A: *Ich schwimme gern.*
B: *Ich schwimme nicht gern. Ich koche gern.*

26 *Übung zu adverbialen Nebensätzen (besonders geeignet nach Übung 4 auf S. 155)*
Kettenspiel oder zu zweit: Erinnerungen

Formulieren Sie Ihre Erinnerungen wie im Beispiel. Fragen Sie dann Ihre Nachbarin/Ihren Nachbarn.

A: *Als ich klein war, wollte ich Sänger werden. Was wolltest du werden, als du klein warst?*
B: *Als ich noch …*

Hilfe: Womit hast du am liebsten gespielt? • Was hast du gern gegessen? • Was hast du in deiner Freizeit gerne gemacht? • Welche Filme hast du gerne gesehen? • Welche Bücher hast du gerne gelesen? • Worüber hast du dich geärgert?

27 *Übung zum Infinitiv mit zu*
Kettenspiel: Ich habe keine Zeit …

Überlegen Sie sich vor dem Spiel, wofür Sie im Moment keine Zeit haben. Bilden Sie Satzketten wie im Beispiel.

A: *Ich habe keine Zeit, meine Hausaufgaben zu machen …*
B: *Meine linke Nachbarin/Mein linker Nachbar hat keine Zeit, ihre/seine Hausaufgaben zu machen – ich habe keine Zeit, zum Zahnarzt zu gehen.*
C: *Meine linke Nachbarin/Mein linker Nachbar hat keine Zeit, zum Zahnarzt zu gehen – ich habe keine Zeit …*

28 *Übung zu indirekten Fragesätzen, dass-Sätzen*
Zu zweit: Interview

Machen Sie ein längeres Interview mit Ihrer Nachbarin/Ihrem Nachbarn. Stellen Sie ihr/ihm viele Fragen und versuchen Sie dabei möglichst viele verschiedene Fragewörter zu benutzen.
Berichten Sie anschließend im Plenum.

A: *Ich habe meine Nachbarin/meinen Nachbarn gefragt, wann/ob …*
Sie/Er hat geantwortet, dass …

Hilfe: Alter • Beruf • Geburtsort • Geburtsdatum • Studium • Wohnort • Familie • Urlaub • Sprachkenntnisse • Hobbys • Essen und Trinken • Träume und Wünsche

Gesamtwiederholung

29 *Gesamtwiederholung*
Zu zweit: Ein Ort in der Stadt

a) **Wählen Sie ein Bild/einen Ort aus.**
Was gibt es an diesem Ort? Sammeln Sie Wörter.

Hilfe: Kaufhaus • Bibliothek • Café • Hotel • Kneipe • Kino

b) **Was kann man an diesem Ort machen?**
Sammeln Sie Ausdrücke.

c) **Was kann an diesem Ort los sein?**
Spielen Sie einen Dialog, der sich an dem gewählten Ort abspielen könnte.

d) **Sie waren gestern im Kaufhaus, im Kino, im Café usw.**
Was haben Sie dort gemacht? Berichten Sie.

9.2 Übersicht: Unregelmäßige Verben

A Modalverben

Infinitiv	3. Person Singular Präsens	3. Person Singular Präteritum
dürfen	er darf	er durfte
können	sie kann	sie konnte
mögen	er mag	er mochte
müssen	sie muss	sie musste
sollen	er soll	er sollte
wollen	sie will	sie wollte

B *Haben, sein* und *werden*

Infinitiv	3. Person Singular Präsens	3. Person Singular Präteritum	3. Person Singular Perfekt
haben	er hat	er hatte	er hat gehabt
sein	sie ist	sie war	sie ist gewesen
werden	er wird	er wurde	er ist geworden

C Wichtige unregelmäßige Verben und Verben aus dem Buch

Infinitiv	3. Person Singular Präsens	3. Person Singular Präteritum	3. Person Singular Perfekt
beginnen *(mit der Vorbereitung)*	er beginnt	er begann	er hat begonnen
bieten *(guten Service)* anbieten *(ein Produkt)*	sie bietet sie bietet an	sie bot sie bot an	sie hat geboten sie hat angeboten
binden *(ein Buch/eine Schleife)* verbinden *(jemanden am Telefon oder etwas)*	er bindet er verbindet	er band er verband	er hat gebunden er hat verbunden
bitten *(jemanden um Hilfe)*	sie bittet	sie bat	sie hat gebeten
bleiben	er bleibt	er blieb	er ist geblieben
(das Glas) brechen einbrechen *(in ein Museum)*	es bricht sie bricht ein	es brach sie brach ein	es ist gebrochen sie hat eingebrochen
bringen *(jemandem ein Glas Wasser)* mitbringen *(jemandem ein Brötchen)*	er bringt er bringt mit	er brachte er brachte mit	er hat gebracht er hat mitgebracht
denken *(an die Arbeit)* nachdenken *(über ein Problem)*	sie denkt sie denkt nach	sie dachte sie dachte nach	sie hat gedacht sie hat nachgedacht
empfangen *(jemanden)*	er empfängt	er empfing	er hat empfangen
empfehlen *(jemandem ein Restaurant)*	sie empfiehlt	sie empfahl	sie hat empfohlen
entscheiden *(sich für etwas/jemanden)*	er entscheidet sich	er entschied sich	er hat sich entschieden
essen *(ein Schnitzel)*	sie isst	sie aß	sie hat gegessen
fahren abfahren hinfahren	er fährt er fährt ab er fährt hin	er fuhr er fuhr ab er fuhr hin	er ist gefahren er ist abgefahren er ist hingefahren

Infinitiv	3. Person Singular Präsens	3. Person Singular Präteritum	3. Person Singular Perfekt
fangen *(einen Fisch)* anfangen *(mit dem Studium)*	sie fängt sie fängt an	sie fing sie fing an	sie hat gefangen sie hat angefangen
fliegen	er fliegt	er flog	er ist geflogen
geben *(jemandem einen Brief)* abgeben *(ein Dokument)* eingeben *(ein Passwort)*	sie gibt sie gibt ab sie gibt ein	sie gab sie gab ab sie gab ein	sie hat gegeben sie hat abgegeben sie hat eingegeben
gehen ausgehen *(am Abend)*	er geht er geht aus	er ging er ging aus	er ist gegangen er ist ausgegangen
gelten *(als giftig)*	sie gilt	sie galt	sie hat gegolten
genießen *(das Wochenende)*	er genießt	er genoss	er hat genossen
geraten *(in eine schwierige Situation)*	sie gerät	sie geriet	sie ist geraten
(etwas Schreckliches) geschehen	es geschieht	es geschah	es ist geschehen
gewinnen *(eine Medaille)*	er gewinnt	er gewann	er hat gewonnen
halten *(ein Glas in der Hand)* erhalten *(eine E-Mail)* unterhalten *(sich mit jemandem über Fußball)*	sie hält sie erhält sie unterhält sich	sie hielt sie erhielt sie unterhielt sich	sie hat gehalten sie hat erhalten sie hat sich unterhalten
(das Handtuch) hängen *(im Bad)* *(etwas)* abhängen *(vom Wetter)*	es hängt es hängt ab	es hing es hing ab	es hat gehangen es hat abgehangen
heißen	er heißt	er hieß	er hat geheißen
helfen *(einem Freund)*	sie hilft	sie half	sie hat geholfen
kennen *(den neuen Direktor)*	er kennt	er kannte	er hat gekannt
kommen ankommen *(um 15.00 Uhr)* bekommen *(ein Geschenk)* zurückkommen *(von einer Reise)*	sie kommt sie kommt an sie bekommt sie kommt zurück	sie kam sie kam an sie bekam sie kam zurück	sie ist gekommen sie ist angekommen sie hat bekommen sie ist zurückgekommen
laden *(die Batterie)* einladen *(jemanden zu einem Fest)* herunterladen *(etwas am Computer)*	er lädt er lädt ein er lädt herunter	er lud er lud ein er lud herunter	er hat geladen er hat eingeladen er hat heruntergeladen
lassen hinterlassen *(eine Nachricht)* verlassen *(ein Gebäude/jemanden)*	sie lässt sie hinterlässt sie verlässt	sie ließ sie hinterließ sie verließ	sie hat gelassen sie hat hinterlassen sie hat verlassen
laufen	er läuft	er lief	er ist gelaufen
leihen *(jemandem Geld)* verleihen *(Fahrräder)*	sie leiht sie verleiht	sie lieh sie verlieh	sie hat geliehen sie hat verliehen
lesen *(ein Buch)* vorlesen *(eine Geschichte)*	er liest er liest vor	er las er las vor	er hat gelesen er hat vorgelesen
liegen *(im Bett)*	sie liegt	sie lag	sie hat gelegen
nehmen *(ein Bier)* abnehmen teilnehmen *(an einer Veranstaltung)* *(der Sturm)* zunehmen	er nimmt er nimmt ab er nimmt teil er nimmt zu	er nahm er nahm ab er nahm teil er nahm zu	er hat genommen er hat abgenommen er hat teilgenommen er hat zugenommen
raten *(jemandem, gesund zu leben)* beraten *(einen Kunden)*	sie rät sie berät	sie riet sie beriet	sie hat geraten sie hat beraten
(der Strick) reißen zerreißen *(ein Stück Papier)*	er reißt er zerreißt	er riss er zerriss	er ist gerissen er hat zerrissen

Übersicht: Unregelmäßige Verben

Infinitiv	3. Person Singular Präsens	3. Person Singular Präteritum	3. Person Singular Perfekt
rufen *(jemanden)* abrufen *(E-Mails)* anrufen *(jemanden)*	er ruft er ruft ab er ruft an	er rief er rief ab er rief an	er hat gerufen er hat abgerufen er hat angerufen
(die Sonne) scheinen *(das Buch)* erscheinen	sie scheint es erscheint	sie schien es erschien	sie hat geschienen es ist erschienen
schieben *(ein kaputtes Fahrrad)* verschieben *(einen Termin)*	sie schiebt sie verschiebt	sie schob sie verschob	sie hat geschoben sie hat verschoben
schießen *(ein Tor)*	er schießt	er schoss	er hat geschossen
schlafen einschlafen	sie schläft sie schläft ein	sie schlief sie schlief ein	sie hat geschlafen sie ist eingeschlafen
schlagen *(jemanden)* vorschlagen *(ein Projekt)*	er schlägt er schlägt vor	er schlug er schlug vor	er hat geschlagen er hat vorgeschlagen
schließen *(eine Tür/Freundschaft)* abschließen *(ein Studium/eine Tür)*	sie schließt sie schließt ab	sie schloss sie schloss ab	sie hat geschlossen sie hat abgeschlossen
schneiden *(das Gemüse)* ausschneiden *(einen Text am Computer)*	er schneidet er schneidet aus	er schnitt er schnitt aus	er hat geschnitten er hat ausgeschnitten
schreiben *(einen Brief)* unterschreiben *(einen Vertrag)*	sie schreibt sie unterschreibt	sie schrieb sie unterschrieb	sie hat geschrieben sie hat unterschrieben
(das Baby) schreien	es schreit	es schrie	es hat geschrien
schweigen	er schweigt	er schwieg	er hat geschwiegen
schwimmen	sie schwimmt	sie schwamm	sie ist geschwommen
sehen *(einen Film)* ansehen *(jemanden)* aussehen *(gut/schlecht)* fernsehen zusehen *(jemandem beim Kochen)*	er sieht er sieht an er sieht aus er sieht fern er sieht zu	er sah er sah an er sah aus er sah fern er sah zu	er hat gesehen er hat angesehen er hat ausgesehen er hat ferngesehen er hat zugesehen
senden *(eine E-Mail)*	sie sendet	sie sandte	sie hat gesandt
singen *(ein Lied)*	er singt	er sang	er hat gesungen
(das Interesse) sinken	es sinkt	es sank	es ist gesunken
sitzen *(auf dem Sofa)* besitzen *(ein Haus)*	sie sitzt sie besitzt	sie saß sie besaß	sie hat gesessen sie hat besessen
sprechen *(eine Fremdsprache)* versprechen *(jemandem ein Geschenk)* widersprechen *(jemandem)*	er spricht er verspricht er widerspricht	er sprach er versprach er widersprach	er hat gesprochen er hat versprochen er hat widersprochen
stehen *(im Tor)* aufstehen bestehen *(eine Prüfung)* verstehen *(jemanden/etwas)*	sie steht sie steht auf sie besteht sie versteht	sie stand sie stand auf sie bestand sie verstand	sie hat gestanden sie ist aufgestanden sie hat bestanden sie hat verstanden
stehlen *(ein Gemälde)*	er stiehlt	er stahl	er hat gestohlen
steigen *(auf einen Berg)* aussteigen *(aus einem Auto)* einsteigen *(in einen Zug)*	sie steigt sie steigt aus sie steigt ein	sie stieg sie stieg aus sie stieg ein	sie ist gestiegen sie ist ausgestiegen sie ist eingestiegen
sterben *(an einer Krankheit)*	er stirbt	er starb	er ist gestorben
stoßen *(jemanden)*	sie stößt	sie stieß	sie hat gestoßen

Infinitiv	3. Person Singular Präsens	3. Person Singular Präteritum	3. Person Singular Perfekt
streiten *(sich mit dem Bruder)*	er streitet sich	er stritt sich	er hat sich gestritten
tragen *(eine rote Jacke)* *(die Lieferzeit)* betragen übertragen *(etwas live im Fernsehen)*	er trägt sie beträgt er überträgt	er trug sie betrug er übertrug	er hat getragen sie hat betragen er hat übertragen
treffen *(sich mit Freunden)*	er trifft	er traf	er hat getroffen
treiben *(Sport)*	sie treibt	sie trieb	sie hat getrieben
treten *(vor die Presse)*	er tritt	er trat	er ist getreten
trinken *(eine Tasse Kaffee)*	sie trinkt	sie trank	sie hat getrunken
tun *(nichts)*	er tut	er tat	er hat getan
vergessen *(einen Termin/jemanden)*	sie vergisst	sie vergaß	sie hat vergessen
verlieren *(den Autoschlüssel)*	er verliert	er verlor	er hat verloren
verzeihen *(jemandem einen Fehler)*	sie verzeiht	sie verzieh	sie hat verziehen
(der Baum) wachsen	er wächst	er wuchs	er ist gewachsen
waschen *(sich, die Sachen)*	sie wäscht	sie wusch	sie hat gewaschen
weisen *(jemandem den Weg)* beweisen *(eine Theorie)*	er weist er beweist	er wies er bewies	er hat gewiesen er hat bewiesen
werben *(für ein Produkt)* bewerben *(sich um ein Stipendium)*	sie wirbt sie bewirbt sich	sie warb sie bewarb sich	sie hat geworben sie hat sich beworben
wissen	er weiß	er wusste	er hat gewusst
ziehen *(an einem Strick)* anziehen *(sich)* umziehen *(sich)* umziehen *(in eine andere Stadt)*	sie zieht sie zieht sich an sie zieht sich um sie zieht um	sie zog sie zog sich an sie zog sich um sie zog um	sie hat gezogen sie hat sich angezogen sie hat sich umgezogen sie ist umgezogen

9.3 Übersicht: Verben mit direktem Kasus

Einige Verben mit dem Akkusativ

Infinitiv	Ergänzung	Beispielsatz
abholen	AKK, *von* + DAT (oft)	Peter holt die Gäste vom Bahnhof ab.
absagen	AKK (oft)	Ich muss den Termin leider absagen.
anrufen	AKK	Ich rufe dich morgen an.
beantworten	AKK	Frau Müller beantwortet die E-Mail sofort.
bearbeiten	AKK	Ich kann das Dokument nicht bearbeiten.
bedienen	AKK	Nur Spezialisten können die Maschine bedienen.
beeinflussen	AKK	Wir können die Entwicklung beeinflussen.
bekämpfen	AKK	Mittags bekämpfen wir unsere eigene Müdigkeit.
benutzen	AKK	Bitte benutzen Sie nur die Toiletten in der ersten Etage.
bestehen	AKK	Hast du die Prüfung bestanden?
besuchen	AKK	Paul besucht seine Freunde in Paris.
bezahlen	AKK	Wir bezahlen die Rechnung in zwei Wochen.
brauchen	AKK	Ich brauche kein Auto.
empfangen	AKK	Wir empfangen heute Gäste.
entwickeln	AKK	Unsere Fachleute haben ein neues Programm entwickelt.
erhalten	AKK	Wir haben die Ware noch nicht erhalten.
erwarten	AKK	Wir erwarten die Lieferung morgen.
essen	AKK	Susanne isst gern Fisch.
finden	AKK	Wie findest du meine neue Wohnung?
genießen	AKK	Genießen Sie Ihr Wochenende!
gründen	AKK	Wir gründen eine Firma.
haben	AKK	Otto hat einen neuen Laptop.
hinterlassen	AKK, *für* + AKK (oft)	Kann ich eine Nachricht für Frau Weber hinterlassen?
hören	AKK	Hörst du die Vögel?
kennen	AKK	Kennst du den neuen Kollegen schon?
kennenlernen	AKK	Wann haben Sie den berühmten Maler kennengelernt?
kopieren	AKK	Anna hat die Dokumente kopiert.
lesen	AKK	Martina liest einen Krimi.
lieben	AKK	Mäuse lieben Süßspeisen.
lösen	AKK	Ich kann das Problem nicht lösen.
möchten	AKK	Möchten Sie ein Glas Wasser?
mögen	AKK	Ich mag den neuen Kollegen nicht.
planen	AKK	Wir planen ein neues Projekt.
präsentieren	AKK	Johanna präsentiert heute die Arbeitsergebnisse.
respektieren	AKK	Wir müssen unseren Biorhythmus respektieren.
riechen	AKK	Riechst du das Meer?
sehen	AKK	Siehst du das blaue Auto dort?
speichern	AKK	Hast du die Dokumente gespeichert?
stehlen	AKK	Die Einbrecher haben ein Bild von Picasso gestohlen.
stören	AKK	Du darfst mich in den nächsten 30 Minuten bitte nicht stören.
suchen	AKK	Ich suche meine Uhr.

Infinitiv	Ergänzung	Beispielsatz
trinken	AKK	Ich trinke einen Kaffee mit Milch.
unterstützen	AKK	Graf Schattenbach hat Mozart finanziell unterstützt.
verarbeiten	AKK	Die Maschine verarbeitet die Daten.
vereinbaren	AKK	Können wir für morgen einen Termin vereinbaren?
vergessen	AKK	Hast du den Termin vergessen?
vorbereiten	AKK	Herr Klein bereitet eine Präsentation vor.
würzen	AKK, *mit* + DAT (oft)	Der Koch würzt das Essen mit Chili.

Einige Verben mit dem Dativ

Infinitiv	Ergänzung	Beispielsatz
antworten	DAT	Wann hast du ihm geantwortet?
danken	DAT, *für* + AKK (oft)	Ich danke dir für das Geschenk.
folgen	DAT	Die Polizei folgte dem Hinweis einer Zeugin.
gefallen	DAT	Die Wohnung gefällt mir.
gehören	DAT	Die Sonnenbrille gehört mir.
glauben	DAT	Warum glaubst du mir nicht?
helfen	DAT, *bei* + DAT (oft)	Kannst du mir bei den Hausaufgaben helfen?
schmecken	DAT	Wie schmeckt dir das Essen?
widersprechen	DAT	Immer widersprichst du mir!
zuhören	DAT	Hörst du mir mal zu?

Einige Verben, die oft mit Akkusativ und Dativ stehen

Infinitiv	Ergänzung	Beispielsatz
bieten anbieten	DAT (oft), AKK DAT (oft), AKK	Wir bieten unseren Kunden vollen Komfort. Darf ich Ihnen noch einen Kaffee anbieten?
bringen mitbringen	DAT, AKK DAT, AKK	Bitte bringen Sie mir noch eine Tasse Tee. Bringst du mir ein Brötchen mit?
empfehlen	DAT, AKK	Wir empfehlen unseren Besuchern das Restaurant „Lecker".
erklären	DAT, AKK	Nina erklärt der neuen Kollegin das Programm.
erzählen	DAT, AKK	Mein Opa erzählt mir manchmal Geschichten von früher.
geben zurückgeben	DAT, AKK DAT, AKK	Gibst du mir mal einen Stift? Wann gibst du mir mein Fahrrad zurück?
gewähren	DAT, AKK	Wir gewähren Ihnen einen Rabatt.
holen	DAT, AKK	Holst du mir noch ein Glas Wasser?
leihen	DAT, AKK	Ich leihe dir kein Geld mehr.
kaufen	DAT (oft), AKK	Hast du dir schon wieder neue Schuhe gekauft?
schenken	DAT, AKK, *zu* + DAT (oft)	Ich habe meiner Frau zum Geburtstag Blumen geschenkt.
schicken	DAT, AKK	Wir schicken unsere Ware mit DHL.
senden	DAT, AKK	Ich sende Ihnen heute die Preisliste.
versprechen	DAT, AKK	Er versprach ihr ewige Liebe.
waschen	DAT, AKK	Ich muss heute meine T-Shirts waschen.
wünschen	DAT, AKK, *zu* + DAT (oft)	Ich wünsche dir alles Gute zum Geburtstag.
zeigen	DAT, AKK	Können Sie mir die Rechnung zeigen?

9.4 Übersicht: Verben mit präpositionalem Kasus

Wichtige Verben mit präpositionalem Kasus in alphabetischer Reihenfolge

Infinitiv	Ergänzung	Beispielsatz
abhängen	*von* + DAT	Alles hängt vom Wetter ab.
achten	*auf* + AKK	Achten Sie besonders auf die Großschreibung.
anfangen	*mit* + DAT	Wann fangt ihr mit dem Projekt an?
arbeiten	*bei* + DAT *als* + NOM *an* + DAT	Katharina arbeitet bei Siemens als Ingenieurin. Kerstin arbeitet an einem Gymnasium.
sich ärgern	*über* + AKK	Frau Müller ärgert sich über ihren Chef.
sich aufregen	*über* + AKK	Regst du dich schon wieder über die Benzinpreise auf?
ausgeben	*für* + AKK	Er gibt sehr viel Geld für Computerspiele aus.
beginnen	*mit* + DAT	Wann beginnt ihr mit der Arbeit?
sich bedanken	*bei* + DAT *für* + AKK	Martin bedankt sich bei seiner Kollegin. Der Projektleiter bedankte sich für die gute Zusammenarbeit.
berichten	*über* + AKK	Die Politikerin berichtet über das Ergebnis der Verhandlungen.
sich beschäftigen	*mit* + DAT	Max beschäftigt sich gerade mit der Abrechnung.
sich beschweren	*bei* + DAT *über* + AKK	Der Gast beschwert sich bei dem Manager über das Hotelzimmer.
bestehen	*in* + DAT *aus* + DAT *(oft ohne Artikel)*	Das Problem besteht in der Zusammensetzung der Materialien. Der Film besteht nur aus Actionszenen.
sich bewerben	*um* + AKK	Robert bewirbt sich um ein Stipendium.
bitten	*um* + AKK	Ich bitte dich um einen kleinen Gefallen.
danken	*für* + AKK	Ich danke dir für die Blumen.
denken	*an* + AKK	Frau Müller denkt auch nachts an ihre Arbeit.
diskutieren	*mit* + DAT *über* + AKK	Die Beschäftigten diskutierten mit ihrem Vorgesetzen über die Arbeitszeiten.
sich entscheiden	*für* + AKK	Wir entscheiden uns für die kleine Wohnung.
sich entschuldigen	*bei* + DAT *für* + AKK	Ich möchte mich bei dir für den Fehler entschuldigen.
sich erinnern	*an* + AKK	Erinnern Sie sich an Ihre Schulzeit?
sich erkundigen	*bei* + DAT *nach* + DAT	Wir erkundigten uns bei der Touristeninformation nach Stadtführungen aller Art.
fragen	*nach* + DAT	Frag doch den Mann dort nach dem Weg!
sich freuen	*über* + AKK *auf* + AKK	Ich freue mich über die Blumen und auf das Wochenende.
gehören	*zu* + DAT	Kundenbetreuung gehört auch zu meinen Aufgaben.
es geht	*um* + AKK	Es geht um das neue Projekt.
gelten	*als* + NOM	Sie gilt als Expertin.
gratulieren	*zu* + DAT	Ich gratuliere dir zum Geburtstag.
es handelt sich	*um* + AKK	Es handelt sich um unser neues Produkt.

Übersicht: Verben mit präpositionalem Kasus

Infinitiv	Ergänzung		Beispielsatz
sich interessieren	*für*	+ AKK	Interessierst du dich für Computerspiele?
lachen	*über*	+ AKK	Über diesen alten Witz lacht niemand mehr.
nachdenken	*über*	+ AKK	Über diesen Vorschlag muss ich erst mal nachdenken.
reagieren	*auf*	+ AKK	Mäuse reagieren auf den Geruch von Käse.
reden	*über*	+ AKK	Er redet gern über moderne Kunst.
riechen	*nach*	+ DAT	Es riecht nach Essen.
sprechen	*mit* *über*	+ DAT + AKK	Ich spreche morgen mit meinem Arzt. Die Kinder sprechen über ihre Probleme.
stammen	*aus*	+ DAT	Das älteste Buch stammt aus China.
sich streiten	*mit*	+ DAT	Otto streitet sich oft mit seinem Nachbarn.
teilnehmen	*an*	+ DAT	Wer nimmt an der Besprechung teil?
telefonieren	*mit*	+ DAT	Ich telefoniere gerade mit meiner Mutter.
träumen	*von*	+ DAT	Paul träumt von einem Lottogewinn.
sich unterhalten	*mit* *über*	+ DAT + AKK	Ich unterhalte mich mit Christine über die Arbeit.
verfügen	*über*	+ AKK	Das Hotel verfügt über einen Swimmingpool.
verbinden	*mit*	+ DAT	Verbinden Sie mich bitte mit der Marketingabteilung.
sich verlieben	*in*	+ AKK	Marie hat sich in ihren Friseur verliebt.
sich vorbereiten	*auf*	+ AKK	Der Schwimmer bereitet sich auf den Wettkampf gut vor.
warten	*auf*	+ AKK	Ich warte am Ausgang auf euch.

9.5 Übersicht: Thematische Zuordnung der Übungen

1 Angaben zur Person (Vorstellung, Personenbeschreibung)

Seite 63 (Übung 1) • 75 (2) • 111 (1) • 111 (2) • 119 (3) • 131 (3) • 145 (3) • 155 (4) • 155 (5) • 167 (1) • 167 (2) • 172 (16) • 172 (18) • 173 (19) • 174 (28)

2 Wohnen (Wohnort, Wohnungseinrichtung, Arbeit im Haushalt)

Seite 32 (Übung 1) • 68 (1) • 68 (3) • 71 (5) • 122 (2) • 134 (3) • 146 (5) • 152 (2) • 172 (17)

3 Tagesablauf, Alltagstätigkeiten

Seite 22 (Übung 2) • 30 (4) • 46 (1) • 95 (2) • 95 (3) • 169 (8) • 174 (26)

4 Freizeit (Hobby, Kultur, Wünsche)

Seite 11 (Übung 2) • 12 (4) • 12 (5) • 15 (3) • 52 (2) • 55 (1) • 81 (12) • 88 (6) • 129 (1) • 141 (2) • 151 (1) • 155 (3) • 156 (7)

5 Reisen und Verkehr (Hotelreservierung, Verkehrsdurchsagen, Berichte aus dem Urlaub)

Seite 17 (Übung 3) • 20 (4) • 27 (3) • 27 (4) • 50 (4) • 64 (4) • 76 (7) • 88 (5) • 90 (3) • 104 (2) • 109 (8) • 116 (5) • 123 (5) • 135 (5) • 138 (2) • 145 (4) • 160 (3) • 163 (2) • 168 (4) • 173 (20)

6 Zwischenmenschliche Beziehungen (Freundschaft und Familie)

Seite 30 (Übung 2) • 42 (7) • 103 (1) • 127 (6) • 160 (4) • 161 (5)

7 Schule und Studium, Sprachen lernen

Seite 93 (Übung 4) • 103 (3) • 131 (5) • 139 (5) • 152 (4) • 156 (6) • 167 (3) • 173 (23)

8 Geschäfte und Restaurants (Kleidung kaufen, einkaufen, Essen bestellen)

Seite 75 (Übung 3) • 107 (3) • 108 (4) • 156 (8) • 166 (4) • 170 (11) • 175 (29)

9 Dienstleistungen (Geschäftsbriefe, Terminvereinbarung)

Seite 23 (Übung 4) • 52 (1) • 53 (3) • 88 (5) • 142 (3)

10 Alltag im Büro (Arbeitstätigkeiten, Aufgabenverteilung, Smalltalk)

Seite 13 (Übung 7) • 17 (2) • 30 (3) • 33 (3) • 37 (1, 2) • 44 (1) • 50 (3) • 57 (1) • 57 (2) • 64 (4) • 76 (6) • 93 (2) • 98 (Dialog) • 109 (9) • 123 (4) • 131 (4) • 134 (2) • 139 (4) • 158 (1) • 160 (2) • 163 (1) • 168 (6)

11 Deutschsprachige Länder, bekannte Deutsche, Schweizer und Österreicher (landeskundliche Informationen)

Seite 40 (Übung 3) • 113 (8) • 113 (9) • 115 (3) • 126 (5) • 145 (4) • 147 (2) • 164 (4)

12 Wissenschaft, Computer und Technologie

Seite 23 (Übung 3) • 41 (5) • 44 (2) • 57 (4) • 73 (9) • 146 (1) • 158 (2) • 158 (3)

13 Kurze Texte zu verschiedenen Themen

Seite 42 (Übung 6) • 58 (6) • 81 (10) • 84 (4) • 85 (5) • 111 (4) • 112 (5) • 128 (8)

9.6 Index

Index

9.7 Lösungen

■ 1 Verben

Präsens: Verben ohne Vokalwechsel

S. 11 Ü 1 ■ **1.** studiert **2.** Bezahlst **3.** Lernen **4.** Macht **5.** bleiben **6.** Trinkst **7.** steht **8.** lebt

S. 11 Ü 2 ■ **1.** Tom schreibt eine E-Mail. **2.** Niels hört Nachrichten. **3.** Frau Weber telefoniert. **4.** Lena spielt Tennis. **5.** David und Paul trinken Bier. **6.** Martha und Max machen eine Wanderung. **7.** Der Künstler malt ein Bild. **8.** Anne lernt Deutsch.

S. 11 Ü 3 ■ **1.** gehst, geht **2.** macht, Machst, Machen **3.** Reserviert, reserviere, reserviert **4.** kommt, komme, kommt **5.** bestelle, bestellen, bestellen **6.** Schreibst, schreiben, schreibt

S. 12 Ü 4 ■ **1.** gehe oft ins Konzert **2.** Du surfst oft im Internet, schreibst oft Nachrichten an Freunde und spielst gern Computerspiele. **3.** Vera lernt gern Sprachen, besucht gern Sprachkurse und macht gern Online-Übungen. **4.** Wir fotografieren gern, gehen oft ins Museum und besichtigen gern Ausstellungen. **5.** Ihr kauft oft Lebensmittel im Delikatessenladen, kocht gern und organisiert gern Partys. **6.** Sie wandern gern, schwimmen gern und spielen oft Fußball.

S. 12 Ü 5 ■ **1.** bleibe **2.** gehst **3.** kocht **4.** besuchen **5.** hört **6.** buchen

S. 13 Ü 6 ■ **1.** heiße **2.** studiert, studiert **3.** Tanzt, tanze **4.** wohnt, wohnen **5.** Spielen, spielt **6.** Reist, reisen **7.** Sammeln, sammle **8.** Singst, singen **9.** Arbeitest, arbeitet **10.** Redet, redet

S. 13 Ü 7 ■ **1.** arbeitet **2.** redet/telefoniert **3.** bucht **4.** schreibe **5.** bezahlt **6.** begrüßt **7.** telefoniert/redet **8.** repariert **9.** speichere **10.** löst

Präsens: Verben mit Vokalwechsel

S. 14 Ü 1 ■ **nehmen:** er nimmt, ich nehme, ihr nehmt; **fahren:** ich fahre, wir fahren, Gudrun fährt; **laufen:** ihr lauft, der Film läuft, die Kinder laufen; **geben:** du gibst, Tim gibt, wir geben; **sprechen:** ich spreche; der Lehrer spricht, ihr sprecht; **lesen:** er liest, ich lese, Sie lesen; **essen:** ich esse, du isst, wir essen; **schlafen:** das Kind schläft, die Gäste schlafen, du schläfst; **tragen:** er trägt, ihr tragt, wir tragen; **sehen:** ich sehe, du siehst, die Besucher sehen

S. 15 Ü 2 ■ **1.** nimmt **2.** spricht **3.** hält **4.** isst **5.** hilft **6.** sieht **7.** empfiehlt

S. 15 Ü 3 ■ **1.** liest **2.** schläft **3.** vergisst **4.** trägt **5.** spricht **6.** fährt **7.** isst **8.** sieht **9.** weiß **10.** läuft

S. 15 Ü 4 ■ **1.** schweigt – spricht **2.** schreibt – liest **3.** hört – sieht **4.** geht – fährt **5.** kocht – isst **6.** trinkt – nimmt **7.** wäscht – schläft

S. 15 Ü 5 ■ **1.** Isst du **2.** Kaufst du **3.** Fährst du **4.** Nimmst du **5.** Gehst du **6.** Läufst du **7.** Weißt du

1.1.2 Präsens: *haben, sein* und *werden*

S. 17 Ü 1 ■ **1.** bin **2.** seid, sind **3.** Hast, habe **4.** bist, Wirst, bin, habe **5.** ist, ist, wird **6.** ist, Hast, habe **7.** ist, wird **8.** hast, habe, werde

S. 17 Ü 2 ■ Das ist Frau Müller. Sie arbeitet als Managerin bei einer großen Firma. Ihre Arbeit beginnt um 9.00 Uhr. Sie fährt morgens mit der Straßenbahn zur Arbeit. Der Tagesablauf von Frau Müller ist immer gleich: Zuerst begrüßt sie ihre Kolleginnen und Kollegen, dann liest sie viele E-Mails. Einige Mails beantwortet sie sofort. Um 10.00 Uhr leitet Frau Müller eine Besprechung. Von 12.30 bis 13.00 Uhr hat sie Mittagspause. Oft geht sie in der Pause in ein kleines Restaurant, manchmal isst sie in der Kantine. Nachmittags schreibt sie Berichte und vereinbart Termine für Gespräche mit Kundinnen und Kunden. Um 17.30 Uhr hat sie Feierabend.

S. 17 Ü 3 ■ Wir wohnen in einem schönen Hotel direkt am Augustusplatz in der 8. Etage und wir haben einen schönen Ausblick über die Stadt. Unser Zimmer hat einen großen Fernseher und eine Sitzecke. Es ist sehr gemütlich. Ich bin von der langen Reise ein bisschen müde. Maximilian auch, er liegt im Bett und schläft. Morgen haben wir ein volles Ausflugsprogramm. Zuerst besichtigen wir das Völkerschlachtdenkmal, danach gehen wir ins Museum für moderne Kunst. Dort hängen viele Bilder aus dem 20. Jahrhundert. Abends gibt der Thomanerchor in der Thomaskirche ein Konzert. Wir hören Musik von Johann Sebastian Bach. Du weißt doch: Ich liebe die Musik von Bach.

Präsens: Modalverben

S. 19 Ü 1 ■ **1.** kann, können **2.** musst, müsst, müssen **3.** soll, soll, sollst **4.** darfst, darf, dürfen **5.** will, will, wollen **6.** möchtest, möchte, möchte **7.** magst, mag, mag

S. 19 Ü 2 ■ **1.** Darf **2.** wollen **3.** Magst **4.** müssen **5.** Möchten **6.** Kannst **7.** kann **8.** Soll **9.** Möchtest **10.** will **11.** kann

S. 20 Ü 3 ■ **1.** Rainer muss das Protokoll schreiben. **2.** Die meisten Kollegen mögen keine langen Besprechungen. **3.** Du sollst Frau Krüger heute noch zurückrufen. **4.** Wir müssen die Rechnung noch bezahlen. **5.** Der neue Kollege will eine Dienstreise machen. **6.** Martina darf drei Tage in der Woche im Homeoffice arbeiten. **7.** Ich kann den Drucker nicht reparieren.

S. 20 Ü 4 ■ **1.** möchte/will **2.** wollen/möchten **3.** wollen/möchten **4.** Möchten/Wollen **5.** können **6.** Darf **7.** dürfen **8.** muss/soll/kann **9.** können **10.** mag **11.** mögen **12.** kann **13.** kann **14.** Kann **15.** können **16.** wollen/möchten **17.** Können

Präsens: Verben mit Präfix

S. 22 Ü 1 ■ **trennbar:** ich sehe fern, ich rufe an, ich stehe auf, ich sehe zu, ich steige aus, ich arbeite weiter, ich stelle vor, ich leihe aus **nicht trennbar:** ich bestelle, ich verliere, ich empfange, ich erfinde, ich zerstöre

S. 22 Ü 2 ■ **1.** Um 8.30 Uhr frühstückt sie. **2.** Um 9.00 Uhr geht sie zur Arbeit. **3.** Um 9.30 Uhr fängt sie mit der Arbeit an. **4.** Zuerst liest und beantwortet sie ihre E-Mails. **5.** Danach hat sie eine Besprechung mit zwei Kolleginnen. **6.** Um 12.00 Uhr holt sie die Gäste vom Flughafen ab. **7.** Dann erklärt sie den Gästen das Programm. **8.** Um 14.00 Uhr spricht sie mit den Gästen über neue Projekte. **9.** Nachmittags schreibt sie ein paar E-Mails und vereinbart Termine mit Kunden. **10.** Um 16.00 Uhr ruft sie Frau Schröder an und diskutiert mit ihr über ein Problem. **11.** Um 17.30 Uhr macht sie Feierabend. **12.** Danach kauft sie im Supermarkt etwas zum Abendessen. **13.** Zu Hause bereitet sie das Abendessen vor. **14.** Um 19.00 Uhr isst sie gemeinsam mit ihrem Freund. **15.** Um 23.00 Uhr schläft sie ein und träumt etwas Schönes.

S. 23 Ü 3 ■ **1.** Er gibt das Passwort ein. **2.** Er kontrolliert den Posteingang. **3.** Er löscht unwichtige E-Mails. **4.** Er druckt wichtige E-Mails aus. **5.** Er leitet Dokumente weiter. **6.** Er bearbeitet Texte. **7.** Er schneidet Sätze aus und fügt sie ein. **8.** Er sucht nach Informationen. **9.** Er bezahlt Rechnungen. **10.** Er lädt Gebrauchsanweisungen herunter.

S. 23 Ü 4 ■ **1.** habe **2.** ist **3.** verbinde **4.** funktioniert **5.** Können **6.** brauche **7.** verstehe **8.** wollen **9.** habe **10.** komme vorbei **11.** sehe an **12.** verspreche **13.** erwarte **14.** wohnen

Perfekt: Perfekt mit *haben*

S. 26 Ü 1 ■ **1.** sehen **2.** nehmen **3.** wohnen **4.** arbeiten **5.** helfen **6.** schneiden **7.** finden **8.** trinken **9.** essen **10.** schlafen **11.** lösen **12.** kaufen **13.** schreiben **14.** singen

S. 26 Ü 2 (Beispielsätze) ■ **1.** Habt ihr schon einmal Musik von Wolfgang Amadeus Mozart gehört? Ja, wir haben schon einmal Musik von Wolfgang Amadeus Mozart gehört. **2.** Haben Sie schon einmal Schokolade aus der Schweiz gegessen? Ja, ich habe schon einmal Schokolade aus der Schweiz gegessen. **3.** Habt ihr schon einmal warmes Bier getrunken? Nein, wir haben noch nie warmes Bier getrunken. **4.** Haben Sie schon einmal im Urlaub gearbeitet? Ja, ich habe schon oft im Urlaub gearbeitet. **5.** Hast du die Mona Lisa schon einmal im Original gesehen? Nein, ich habe die Mona Lisa noch nie im Original gesehen. **6.** Habt ihr schon einmal in New York gewohnt? Nein, wir haben noch nie in New York gewohnt. **7.** Hast du schon einmal ein Liebesgedicht geschrieben? Nein, ich habe noch nie ein Liebesgedicht geschrieben. **8.** Hast du schon einmal über dich selbst gelacht? Ja, ich habe schon oft über mich selbst gelacht. **9.** Haben Sie schon einmal einen Science-

Fiction-Roman gelesen? Nein, ich habe noch nie einen Science-Fiction-Roman gelesen. **10.** Haben Sie schon einmal einen Fehler gemacht? Ja, ich habe schon oft einen Fehler gemacht. **11.** Hast du schon einmal einer Nachbarin/einem Nachbarn geholfen? Ja, ich habe schon einmal einer Nachbarin/einem Nachbarn geholfen. **12.** Hast du schon einmal eine fremde Sprache gelernt? Ja, ich habe schon eine/viele fremde Sprachen gelernt. **13.** Haben Sie schon einmal ein Portemonnaie auf der Straße gefunden? Nein, ich habe noch nie ein Portemonnaie auf der Straße gefunden. **14.** Hast du schon einmal ein Fünf-Gänge-Menü gekocht? Nein, ich habe noch nie ein Fünf-Gänge-Menü gekocht. **15.** Habt ihr schon einmal ein Computerproblem gelöst? Ja, wir haben schon einmal ein Computerproblem/schon viele Computerprobleme gelöst. **16.** Hast du schon einmal ein wichtiges Dokument gelöscht? Ja, ich habe schon einmal ein wichtiges Dokument gelöscht. **17.** Habt ihr schon einmal in einem Chor gesungen? Nein, wir haben noch nie in einem Chor gesungen. **18.** Haben Sie schon einmal Schach gespielt? Ja, ich habe schon oft Schach gespielt.

S. 27 Ü 3 ■ 1. … im Hotel Albertin geschlafen und das Neue Museum besucht. **2.** Er hat den Kölner Dom besichtigt, ein Kölsch getrunken und im Rhein-Energie-Stadion ein Fußballspiel gesehen. **3.** Wir haben Freunde getroffen, im Englischen Garten gesessen und technische Erfindungen im Deutschen Museum bewundert. **4.** Sie haben im Meer gebadet, eine Hafenrundfahrt gemacht und Seemannslieder gesungen. **5.** Ihr habt Tiere im Zoo fotografiert, in der Thomaskirche ein Konzert gehört und auf dem Marktplatz alte Gläser gekauft.

S. 27 Ü 4 ■ Die Tickets habe ich im Internet gebucht. Die Reise hat fünf Stunden gedauert. In Paris haben wir bei einer deutschen Freundin gewohnt. Am ersten Tag hat es geregnet, da haben wir Geschenke gekauft. Am Abend haben wir unsere französischen Freunde getroffen. Wir haben sie seit fünf Jahren nicht gesehen. Wir haben zusammen gegessen, lange diskutiert und ziemlich viel Rotwein getrunken. Am nächsten Tag haben wir bis 12.00 Uhr geschlafen.

Perfekt: Perfekt mit *sein*

S. 29 Ü 1 ■ 1. Was ist passiert? **2.** Wohin ist Susi gelaufen? **3.** Warum bist du so schnell geschwommen? **4.** Wann ist die Maschine gestartet? **5.** Wann ist er krank geworden? **6.** Wohin ist Luis gefahren? **7.** Wie lange bist du in London geblieben? **8.** Wann seid ihr das letzte Mal ins Kino gegangen? **9.** Wohin ist Eva gereist? **10.** Woher ist der Zug gekommen? **11.** Wie oft bist du schon nach New York geflogen? **12.** Wann bist du das letzte Mal beim Zahnarzt gewesen? **13.** Warum sind die Preise für Lebensmittel gestiegen?

S. 30 Ü 2 ■ Ich bin drei Tage bei Tante Emma und Onkel Klaus in Ottobrunn gewesen und habe interessante Neuigkeiten gehört: Mein Cousin Alex hat 50 000 Euro im Lotto gewonnen! Er hat sich von dem Geld ein neues Auto gekauft und ist damit sofort nach Italien gefahren. In Italien hat er dann seine Traumfrau getroffen. Sie heißt Nora und ist vorgestern mit Alex nach Ottobrunn gekommen. Gestern haben wir alle zusammen in einem tollen Restaurant gegessen. Nora und Alex haben uns gesagt, dass sie heiraten wollen.

S. 30 Ü 3 ■ 1. Er ist zu spät zur Arbeit gekommen. **2.** Alle haben auf Frank gewartet. **3.** Beate hat keinen Parkplatz gefunden. **4.** Adrian ist mit dem Fahrrad gefahren. **5.** Die Besprechung hat nicht pünktlich begonnen. **6.** Martha hat alle E-Mails gelöscht. **7.** Stefan hat das Computerproblem nicht gelöst. **8.** Herr Müller ist nach Madrid geflogen. **9.** Das Flugzeug ist in Madrid mit Verspätung gelandet. **10.** Ich habe den ganzen Tag hart gearbeitet. **11.** Melanie hat Dokumente kopiert. **12.** Niklas und Moritz haben über einen Auftrag diskutiert. **13.** Steffi hat mal wieder im Internet gesurft. **14.** Thomas hat einen wichtigen Termin vergessen.

S. 30 Ü 4 ■ 1. Um 9.30 Uhr hat Katharina gefrühstückt. **2.** Beim Frühstück hat sie ihre Nachrichten gecheckt. **3.** Um 10.30 Uhr ist sie ins Fitnessstudio gegangen. **4.** Gegen 13.00 Uhr hat sie im Restaurant einen Salat gegessen. **5.** Danach ist sie durch den Park gelaufen. **6.** Gegen 17.00 Uhr hat sie neue Schuhe gekauft. **7.** Um 18.00 Uhr hat sie mit einer Freundin telefoniert. **8.** Ab 20.00 Uhr hat sie auf einer Party mit Alexander getanzt. **9.** Um 23.30 Uhr ist sie ins Bett gegangen. **10.** Im Bett hat sie einen Krimi gelesen.

Perfekt: Verben mit Präfix

S. 32 Ü 1 ■ 1. Räumst du das Zimmer heute noch auf? Ich habe das Zimmer schon aufgeräumt. **2.** Räumst du die Teller mal in den Küchenschrank ein? Ich habe die Teller schon in den Küchenschrank eingeräumt. **3.** Holst du das Paket heute von der Post ab? Ich habe das Paket schon von der Post abgeholt. **4.** Bezahlst du morgen die Stromrechnung? Ich habe die Stromrechnung schon bezahlt. **5.** Baust du das Waschbecken heute noch an? Ich habe das Waschbecken schon angebaut. **6.** Verkaufst du bald den alten Kühlschrank? Ich habe den alten Kühlschrank schon verkauft. **7.** Bestellst du bald einen neuen Kühlschrank? Ich habe schon einen neuen Kühlschrank bestellt. **8.** Hängst du das Bild heute noch auf? Ich habe das Bild schon aufgehängt. **9.** Trocknest du mal die Gläser ab? Ich habe die Gläser schon abgetrocknet. **10.** Kaufst du heute frisches Obst ein? Ich habe schon frisches Obst eingekauft. **11.** Machst du mal die Musik im Wohnzimmer aus? Ich habe die Musik im Wohnzimmer schon ausgemacht. **12.** Schaltest du mal den Fernseher im Schlafzimmer ein? Ich habe den Fernseher im Schlafzimmer schon eingeschaltet. **13.** Schaltest du das Licht im Arbeitszimmer noch aus? Ich habe das Licht im Arbeitszimmer schon ausgeschaltet.

S. 33 Ü 2 ■ 1. Wann bist du heute aufgestanden? Ich bin um 9.00 Uhr aufgestanden. **2.** Wann hat der Sprachkurs angefangen? Der Sprachkurs hat am Montag angefangen. **3.** Wann hast du Tante Annelies angerufen? Ich habe Tante Annelies gestern angerufen. **4.** Wann ist der Zug angekommen? Der Zug ist um 17.00 Uhr angekommen.

S. 33 Ü 3 ■ 1. Felix hat verschiedene Passwörter eingegeben. **2.** Er hat alle Computerfunktionen kontrolliert. **3.** Er hat einige Probleme gelöst. **4.** Er hat viele Dokumente ausgedruckt. **5.** Er hat die Kollegen über Veränderungen informiert. **6.** Er hat eine neue Mitarbeiterin vorgestellt. **7.** Er hat über schwierige Probleme diskutiert. **8.** Er hat zwei Softwarefirmen angerufen. **9.** Er hat viele Termine vereinbart. **10.** Er hat eine Präsentation vorbereitet. **11.** Er hat einen Vertreter vom Bahnhof abgeholt. **12.** Er hat an einer Besprechung teilgenommen. **13.** Er hat Gespräche mit der Marketingmanagerin geführt. **14.** Er hat einen Vertrag unterschrieben.

Präteritum: *haben, sein, werden* und *wissen*

S. 35 Ü 1 ■ 1. Ihr wart, Christine war **2.** Du hattest, Wir hatten, Ihr hattet **3.** Das Hotel war, Die Landschaft war, Die Bademöglichkeiten waren **4.** Meine Tante hatte, Ich hatte, Klaus und Karin hatten **5.** Ich wusste, Anton wusste, Meine Eltern wussten

S. 35 Ü 2 ■ 1. Wir waren auf einer Party. **2.** Warum warst du nicht da? **3.** Ich wusste nichts von der Party. **4.** War es schön auf der Party?/War es auf der Party schön? **5.** Nein, es war schrecklich. **6.** Marcus wurde wieder mal schlecht. **7.** Marie hatte Kopfschmerzen. **8.** Die Musik war viel zu laut. **9.** Karl hatte Ärger mit Susanne. **10.** Um 22.00 Uhr hatte ich keine Lust mehr.

Präteritum: Modalverben

S. 36 Ü 1 ■ 1. konnte, konnten **2.** musste, mussten, musste **3.** sollte, sollte, sollten **4.** durfte, durfte, durften **5.** wollte, wollte, wollten **6.** mochte, mochte, mochten

S. 37 Ü 2 ■ 1. mochte **2.** will, wollte **3.** kann, konnte **4.** darf, durfte **5.** muss, musste **6.** sollten, sollen

S. 37 Ü 3 ■ 1. musstest **2.** Solltet **3.** Durftet **4.** Konnten **5.** Wolltest **6.** Wolltet

S. 37 Ü 4 ■ 1. wollte **2.** Wart, Musstet **3.** war, hatte, war, konnte **4.** warst, war, hatte, musste **5.** war, waren, hatte, durfte, musste **6.** hatte, konnten, mussten, war, wusste

Präteritum: Regelmäßige und unregelmäßige Verben

S. 39 Ü 1 ■ 1. er arbeitet, arbeitete **2.** wir führen, führten **3.** sie telefoniert, telefonierte **4.** er leitet, leitete **5.** wir lösen, lösten **6.** ich poste, postete **7.** sie öffnet, öffnete **8.** wir tanzen, tanzten **9.** ich präsentiere, präsentierte

S. 40 Ü 2 ■ 1. kamen **2.** begann **3.** gewann **4.** gaben **5.** fand **6.** sprachen **7.** starb **8.** rief **9.** lief **10.** fuhren **11.** stand

S. 40 Ü 3 ■ interessieren, spielen, planen, bekommen, ändern, wechseln, machen, schießen, gewinnen, sein, holen, feiern, beenden, absolvieren, arbeiten, führen

S. 40 Ü 4 ■ **1.** Er machte mit 20 Jahren sein erstes Länderspiel. **2.** Er holte mit seinem Hamburger Klub viele Pokale und Meistertitel. **3.** Vor vier Jahren beendete er seine sportliche Karriere. **4.** Martine absolvierte ein Praktikum in Hamburg. **5.** Dort lernte sie Deutsch. **6.** Sie arbeitete danach drei Jahre bei einer Bank. **7.** Sie leitete eine kleine Abteilung. **8.** Im letzten Jahr heirateten Martin und Martine.

S. 41 Ü 5 ■ **Regelmäßige Verben:** Nicolas Joseph Cugnot baute – bauen, er transportierte – transportieren, das Fahrzeug/ein Renn-Elektromobil erreichte – erreichen, es brauchte – brauchen, man nutzte – nutzen, die Traktoren funktionierten nicht – funktionieren, Samuel Brown entwickelte – entwickeln, die Konstrukteure experimentierten – experimentieren
Unregelmäßige Verben: das Auto fuhr – fahren, sie waren – sein, er bekam – bekommen, der Erfolg kam/das Elektromobil kam – kommen

S. 42 Ü 6 ■ **1.** hatte, verließen, waren **2.** entdeckten, fanden, lebten **3.** war, gab, erhielt, kamen, bewunderten **4.** war, beantwortete, war, wurden, stiegen **5.** geriet, sprach, trat, gab **6.** spielte, gewannen, feierten **7.** verfolgten, bestätigten, wussten, lebten, waren, wurden, hatten **8.** fiel, kam, standen, gab, mussten

S. 42 Ü 7 ■ **1.** Klaus hatte Bauchschmerzen. **2.** Andrea lag im Krankenhaus. **3.** Gregor und Karl spielten noch Golf. **4.** Franzi musste noch arbeiten. **5.** Gustav feierte auf einer anderen Party. **6.** Moritz wusste nichts von der Party. **7.** Die Nachbarin wollte nicht kommen. **8.** Karin ging lieber ins Kino. **9.** Oskar konnte nicht laufen. **10.** Petra wurde plötzlich krank. **11.** Nina besuchte ihren Freund. **12.** Oskar lernte für eine Prüfung.

Präteritum: Verben mit Präfix

S. 44 Ü 1 ■ **1.** Petra schloss ihr Büro nicht ab. **2.** Kerstin holte die Gäste nicht vom Flughafen ab. **3.** Matthias rief die Kunden nicht an. **4.** Wolfgang druckte den Jahresbericht nicht aus. **5.** Michaela gab die Dokumente nicht ab. **6.** Klaus füllte die Formulare nicht aus. **7.** Christine rechnete die Reisekosten nicht ab. **8.** Joachim leitete die E-Mail nicht weiter. **9.** Rainer schaltete die Alarmanlage nicht ein.

S. 44 Ü 2 ■ **1.** verbanden **2.** transportierte, waren, kam **3.** hieß, wollten, schickten, bekamen, zerstörten **4.** kauften, liefen, entschieden **5.** galt, war, wollte, mussten, durfte, überlebten, starb **6.** entwickelte, waren, hatten, testete, trug **7.** stammte, brachte mit, galt, kamen, aßen

Reflexive Verben

S. 46 Ü 1 ■ **1.** sich **2.** sich **3.** sich **4.** sich **5.** sich **6.** sich **7.** sich

S. 46 Ü 2 ■ **1.** sich, dich **2.** euch **3.** uns **4.** dich **5.** sich **6.** sich **7.** dich **8.** mich

S. 47 Ü 3 ■ **1.** unterhalte mich, unterhalten uns **2.** interessiert sich, interessierst dich, interessiert euch **3.** dich, Bedankt ihr euch, Bedankt er sich **4.** erinnern uns, erinnere mich, erinnern sich **5.** Ärgert ihr euch, Ärgerst du dich, Ärgern Sie sich **6.** befindet sich, befinde mich, befindet sich **7.** verabschiedet sich, verabschiedet euch, verabschieden uns **8.** Streitest du dich, Streitet ihr euch, Streiten Sie sich

S. 47 Ü 4 ■ **1.** Hast du dich über das Stellenangebot gefreut? Ja, ich habe mich über das Stellenangebot gefreut. **2.** Haben sich Max und Anna über die Homeoffice-Regeln unterhalten? Ja, sie haben sich über die Homeoffice-Regeln unterhalten. **3.** Habt ihr euch über das Hotelzimmer geärgert? Ja, wir haben uns über das Hotelzimmer geärgert. **4.** Hat sich Herr Kümmel über die hohen Preise beschwert? Ja, er hat sich über die hohen Preise beschwert. **5.** Hat sich Marianne um die Stelle als Managerin beworben? Ja, sie hat sich um die Stelle beworben. **6.** Habt ihr euch für das Seminar angemeldet? Ja, wir haben uns für das Seminar angemeldet. **7.** Hast du dich schon verabschiedet? Ja, ich habe mich schon verabschiedet. **8.** Hast du dich auch für das Projekt interessiert? Ja, ich habe mich auch für das Projekt interessiert. **9.** Habt ihr euch über den Erfolg gefreut? Ja, wir haben uns über den Erfolg gefreut. **10.** Hast du dich auf dem Balkon gesonnt? Ja, ich habe mich auf dem Balkon gesonnt.

Imperativ

S. 49 Ü 1 ■ **1.** Rufen Sie an, Sprechen Sie, besuchen Sie, Informieren Sie sich **2.** Räumt weg, Sprecht, Achtet, Haltet ein, Lauft **3.** Füllen Sie, Geben Sie, Drücken Sie, schalten Sie ein, Vergessen Sie nicht **4.** Nehmen Sie, Trinken Sie, Gehen Sie

S. 49 Ü 2 ■ **1.** Vereinbar(e)/Vereinbart/Vereinbaren Sie einen Termin mit Frau Kuhn! **2.** Füll(e)/Füllt/Füllen Sie die Formulare sorgfältig aus! **3.** Kontrollier(e)/Kontrolliert/Kontrollieren Sie die Rechnung noch mal! **4.** Lies/Lest/Lesen Sie den Bericht bitte bis morgen! **5.** Präsentier(e)/Präsentiert/Präsentieren Sie bitte die Arbeitsergebnisse! **6.** Bereite/Bereitet/Bereiten Sie die Präsentation gut vor! **7.** Mach(e)/Macht/Machen Sie doch mal eine Pause! **8.** Informier(e)/Informiert/Informieren Sie mich bitte über die Ergebnisse! **9.** Fahr/Fahrt/Fahren Sie vorsichtig!

S. 50 Ü 3 ■ **1.** Senden Sie bitte die Tagesordnung an alle. **2.** Kopieren Sie bitte die neuen Regeln fürs Homeoffice. **3.** Erkundigen Sie sich bitte bei Frau Kümmel nach den Verkaufszahlen. **4.** Korrigieren Sie bitte die Fehler in dem Dokument. **5.** Organisieren Sie bitte Wasser und Kaffee für die Besprechung. **6.** Schalten Sie bitte das Smartboard im Besprechungszimmer ein. **7.** Schreiben Sie bitte Protokoll.

S. 50 Ü 4 ■ **2.** Leg(e) unsere Reisepässe auf den Tisch! **3.** Such(e) im Internet nach Informationen über das Hotel! **4.** Kauf(e) in der Apotheke noch Aspirin! **5.** Fahr(e) das Auto in die Garage! **6.** Lern(e) die wichtigsten spanischen Wörter! **7.** Pack(e) endlich den Koffer! **8.** Nimm den Führerschein mit! **9.** Lass den Laptop zu Hause! **10.** Pack(e) den Fotoapparat ein! **11.** Vergiss die Sonnencreme nicht! **12.** Bestell(e) ein Taxi zum Flughafen!

Konjunktiv II: Höfliche Bitten und Fragen

S. 52 Ü 1 ■ **1.** Könnten, hätte **2.** Könnten/Würden, könnten/würden, hätte, würde **3.** Könntest/Würdest, Könnten/Würden, Hättet, Könnten/Würden **4.** hätte, würde, Würden/Könnten

S. 52 Ü 2 ■ **1.** Könntet/Würdet ihr bitte Getränke kaufen? **2.** Könntest/Würdest du bitte den Kuchen beim Bäcker Schmidt bestellen? **3.** Könntest/Würdest du bitte zwei Flaschen Rotwein mitbringen? **4.** Könntet/Würdet ihr bitte den Salat machen? **5.** Könntest/Würdest du bitte die Gläser auf den Tisch stellen? **6.** Könntest/Würdest du uns bitte beim Saubermachen helfen? **7.** Könntest/Würdest du bitte den Teppich staubsaugen? **8.** Könntet/Würdet ihr bitte einige Stühle auf die Terrasse bringen?

S. 53 Ü 3 ■ Könnte, würde, würde, wäre, Hätten, wäre, wäre, Könnten

S. 53 Ü 4 ■ **1.** Könnten/Würden Sie mir helfen? **2.** Hättet ihr vielleicht (etwas) Geld für mich? **3.** Könnten/Würden Sie mir den Weg zeigen? **4.** Könntest/Würdest du diese E-Mail ins Deutsche übersetzen? **5.** Könnten/Würden Sie mich um 7.00 Uhr wecken? **6.** Könntest/Würdest du es reparieren? **7.** Könntest/Würdest du meinen Koffer tragen? **8.** Könntest/Würdest du ihn abholen? **9.** Könntet/Würdet ihr mir euer Auto leihen? **10.** Könntest/Würdest du heute einkaufen gehen?

Konjunktiv II: Irreale Wünsche und Bedingungen

S. 55 Ü 1 ■ **1.** Inka würde gern ein Buch schreiben. **2.** Ich würde jetzt lieber am Strand liegen. **3.** Wir würden lieber nicht mehr so viel arbeiten. **4.** Ich hätte gern mehr Zeit für mich. **5.** Anton würde gern mehr Sport treiben. **6.** Marianne würde gern eine große Erfindung machen. **7.** Julia wäre gern eine bekannte Influencerin. **8.** Linus würde gern eine Woche nichts tun. **9.** Boris würde gern einen Kochkurs besuchen. **10.** Ivanka würde gern ein Instrument spielen. **11.** Du wärst gern reich. **12.** Ihr hättet gern ein größeres Haus. **13.** Rob würde sich gern mal wieder verlieben.

S. 55 Ü 2 ■ **1.** würde ich nicht mehr arbeiten. **2.** würde ich einen Roman schreiben. **3.** würde ich meiner Chefin/meinem Chef die Meinung sagen. **4.** würde ich jeden Tag spazieren gegen. **5.** würde ich kein Fastfood mehr essen. **6.** würde ich besser Deutsch sprechen. **7.** würde ich immer im Stau stehen. **8.** würde ich mich erholen.

S. 55 Ü 3 (Beispielsätze) ■ **1.** Wenn ich Japanisch könnte, würde ich das Dokument ins Japanische übersetzen – aber leider kann ich kein Japanisch. **2.** Wenn ich eine Eintrittskarte hätte, würde ich heute mit dir in die Oper kommen – aber leider habe ich keine Eintrittskarte. **3.** Wenn ich reich wäre, würde ich dich auf eine Kreuzfahrt in die Karibik einladen – aber leider bin ich nicht reich.

4. Wenn ich Zeit hätte, würde ich für dich heute Abend etwas Leckeres kochen – aber leider habe ich keine Zeit. **5.** Wenn mein Drucker funktionieren würde, würde ich die Dokumente für dich ausdrucken – aber leider funktioniert mein Drucker nicht. **6.** Wenn ich Lust hätte, würde ich heute auf die Kinder aufpassen – aber leider habe ich keine Lust. **7.** Wenn sie eine nette Kollegin wäre, würde ich die Arbeit von Frau Krause zusätzlich erledigen – aber leider ist sie keine nette Kollegin.

Passiv

S. 57 Ü 1 ■ **1.** Wann wird die E-Mail endlich beantwortet? **2.** Wann wird das Paket endlich abgeholt? **3.** Wann wird das Besprechungszimmer endlich aufgeräumt? **4.** Wann werden die neuen Drucker endlich geliefert? **5.** Wann wird das Kollegium endlich informiert? **6.** Wann wird der Artikel endlich veröffentlicht? **7.** Wann werden die Preise endlich gesenkt? **8.** Wann wird das Gehalt endlich erhöht?

S. 57 Ü 2 ■ **1.** Der Computer wird sofort repariert. **2.** Das Problem wird sofort gelöst. **3.** Die Unterlagen werden sofort kopiert. **4.** Die E-Mail wird sofort verschickt. **5.** Die Tickets werden sofort bestellt. **6.** Die Rechnung wird sofort bezahlt. **7.** Das Ersatzteil wird sofort eingebaut. **8.** Das Datum wird sofort geändert. **9.** Der Termin wird sofort bestätigt.

S. 57 Ü 3 ■ **1.** Aktiv **2.** Aktiv **3.** Passiv **4.** Aktiv **5.** Passiv **6.** Aktiv

S. 57 Ü 4 ■ wird anerkannt, wurden durchgeführt, wurden gestartet, wurde beantragt, wurde erfunden

S. 58 Ü 5 ■ **1.** Wann wurde die Bundesrepublik Deutschland gegründet? Die Bundesrepublik Deutschland wurde 1949 gegründet. **2.** Wann wurde der Euro als Zahlungsmittel eingeführt? Der Euro wurde am 1.1.2002 als Zahlungsmittel eingeführt. **3.** Wann wurde Amerika entdeckt? Amerika wurde 1492 entdeckt. **4.** Wann wurde der Fernseher erfunden? Der Fernseher wurde 1886 erfunden. **5.** Wann wurde John F. Kennedy ermordet? John F. Kennedy wurde 1963 ermordet.

S. 58 Ü 6 ■ **1.** wurde entwickelt, wurden entlassen **2.** wurde gewählt, wurde unterschrieben **3.** wurden betreut/informiert, wurden gestrichen **4.** wurden überflutet, wurden verletzt, wurden aufgebaut

S. 58 Ü 7 ■ **1.** Der Bundespräsident wurde interviewt. **2.** Nach dem Unfall wurden die Verletzten sofort versorgt. **3.** Die Automobilmesse wurde eröffnet. **4.** Im letzten halben Jahr wurden 20 Prozent mehr Elektrofahrzeuge verkauft. **5.** Einige Eintrittskarten zum Endspiel der Weltmeisterschaft wurden verschenkt. **6.** Die Eröffnungsveranstaltung wurde live im Fernsehen übertragen. **7.** Im Museum wurde eingebrochen. **8.** Ein Bild von Picasso wurde gestohlen.

Verben mit direktem Kasus

S. 60 Ü 1 ■ **1.** Dativ, Akkusativ **2.** Dativ **3.** Dativ **4.** Nominativ **5.** Dativ, Akkusativ **6.** Akkusativ **7.** Akkusativ **8.** Akkusativ **9.** Akkusativ **10.** Nominativ **11.** Dativ, Akkusativ **12.** Dativ

S. 60 Ü 2 ■ **1.** d **2.** c **3.** e **4.** i **5.** a **6.** g **7.** h **8.** j **9.** b **10.** f **11.** n **12.** m **13.** k **14.** l

S. 61 Ü 3 ■ **1.** Habt ihr das Bild schon gekauft? **2.** Hast du den Deutschkurs schon bezahlt? **3.** Habt ihr die Hausaufgaben schon gemacht? **4.** Hast du den Autoschlüssel schon gefunden? **5.** Hast du den Bericht schon gelesen? **6.** Hast du die Besprechung schon vorbereitet? **7.** Habt ihr die Ware schon bestellt? **8.** Hast du die Gäste schon begrüßt? **9.** Hast du den Termin schon notiert? **10.** Hast du die Nachricht schon weitergeleitet?

S. 61 Ü 4 ■ **1.** der Kollegin **2.** den Monteur **3.** der Dozentin **4.** der Praktikantin **5.** dem Direktor **6.** deinem Freund **7.** den Film **8.** die Ausstellung **9.** dem Sponsor **10.** deinen Kaffee

S. 61 Ü 5 ■ **1.** Wir helfen den Kunden schnell. **2.** Das Auto gehört der Firma. **3.** Otto schenkt seiner Mutter ein Kochbuch. **4.** Zeigst du der Verwaltungsleiterin das Dokument? **5.** Bringst du mir ein Andenken mit? **6.** Kannst du mir deinen Stift leihen? **7.** Schreibst du deinen Eltern Postkarten aus dem Urlaub?/aus dem Urlaub Postkarten? **8.** Hast du dir schon wieder neue Schuhe gekauft? **9.** Wann hast du ihm das Fachbuch gegeben? **10.** Die Direktorin muss den Kollegen diese Entscheidung erklären. **11.** Alle Teilnehmer müssen die Rechnung für den Kurs bezahlen. **12.** Wir empfehlen Kollegen aus dem Ausland immer das Restaurant „La Cachette".

Verben mit präpositionalem Kasus

S. 63 Ü 1 ■ **1.** über **2.** bei **3.** auf **4.** für **5.** in **6.** mit **7.** mit **8.** über

S. 64 Ü 2 ■ **1.** Wir warten schon lange auf das Protokoll. **2.** Marion telefoniert täglich mit ihrem Freund in Kanada. **3.** Georg denkt nur noch an das Projekt. **4.** Max interessiert sich nur für Fußball. **5.** Der Informatiker denkt über das Softwareproblem nach. **6.** Bei der Sitzung sprechen wir über die Arbeitszeiten. **7.** Die Verwaltungsleiterin beschäftigt sich heute mit der Jahresendabrechnung.

S. 64 Ü 3 ■ **1.** bei ihrer, über das **2.** über **3.** mit seinen **4.** an keiner **5.** an das **6.** an sein **7.** für die **8.** mit ihren **9.** auf die **10.** für ihre

S. 64 Ü 4 ■ **1.** fragt **2.** bittet **3.** bedankt sich **4.** nimmt teil **5.** interessiert sich **6.** freut sich **7.** denkt **8.** ärgert sich **9.** warten **10.** sich beschweren

S. 65 Ü 5 ■ **1.** e **2.** h **3.** a **4.** f **5.** b **6.** i **7.** j **8.** c **9.** d **10.** g

S. 65 Ü 6 ■ **1.** Mit wem hast du gesprochen? **2.** Wofür habt ihr euch bedankt? **3.** Worüber denkst du nach? **4.** Wofür habt ihr euch entschieden? **5.** Bei wem hat er sich entschuldigt? **6.** Worüber hast du dich gefreut? **7.** In wen hast du dich verliebt? **8.** Worauf wartet ihr? **9.** Woran erinnerst du dich gern? **10.** Worum hast du ihn gebeten?

S. 66 Ü 7 ■ **1.** Mit wem **2.** Auf wen **3.** Mit wem **4.** Worüber **5.** worüber **6.** wofür **7.** Womit **8.** Woran **9.** Mit wem **10.** Mit wem

S. 66 Ü 8 ■ **2.** In wen **3.** Bei wem/Wofür **4.** Worüber/Über wen **5.** wofür **6.** Mit wem/Worüber **7.** Worüber **8.** Worüber **9.** Auf wen **10.** Mit wem

Verben mit lokalen Ergänzungen

S. 68 Ü 1 ■ **1.** hängt, Das neue Bild hängt über dem Bett. **2.** steht, Der Sessel steht im Wohnzimmer. **3.** steht, Die grüne Vase steht auf dem Tisch. **4.** liegen, Die Dokumente liegen in der Schreibtischschublade. **5.** hängt/liegt, Das Handtuch hängt/liegt im Bad. **6.** steht, Das schmutzige Geschirr steht in der Geschirrspülmaschine. **7.** liegt, Deine Brille liegt auf dem Buch. **8.** steht/liegt, Dein Laptop steht/liegt unter dem Sessel.

S. 68 Ü 2 ■ **1.** Hängen **2.** steht **3.** Stellt **4.** Liegst **5.** hängen **6.** stehen **7.** setzt/legt **8.** setzen **9.** stellen **10.** sitzt

S. 68 Ü 3 (Beispielsätze) ■ **1.** Die Blumen stehen in der Vase. **2.** Die Pizza liegt auf dem Bett. **3.** Das Fahrrad liegt unter dem Bett. **4.** Der Stift liegt auf dem Tisch neben der Blumenvase. **5.** Das Bild hängt an der Wand. **6.** Die Maus liegt neben der Tastatur. **7.** Die Kaffeetasse steht auf der Heizung. **8.** Die Socke liegt auf dem Bett neben der Pizza. **9.** Der Teppich liegt unter/neben dem Bett.

■ 2 Nomen und Artikel

Genus der Nomen

S. 70 Ü 1 ■ **a)** die Brille **b)** die Lampe **c)** die Gitarre **d)** die Schokolade;
Regel: Viele Nomen auf *-e* sind feminin.
e) der Kalender **f)** der Pullover **g)** der Drucker **h)** der Fernseher;
Regel: Viele Nomen auf *-er* sind maskulin.
i) das Auto **j)** das Telefon/Smartphone **k)** das Radio **l)** das Taxi;
Regel: Viele internationale Nomen sind neutral.

S. 70 Ü 2 ■ **1.** der **2.** das **3.** die **4.** das **5.** das **6.** das **7.** das **8.** die **9.** die **10.** die **11.** die **12.** der **13.** der **14.** die **15.** der

S. 70 Ü 3 ■ **1.** die, das Gymnasium **2.** die, das Internet **3.** das, die Liebe **4.** der, das Interview **5.** das, die Violine **6.** die, das Medikament **7.** die, das Lernen

S. 71 Ü 4 ■ **1.** der Schrank, die Kommode, der Stuhl, der Spiegel, das Bücherregal **2.** das Glas, die Tasse, die Flasche, der Teller, der Löffel, die Gabel, das Messer, die Serviette **3.** die Zeitung, das Reisemagazin, das Kochbuch, der Roman, der Bericht, das Gedicht, das Protokoll, die E-Mail **4.** der Pullover, das Hemd, die Hose, der Rock **5.** das Brot, die Suppe, das Fleisch, der Fisch, das Gemüse, das Obst, der Salat, der Apfel, die Birne, die Tomate **6.** die Schule, die Universität, das Theater, die Post, die Bibliothek, das Polizeirevier, der Bahnhof, das Museum, das Kino, das Geschäft **7.** das Auto, der Zug, die Straßenbahn, das Fahrrad, das Flugzeug, der Motorroller, der Bus, das Schiff, die Fähre

S. 71 Ü 5 ■ **der:** Flur, Tisch, Schrank, Sessel, Teppich, Balkon, Computer, Stuhl, Schlüssel **die:** Toilette, Treppe, Küche, Dusche, Tür,

Lampe, Blume, Vase, Gardine, Kommode, Badewanne **das:** Bad, Dach, Bett, Spielzeug, Bild, Regal, Fenster, Foto

S. 72 Ü 6 ■ **1.** der Zimmerschlüssel **2.** das Hotelrestaurant **3.** das Computerproblem **4.** die Kreditkarte **5.** das Stadtzentrum **6.** der Terminkalender **7.** das Musikinstrument **8.** der Lottogewinn **9.** die Arztpraxis **10.** der Sommerurlaub

S. 72 Ü 7 ■ **1.** der, die; die Schreibtischlampe **2.** der, die; die Teetasse **3.** der, der; der Kaffeeautomat **4.** das, das; das Handyladekabel **5.** der, das; das Zugticket **6.** die, das; das Stadttheater **7.** der, das; das Schuhgeschäft **8.** das, die; die iPadhülle **9.** das, die; die Büroarbeit **10.** der, die; die Preissteigerung **11.** die, die; die Datenverarbeitung **12.** der, das; das Computerzeitalter

S. 73 Ü 8 ■ **1.** die, der; der Abteilungsleiter **2.** der, die; die Geburtstagsfeier **3.** die, die; die Wohnungssuche **4.** die, das; das Liebeslied **5.** die, das; das Sicherheitstraining **6.** die, der; der Vorlesungssaal **7.** die, das; das Besprechungsprotokoll **8.** die, die; die Datenverarbeitungsmaschine **9.** der, die; die Berufsbezeichnung **10.** der, die; die Unterrichtsvorbereitung

S. 73 Ü 9 ■ **1.** die **2.** der **3.** das **4.** die **5.** die **6.** das **7.** der **8.** der **9.** die **10.** die **11.** die **12.** Das **13.** die **14.** Der **15.** Der **16.** Der

S. 73 Ü 10 ■ **1.** Der Computer beeinflusste auch die Entwicklung des Buches. **2.** In den 1990er-Jahren wurde das elektronische Buch entwickelt. **3.** Das Gerät war am Anfang sehr groß und die Batterie hielt nicht lange. **4.** Auch die Lesbarkeit und der Schwarz-Weiß-Kontrast waren früher nicht optimal.

Numerus der Nomen

S. 75 Ü 1 ■ **2.** Züge **2.** Autos **4.** Taschen **5.** Bildschirme **6.** Kalender **7.** Bücher **8.** Flaschen **9.** Bälle **10.** Mäntel

S. 75 Ü 2 ■ schwarze Haare, blaue Augen, große Ohren, lange Finger, runde Knie, gesunde Zähne, starke Arme, kräftige Hände, gerade Beine, schöne Füße

S. 75 Ü 3 ■ Tomaten, Zwiebeln, Äpfel, Birnen, Orangen, Gurken, Gurken

S. 75 Ü 4 ■ **1.** -s **2.** -en **3.** – **4.** -n **5.** – (+Umlaut)

S. 76 Ü 5 ■ **1.** Plural **2.** Singular **3.** Plural **4.** Plural **5.** Singular **6.** Plural **7.** Singular **8.** Singular **9.** Singular **10.** Plural **11.** Singular

S. 76 Ü 6 ■ Die Gäste, die Kaffeetassen, die Brötchen, die Gläser, die Dokumente, die Berichte, die Preislisten, die Mappen, die Fenster, die Praktikanten, die Gäste

S. 76 Ü 7 ■ **1.** Website **2.** Sterne **3.** Urlaubstage **4.** Erwartungen **5.** Zimmer **6.** Getränke **7.** Fernseher **8.** Betten **9.** Probleme **10.** Stunden **11.** Liegestühle **12.** Gäste **13.** Hotelpersonal **14.** Service **15.** Hälfte

Kasus der Nomen

S. 78 Ü 1 ■ **a) 1.** den Hausmeister **2.** den Kopierer **3.** die Personalabteilung **4.** den Besprechungsraum **5.** das Büro von Frau Klein **b) 1.** den Krimi **2.** den Artikel **3.** die Nachricht einer Freundin **4.** die Leipziger Volkszeitung

S. 78 Ü 2 ■ **1.** die Blumen **2.** die Kinder **3.** die Verkehrsschilder **4.** die Taxis **5.** die Geschäfte

S. 78 Ü 3 ■ **a) 1.** dem Fußballspieler **2.** der Firma **3.** dem Finanzminister **4.** dem Filmstar **5.** dem Mädchen **b) 1.** dem Taxi **2.** dem Zug **3.** der U-Bahn **4.** dem Fahrrad

S. 78 Ü 4 ■ **1.** den Ministern und Ministerinnen **2.** den Bürgern und Bürgerinnen **3.** den Krankenpflegern und Krankenpflegerinnen **4.** den Wissenschaftlern und Wissenschaftlerinnen **5.** den Künstlern und Künstlerinnen

S. 79 Ü 5 ■ **1.** des Restaurants **2.** des Museums **3.** der Sprachschule **4.** des Hotels **5.** der Autowerkstatt

S. 79 Ü 6 ■ **1.** die Kollegin **2.** der Reise **3.** den Dokumenten **4.** der Pudding **5.** der neue Kollege

S. 79 Ü 7 ■ **1.** Akkusativ **2.** Dativ, Akkusativ **3.** Nominativ **4.** Akkusativ **5.** Nominativ **6.** Dativ, Nominativ **7.** Akkusativ **8.** Akkusativ **9.** Nominativ, Genitiv **10.** Dativ

S. 79 Ü 8 ■ **1.** Ich fahre mit der Straßenbahn, dem Zug, dem Fahrrad, dem Auto, der U-Bahn. **2.** Ich denke an den Urlaub, das Konzert von gestern, die Probleme im Büro, die Arbeit. **3.** Ich habe gerade mit dem Manager, der Polizistin, dem Mädchen dort gesprochen. **4.** Ich ärgere mich über die E-Mail von Sabine, den Kopierer, das Wochenendprogramm, die Besprechungen. **5.** Ich gebe viel Geld für das Studium, das neue Smartphone, den Tenniskurs, die Miete aus. **6.** Ich freue mich auf die Ferien, die Geburtstagsparty, den Theaterbesuch, das Wochenende.

S. 80 Ü 9 ■ **1.** der Affe, der Elefant, der Hase, der Rabe **2.** der Chinese, der Franzose, der Brite, der Russe, der Däne **3.** der Biologe, der Jurist, der Journalist, der Assistent **4.** der Herr, der Junge, der Kollege, der Kunde, der Nachbar

S. 81 Ü 10 ■ Der Diamant ist das Symbol der ewigen Liebe, weil er als unzerstörbar gilt. Weltweit beurteilen Experten Diamanten (Plural) nach dem Zusammenspiel von Schliff, Gewicht (Karat), Farbe und Reinheit. Der perfekte Schliff verleiht dem Diamanten seine Brillanz. Der Schliff wird von Menschen (Plural) gemacht und der Mensch kann damit den Diamanten direkten beeinflussen. Denn erst der Schliff bringt den Diamanten zum Leuchten. Die Farbe eines Diamanten spielt auch große eine Rolle. Je weißer ein Diamant ist, desto seltener ist er. Diamanten (Plural) werden in fast allen Farben des Regenbogens gefunden. Die Reinheit eines Diamanten kann man daran erkennen, ob und wie viele Einschlüsse er hat. Diese Merkmale geben dem Stein eine eigene Signatur. Ein Diamant gilt dann als rein, wenn selbst unter zehnfacher Vergrößerung keine Einschlüsse sichtbar sind. Das Gewicht und damit auch die Größe eines Diamanten wird in Karat gemessen. Ein Karat entspricht 0,2 Gramm. Ein Diamant von fünf Karat wiegt also ein Gramm.

S. 81 Ü 11 ■ **1.** Kunden **2.** Kunde **3.** Patienten **4.** Kollegen **5.** Chinesen und Griechen **6.** Journalisten **7.** Polizisten und Demonstranten **8.** Polizist

S. 81 Ü 12 ■ **1.** Kollegen **2.** Kollegen **3.** Kollege **4.** Kollegen **5.** Kollege **6.** Kollegen

Bestimmter, unbestimmter und negativer Artikel

S. 83 Ü 1 ■ **1.** ein Terminkalender, Der Terminkalender **2.** ein Smartphone, Das Smartphone **3.** eine Lampe, Die Lampe **4.** eine Gitarre, Die Gitarre **5.** ein Globus, Der Globus **6.** eine Bluse, Die Bluse **7.** ein Stuhl, Der Stuhl

S. 84 Ü 2 ■ **1.** einen Kugelschreiber, einen Bleistift, Kein Problem, einem Bleistift **2.** eine Lampe, einen Bürostuhl, ein Telefon **3.** eine Zitronenlimonade, ein Bier, keine Limonade, eine Cola, keine Cola, ein Wasser **4.** eine Eintrittskarte, einen Katalog, keinen Katalog, einen Bildband

S. 84 Ü 3 ■ **1.** den **2.** einen, Der **3.** Die, eine, Die, der **4.** ein, das **5.** eine, die **6.** eine, Die

S. 84 Ü 4 ■ **a)** Das beliebteste deutsche Haustier ist die Katze. In Deutschland leben rund 17,7 Millionen Katzen und Kater. Hunde und Nagetiere folgen auf den Plätzen zwei und drei. Der Grund für die Beliebtheit liegt im Verhalten der Katzen. Sie gelten als sozial, manchmal auch als seltsam. Eine Zeitung in Großbritannien berichtete vor einiger Zeit von einem besonderen Kater. Der Kater wartete jeden Morgen alleine an der Bushaltestelle vor seinem Haus auf den Bus, stieg in den Bus ein und fuhr eine Runde.
b) Denken Sie immer noch, Mäuse lieben Käse? Falsch. Mäuse mögen keinen Käse: Sie mögen Süßspeisen. Mäuse reagieren nur auf den Geruch von Käse, weil der Geruch in ihrer natürlichen Umgebung nicht vorkommt.

S. 85 Ü 5 ■ **1.** Die Textkurzmitteilung SMS ist in Deutschland feminin: die SMS. Aber in Österreich benutzt man das Neutrum: das SMS. **2.** Haben Sie kein Geld und brauchen Sie einen Kredit? Dann müssen Sie zu einer Bank gehen. Aber alle Banken wollen von ihren Kunden eine Sicherheit, wenn sie Geld verleihen. Normalerweise akzeptieren Banken zum Beispiel eine Wohnung oder ein Auto. Doch in Italien ist alles ganz anders. Bei einigen Banken im Norden des Landes kann man auch Geld gegen Parmesan-Käse leihen. In der Region Emilia Romagna akzeptieren vier Geldinstitute den beliebten Hartkäse als Sicherheit. Allein die Bank Credito Emiliano hat 400 000 Parmesan-Käse eingelagert: 16 000 Tonnen Parmesan bedeuten 120 Millionen Euro. Die Bank hat für den Käse ein Lagerhaus und Experten überwachen den Reifeprozess. **3.** Heute findet man in einigen guten Hotels auch einen „Wasser-Sommelier". Er oder sie arbeitet in den Hotel-Restaurants und empfiehlt den Gästen nicht den besten Wein, sondern das beste Wasser. **4.** Ein Experiment aus Amerika zeigte: Eine heiße Tasse Kaffee spielt im Umgang mit anderen Menschen eine positive Rolle. Wer eine warme Tasse Kaffee in der Hand hatte, reagierte auf andere Menschen positiv, Menschen mit einem Eiskaffee in den Händen waren nicht so freundlich.

S. 85 Ü 6 ■ **1.** keine Zeit **2.** keine Ahnung **3.** kein Mensch **4.** kein Auto **5.** keinen Hunger **6.** kein Geld **7.** keinen Job **8.** kein Interesse **9.** keinen Nagel **10.** keinen Durst **11.** keinen Kaffee **12.** kein Netz

Possessivartikel

S. 87 Ü 1 ■ **1.** dein **2.** sein **3.** ihr **4.** sein **5.** unser **6.** euer **7.** Ihr **8.** ihr **9.** sein

S. 87 Ü 2 ■ **a) 1.** Dein **2.** Sein **3.** Ihre **4.** Unser **5.** Euer
b) 1. mein Handy, meinen Lippenstift **2.** sein Portemonnaie, seinen Autoschlüssel, seine Badehose **3.** unsere Reiseunterlagen, unsere Bademäntel, unsere Sonnencreme **4.** eure Reservierungsbestätigung, eure Eintrittskarten, euer Geld **5.** ihre Sonnenbrille, ihren Krimi, ihren Wecker **6.** ihre iPads, ihren Fußball, ihre Sportschuhe **7.** deinen Laptop

S. 87 Ü 3 ■ **1.** Ihre Ohren **2.** mein Hals **3.** euer Rücken **4.** unsere Füße **5.** Dein Bauch **6.** seine Zähne **7.** Ihre Hand **8.** Meine Augen

S. 88 Ü 4 ■ **1.** Was isst man in deinem/Ihrem/eurem Heimatland zum Frühstück? **2.** Was machen deine/Ihre/eure Kinder? **3.** Was machst du in deiner Freizeit? Was machen Sie in Ihrer Freizeit? Was macht ihr in eurer Freizeit? **4.** Arbeitest du oft in deinem Garten? Arbeiten Sie oft in Ihrem Garten? Arbeitet ihr oft in eurem Garten? **5.** Schreibst du oft an deine Freunde? Schreiben Sie oft an Ihre Freunde? Schreibt ihr oft an eure Freunde? **6.** Wo hast du in deiner Kindheit gewohnt? Wo haben Sie in Ihrer Kindheit gewohnt? Wo habt ihr in eurer Kindheit gewohnt?

S. 88 Ü 5 ■ Ihre Zimmerreservierung, Ihre Buchung, unserem Hotel, Unsere Zimmer, unser Gourmet-Restaurant, Unser Beauty-SPA-Team, Ihre Buchungswünsche, unserer Tiefgarage, Ihren Besuch

S. 88 Ü 6 ■ **1.** ihrem Freund, ihren Verlobungsring **2.** seiner Kollegin, seine Freundin, seine neuen Songs, Seine Fans **3.** seine Bilder, seine Farben, seinen Hund, seine Ansicht **4.** ihre Gemäldesammlung, seinem Lieblingsmaler **5.** Seine Aggressionen, seine Kunstwerke **6.** ihre Werke

Demonstrativ- und Frageartikel

S. 90 Ü 1 ■ **1.** d **2.** e **3.** c **4.** f **5.** a **6.** b

S. 90 Ü 2 ■ **1.** Welche Tasche, Diese, diese Tasche **2.** Was für einen Mann, Was für einen Mantel, Welche Haarfarbe, diese Fotos, dieser Mann, Diesen Mann **3.** Welches Bild, dieses Bild

S. 90 Ü 3 ■ **1.** Welcher Fahrstuhl **2.** welchem Stock **3.** Welches Restaurant **4.** welchem Bett **5.** welchen Tagen **6.** Welche Tür **7.** was für einer Karte **8.** welcher Telefonnummer

■ 3 Pronomen

Personalpronomen

S. 92 Ü 1 ■ **a) 1.** Es **2.** Wir **3.** Es **4.** Es **5.** Sie **6.** Er
b) 1. ihn **2.** sie **3.** es **4.** ihn **5.** es **6.** sie
c) 1. ihm **2.** ihnen **3.** ihr **4.** ihm **5.** ihr **6.** ihnen
d) 1. Ja, ich habe sie ihr schon gezeigt. **2.** Ja, ich habe sie ihnen erklärt. **3.** Ja, ich habe ihn ihr gekauft. **4.** Ja, ich habe es ihm geschenkt. **5.** Ja, ich habe sie ihr gegeben. **6.** Nein, ich habe es ihr nicht weggenommen.

S. 93 Ü 2 ■ Ihnen, Sie, Sie, mir, Sie, Sie, Wir, sie, sie, mich, Sie, mir, Sie

S. 93 Ü 3 ■ **1.** Sie **2.** Ihnen **3.** Sie **4.** Ihnen **5.** Sie, Ihnen **6.** Ihnen **7.** Ihnen

S. 93 Ü 4 ■ dir (Dir), mich, mir, ich, Mir, mich, ich, ich, ich, dich (Dich), Ich, ich, du (Du), mir, mich

Reflexivpronomen

S. 94 Ü 1 ■ **1.** Habt ihr euch am Strand gesonnt? Ja, wir haben uns am Strand gesonnt. **2.** Haben Sie sich nach dem Weg vom Flughafen zum Hotel erkundigt? Ja, wir haben uns/ich habe mich nach dem Weg erkundigt. **3.** Hast du dich über das kleine, dunkle Hotelzimmer beschwert? Ja, ich habe mich über das kleine, dunkle Hotelzimmer beschwert. **4.** Hast du dich für die Kultur des Gastlandes interessiert? Ja, ich habe mich für die Kultur des Gastlandes interessiert. **5.** Hast du dir berühmte Sehenswürdigkeiten angesehen? Ja, ich habe mir berühmte Sehenswürdigkeiten angesehen. **5.** Habt ihr euch im Hotel für den Golfkurs angemeldet? Ja, wir haben uns für den Golfkurs angemeldet. **7.** Haben Sie sich beim Reiseleiter für die Hilfe bedankt? Ja, wir haben uns/ich habe mich beim Reiseleiter für die Hilfe bedankt.

S. 95 Ü 2 ■ **1.** Ich verabschiede mich von Felix. **2.** Ich unterhalte mich in der Kaffeepause mit einer Kollegin. **3.** Ich entspanne mich beim Yogatraining. **4.** Ich kaufe mir neue Kleidung für den Sommer. **5.** Ich langweile mich. **6.** Ich freue mich über den Studienabschluss. **7.** Ich informiere mich über das Wohnungsangebot. **8.** Ich bestelle mir ein Glas Wein.

S. 95 Ü 3 ■ mich, mir, mir, mir, sich, uns, uns, uns, uns, mich, mich, uns, mich

Possessivpronomen

S. 96 Ü 1 ■ **1.** meins **2.** unsere **3.** meine **4.** ihrer **5.** unseres **6.** meiner **7.** meiner

S. 96 Ü 2 ■ **1.** Ist das deins? **2.** Ist das deins? **3.** Ist das deiner? **4.** Sind das eure? **5.** Ist das deine? **6.** Ist das eurer? **7.** Ist das meine?

Indefinitpronomen

S. 97 Ü 1 ■ **a) 1.** eine Waschmaschine? Ja, ich habe eine. **2.** einen Fernseher? Ja, ich habe einen. **3.** eine Gitarre? Nein, ich habe keine. **4.** einen Fußball? Nein, ich habe keinen. **5.** ein Telefon? Ja, ich habe eins.
b) 1. ein Bier für mich? eins **2.** Stifte? welche **3.** einen Pullover für mich? einer **4.** ein Stück Kuchen? eins **5.** einen Drucker? einer **6.** eine Flasche Wasser für mich? eine

S. 99 Ü 1 ■ **1.** nichts **2.** etwas, nichts **3.** Jemand, niemand **4.** etwas, nichts, alles **5.** jemand **6.** Jemand, niemand **7.** Alle **8.** niemand/niemanden **9.** nichts, alles

S. 99 Ü 2 ■ nichts, etwas, alle, Jemand, Jemand, nichts, alles

S. 99 Ü 3 ■ **1.** Die Diebe sind nachts gekommen und sie haben alles mitgenommen. **2.** Die Polizei hat im Haus alle befragt. **3.** Die Frau im ersten Stock hat nichts gehört. **4.** Der Herr im zweiten Stock hat niemanden gesehen. **5.** Der Hausmeister hat jemanden beobachtet.

Fragepronomen

S. 101 Ü 1 ■ **1.** Was habt ihr gegessen? **2.** Wer hat angerufen? **3.** Mit wem triffst du dich heute Abend? **4.** Wessen Büro ist das? **5.** Was habt ihr gemacht? **6.** Was hast du Gustav gegeben? **7.** Wer ist zu deiner Party gekommen? **8.** Was hast du im Urlaub gelesen? **9.** Wen möchten Sie/möchtest du gern sprechen? **10.** Wer hat die Fenster geöffnet? **11.** Was haben die Einbrecher gestohlen? **12.** Wen hat die Polizei verhaftet?

S. 101 Ü 2 ■ **1.** Welchen **2.** Was für eins **3.** Welche **4.** Welchen **5.** Was für einen **6.** Welchen

S. 101 Ü 3 ■ **1. b)** Welches **2. c)** Wer **3. b)** wem **4. a)** Welches **5. b)** Was **6. c)** Was **7. c)** Wen **8. a)** Wer **9. c)** Welchen **10. b)** wen **11. a)** Was

Relativpronomen

S. 103 Ü 1 ■ **a) 1.** der **2.** die **3.** die **4.** dem **b) 1.** denen **2.** das **3.** die **4.** das

S. 103 Ü 2 ■ **1.** das **2.** die **3.** die **4.** dem **5.** der **6.** die **7.** das **8.** die

S. 103 Ü 3 ■ **1. a)** die **2. c)** der **3. b)** die **4. a)** denen **5. c)** der **6. b)** denen **7. b)** die **8. b)** die **9. b)** die **10. a)** die

Das Wort *es*

S. 104 Ü 1 ■ Beispielsätze: Im Januar ist es in Deutschland kalt und es schneit. Im April regnet es oft. Im Juli ist es manchmal heiß. Bei Gewittern donnert und blitzt es. Im Oktober ist es an der See stürmisch und in den Morgenstunden oft neblig.

S. 104 Ü 2 ■ Es ist 20.00 Uhr. Hier sind die Nachrichten von Bayern 1. Heute gab es auf der Autobahn München–Salzburg kilometerlange Staus. In den Morgenstunden hat es heftig geschneit. Die Schneedecke war fast einen Meter hoch. Viele Autofahrer waren auf den Schnee nicht vorbereitet. Es kam zu vielen Unfällen. Eine Frau wurde ins Krankenhaus gefahren. In den nächsten Tagen erwarten die Experten noch mehr Schnee. Sicher kommt es wieder zu langen Staus. Der französische Ministerpräsident ist heute in Berlin gelandet. In den Gesprächen geht es hauptsächlich um Sicherheitspolitik. Morgen sind Gespräche mit dem Innenminister geplant.

■ 4 Adjektive

Deklination der Adjektive

S. 107 Ü 1 ■ **1.** ein weicher Pullover **2.** eine lustige Geschichte **3.** ein nettes Kind **4.** ein fleißiger Kollege **5.** ein langweiliger Roman **6.** ein langer Bericht **7.** eine anstrengende Sitzung **8.** ein bequemer Stuhl **9.** eine schwierige Frage **10.** ein großes Büro **11.** ein starker Kaffee

S.107 Ü 2 ■ **1.** das neue Fahrrad **2.** ein buntes Kleid, das bunte Kleid **3.** ein spanisches Kochbuch, das spanische Kochbuch **4.** einen neuen Fitness-Tracker, den neuen Fitness-Tracker **5.** eine kleine Katze, die kleine Katze **6.** eine teure Uhr, die teure Uhr **7.** eine elegante Jacke, die elegante Jacke

S. 107 Ü 3 ■ einen freien Tisch, einen guten Rotwein, ein Glas Mineralwasser, ein kühles Bier, eine französische Zwiebelsuppe, ein saftiges Steak, eine kleine Käseplatte, einen großen Obstsalat

S. 108 Ü 4 ■ **1.** Mit einem neuen Smartphone/Mobiltelefon/Handy., keine neuen Smartphones/Mobiltelefone/Handys. **2.** Mit einem spannenden Buch., keine spannenden Bücher. **3.** Mit einer schicken Bluse., keine schicken Blusen. **4.** Mit einem warmen Mantel., keine warmen Mäntel. **5.** Mit einem ergonomischen (Büro)Stuhl., keine ergonomischen (Büro)Stühle.

S. 108 Ü 5 ■ eine neue Handtasche, für meine Freundin, Ihre alte Tasche, Was für eine Tasche, ein klassisches Modell, eine ganz moderne Handtasche, Meine Freundin, keine supermodernen Sachen, ein klassisches Modell, eine hochwertige und zeitlose Tasche, ein kleines Fach

S. 108 Ü 6 ■ **1.** grüne T-Shirts **2.** große Sonnenbrillen **3.** kurze Röcke **4.** bunte Hüte **5.** enge Hosen **6.** goldene Sportschuhe **7.** weißen Blusen **8.** weiten Hosen **9.** langen Röcken **10.** schwarzen Pullovern **11.** weißen Schuhen **12.** roten Handtaschen

S. 109 Ü 7 ■ **1.** weiße Schokolade **2.** frisches Gemüse **3.** saure Äpfel **4.** einheimische Kräuter **5.** rohen Schinken **6.** reife Pflaumen **7.** starken Kaffee **8.** grünen Tee **9.** helles Bier **10.** kalte Limonade **11.** guten Rotwein **12.** gesunden Obstsaft

S. 109 Ü 8 ■ **1.** schlechtes Wetter **2.** kalten Hotelzimmer **3.** heftigen Sturm **4.** interessante Erfahrung **5.** hohe Wellen **6.** schöne Fotos **7.** weißen Sandstrand **8.** lange Spaziergänge **9.** teuren Geschäften **10.** alten Whisky **11.** kühles Bier

S. 109 Ü 9 ■ in einer mittelständigen Firma, ein gutes Gehalt, in einem kleinen Büro, eine große Marktanalyse, neue Kunden, großen Spaß, Meine Kolleginnen und Kollegen, den dünnen Kaffee, eine nette Chefin

S. 109 Ü 10 ■ **1.** eine schnelle Bearbeitung **2.** ein neues Angebot **3.** die aktuelle Preisliste **4.** eine sofortige Reparatur **5.** einen baldigen Termin **6.** eine pünktliche Lieferung

Komparation der Adjektive

S. 111 Ü 1 ■ **1.** höflicher **2.** fleißiger **3.** ordentlicher **4.** freundlicher **5.** geduldiger **6.** schneller **7.** hilfsbereiter

S. 111 Ü 2 ■ **1.** eine interessantere Arbeit **2.** eine nettere Chefin **3.** ein leichteres Programm **4.** ein helleres Büro **5.** einen größeren Computerbildschirm

S. 111 Ü 3 ■ **1.** höher, am höchsten **2.** billiger, am billigsten **3.** teurer, am teuersten **4.** mehr, am meisten **5.** besser, am besten **6.** schärfer, am schärfsten **7.** länger, am längsten **8.** kürzer, am kürzesten

S. 111 Ü 4 ■ **1.** am längsten, längste Tier **2.** am schnellsten, schnellste Tier **3.** am giftigsten, giftigste Tier **4.** am gefährlichsten, gefährlichste Tier **5.** am kleinsten, kleinste Säugetier **6.** am schwersten, schwerste Insekt

S. 112 Ü 5 ■ **1.** härtesten Teile **2.** längsten Stau **3.** älteste Buch **4.** kleinste Buch **5.** schnellste Aufzug

S. 112 Ü 6 ■ **1.** b **2.** c **3.** f **4.** a **5.** d **6.** e

S. 113 Ü 7 ■ **1.** In Hamburg gibt es mehr Brücken als in München. **2.** Dresden hat weniger Einwohner als Berlin. **3.** Die Universität Heidelberg ist älter als die Universität Jena. **4.** Der Berg „die Zugspitze" ist höher als „der Watzmann". **5.** Der Bodensee ist tiefer als der Königssee.

S. 113 Ü 8 ■ **1.** sicherer **2.** zweitsicherste **3.** gefährlicher **4.** sicher **5.** beste **6.** gefährlichsten

S. 113 Ü 9 ■ **1.** wärmer, In Europa ist es nicht so warm wie in Afrika. **2.** teurer, Eine Flasche Wasser ist nicht so teuer wie eine Flasche Champagner. **3.** mehr, Eine Zugfahrkarte für die zweite Klasse kostet nicht so viel wie eine Fahrkarte für die erste Klasse. **4.** langweiliger, Die alten Bücher des Krimiautors sind nicht so langweilig wie sein neues Buch. **5.** besser, Koreanisch spreche ich nicht so gut wie Deutsch. **6.** lieber, Maximilian isst Fleisch nicht so gern wie Fisch. **7.** schärfer, Deutsches Essen ist normalerweise nicht so scharf wie indisches Essen.

Zahlwörter

S. 115 Ü 1 ■ **1.** drei **2.** fünfundsechzig **3.** eine **4.** einen **5.** zwanzig **6.** sieben **7.** fünf **8.** sechsundvierzig **9.** zehn **10.** neununddreißig **11.** vier **12.** zweihundertneunundfünfzigtausendachthundertsechsundsiebzig

S. 115 Ü 2 ■ **1.** neunundzwanzigste **2.** siebenundzwanzigste **3.** siebzehnte **4.** achte **5.** dritte **6.** fünfzehnte **7.** achtzehnte **8.** erste **9.** siebte **10.** elfte **11.** vierundzwanzigste

S. 115 Ü 3 ■ **1.** Der Schriftsteller Thomas Mann wurde am sechsten Juni achtzehnhundertfünfundsiebzig geboren. **2.** Der Regisseur Werner Herzog wurde am fünften September neunzehnhundertzweiundvierzig geboren. **3.** Kaiserin Elisabeth, genannt Sissi, wurde am vierundzwanzigsten Dezember achtzehnhundertsiebenunddreißig geboren. **4.** Der Arzt Sigmund Freud wurde am sechsten Mai achtzehnhundertsechsundfünfzig geboren. **5.** Der Maler Albrecht Dürer wurde am einundzwanzigsten Mai vierzehnhunderteinundsiebzig geboren. **6.** Der Erfinder Rudolf Diesel wurde am achtzehnten März achtzehnhundertachtundfünfzig geboren.

S. 116 Ü 4 ■ **1. a)** Der Deutschkurs beginnt am zweiten Mai/Fünften und endet am zweiundzwanzigsten November/Elften. **b)** Der Deutschkurs läuft vom zweiten Mai/Fünften bis zum zweiundzwanzigsten November/Elften. **2. a)** Der Italienischkurs beginnt am einundzwanzigsten April/Vierten und endet am zehnten Juli/Siebten. **b)** Der Italienischkurs läuft vom einundzwanzigsten April/Vierten bis zum zehnten Juli/Siebten. **3. a)** Der Spanischkurs beginnt am neunten Mai/Fünften und endet am dritten September/Neunten. **b)** Der Spanischkurs läuft vom neunten Mai/Fünften bis zum dritten September/Neunten. **4. a)** Der Polnischkurs beginnt am ersten Juni/Sechsten und endet am zehnten Oktober/Zehnten. **b)** Der Polnischkurs läuft vom ersten Juni/Sechsten bis zum zehnten Oktober/Zehnten. **5. a)** Der Englischkurs beginnt am dreißigsten Mai/Fünften und endet am zwölften November/Elften. **b)** Der Englischkurs läuft vom dreißigsten Mai/Fünften bis zum zwölften November/Elften. **6. a)** Der Japanischkurs beginnt am vierundzwanzigsten April/Vierten und endet am einunddreißigsten August. **b)** Der Japanischkurs läuft vom vierundzwanzigsten April/Vierten bis zum einunddreißigsten August.

S. 116 Ü 5 ■ Am neunten Oktober war Phileas Fogg noch in Ägypten, am zwanzigsten Oktober erreichte er Indien. Am einunddreißigsten Oktober kam er in Indonesien an und am sechsten November war er schon in Hongkong. China erreichte er am elften November, am vierzehnten November kam er in Japan an. Am dritten Dezember war er schon in Amerika und am zweiundzwanzigsten Dezember war er wieder zurück in England.

S. 116 Ü 6 ■ **1.** fünfte **2.** vierten, zweiten **3.** erste **4.** achte

■ 5 Präpositionen

Präpositionen mit dem Dativ

S. 118 Ü 1 ■ **a)** **1.** nach München **2.** zum Bahnhof **3.** nach Portugal **4.** nach rechts **5.** zur Polizei **6.** zum Zahnarzt **7.** nach Hause **8.** zu Otto und Frieda **9.** zur Bank **10.** nach Deutschland **11.** zum Unterricht
b) **1.** aus Frankreich **2.** vom Bahnhof **3.** aus Leipzig **4.** von der Buchmesse **5.** von der Polizei **6.** vom Augenarzt **7.** vom Unterricht **8.** von Tante Else **9.** aus der Sauna **10.** von einer Party **11.** von links
c) **1.** Frau Weber **2.** beim Schwimmen **3.** beim Anwalt **4.** bei der Polizei **5.** beim Englischunterricht **6.** beim Friseur **7.** beim Einstufungstest

S. 119 Ü 2 ■ **1.** Oma fährt mit dem Taxi zu ihren Enkelkindern. **2.** Max und Moritz fahren mit dem Schiff über den Rhein nach Köln. **3.** Familie Feuerstein fährt mit dem Zug nach Frankreich. **4.** Susi fährt mit dem Fahrrad zur Party von Oskar. **5.** Mein Nachbar fährt mit dem Motorrad zum Deutschunterricht. **6.** Meine Kollegen fahren mit dem Bus zum Flughafen. **7.** Herr Krumm fährt mit der U-Bahn zum Alexanderplatz.

S. 119 Ü 3 ■ vom, zum, zu, zu, zu, nach, von, Seit, mit, nach, zum, zum

Präpositionen mit dem Akkusativ

S. 120 Ü 1 ■ **1.** gegen **2.** ohne **3.** für **4.** für **5.** um **6.** durch **7.** für **8.** Ohne

S. 120 Ü 2 ■ **1.** Herr Müller hat bis nächste Woche Urlaub/ist gegen ein Verkehrsschild gefahren/kann ohne Smartphone nicht leben/hat für seinen Sohn einen Fußball gekauft/ist durch die ganze Stadt gelaufen/ist um 17.00 Uhr in Frankfurt angekommen/kann gegen seine Magenschmerzen einiges tun.

Präpositionen mit Dativ und Akkusativ

S. 122 Ü 1 ■ **a)** Mizi ist/liegt **1.** im Garten **2.** hinter der Gardine **3.** unter dem Sofa **4.** zwischen den Kissen **5.** vor der Haustür **6.** auf dem Schrank
b) Das Geld befindet sich **1.** im Keller in einer Plastiktüte hinter dem Weinregal. **2.** in einem Schließfach im Bahnhof. **3.** im Geheimfach eines Koffers auf dem Dachboden. **4.** unter einem Grabstein auf dem Friedhof.

S. 122 Ü 2 ■ **1.** Stell das Fahrrad vor die Wohnungstür. **2.** Leg die Socken in die Schublade. **3.** Bring die Pizza in die Küche. **4.** Stell die Kaffeetasse auf den Couchtisch. **5.** Stell die Rollschuhe in den Schuhschrank.

S. 123 Ü 3 ■ **a)** **1.** **in** dem Schuhgeschäft in der Friedrichstraße **2.** In welches Restaurant **3.** neben dem Theater **4.** an der Bushaltestelle **5.** Auf dem Marktplatz **b)** **1.** in die neue Schwimmhalle **2.** in die Firma **3.** in der Firma **4.** in meinem Büro, auf meinem Schreibtisch **5.** in den Tresor

S. 123 Ü 4 ■ **1.** in dieser Woche **2.** am Freitag **3.** Im letzten Monat **4.** In der nächsten Besprechung **5.** vor einer Woche **6.** In diesem Sommer **7.** Zwischen dem 4. und dem 6. November

S. 123 Ü 5 ■ im 18. Jahrhundert, In der Kirche, Auf der rechten Seite, im Krieg, In der Burg, an den Wänden, in den letzten Jahren, in die Johanneskirche, in die Stadt, auf dem Parkplatz

Präpositionen: Zusammenfassende Übungen

S. 124 Ü 1 ■ **1.** zum Friseur **2.** ins Fotomuseum **3.** nach New York **4.** in den Park **5.** zu meiner Freundin **6.** ins Kino **7.** zu einer/in eine Autowerkstatt **8.** zum Arzt **9.** nach Deutschland, nach Österreich, in die Schweiz **10.** in die Innenstadt **11.** an den Strand **12.** ins Fitnessstudio

S. 125 Ü 2 ■ **1.** ins Bett, im Bett **2.** ins Büro, im Büro **3.** nach Berlin, in Berlin **4.** in den Supermarkt, im Supermarkt **5.** zum Deutschunterricht, beim Deutschunterricht **6.** zur Polizei, bei der Polizei **7.** zu Oma Jutta, bei Oma Jutta **8.** nach Griechenland, in Griechenland **9.** nach Hause, zu Hause **10.** auf den Aussichtsturm, auf dem Aussichtsturm **11.** an die Nordsee, an der Nordsee **12.** ins Restaurant, im Restaurant **13.** in die Niederlande, in den Niederlanden

S. 125 Ü 3 ■ **a)** **1.** im Urlaub **2.** am Wochenende **3.** beim Skifahren **4.** vor zwei Tagen **5.** beim Fitnesstraining
b) **1.** vor der/in der/nach der nächsten Sitzung **2.** am 15. Juli **3.** vor der/in der/nach der Mittagspause **4.** in zwei Wochen **5.** vor dem/beim/nach dem Gespräch mit dem Direktor **6.** beim Golfspielen

S. 126 Ü 4 ■ **b)** **1.** Ich habe vor 35 Jahren mit dem Malen begonnen. **2.** Ich habe von 1999 bis 2004 studiert. **3.** Ich habe mein erstes Bild im Mai 2005 verkauft. **4.** Ich arbeite seit August 2007 in diesem Atelier. **5.** Ich habe ihn vor einigen Wochen kennengelernt. **6.** Die Eröffnung meiner Ausstellung ist am 14. Mai um 17.00 Uhr. **7.** Man kann die Ausstellung vom 14. Mai bis zum 7. Juni besuchen. **8.** Ich treffe mich vor/bei/nach der Ausstellungseröffnung mit ihm. **9.** Ich fahre im Winter nach New York.

S. 126 Ü 5 ■ **1.** am **2.** Durch **3.** In **4.** in **5.** in **6.** Im **7.** im **8.** in **9.** in **10.** Nach **11.** nach **12.** Nach **13.** im **14.** bis

S. 127 Ü 6 ■ Seit Februar, bei/in einer Möbelfirma, von/aus Berlin, in Köln, für ein Jazzkonzert, zu meinem Schwedischkurs, mit einem schwedischen Unternehmen, nach Stockholm, Um drei Uhr, am Wochenende, am Samstag oder am Sonntag, mit einem Schiff, am Freitag

S. 128 Ü 7 ■ **1.** Die Schränke sind aus Holz. **2.** Tante Lisa kommt mit dem Auto, aber ohne ihren Hund. **3.** Martha kauft für ihren Sohn eine Gitarre. **4.** Nach Meinung von Experten wird die wirtschaftliche Lage schlechter. **5.** Ohne Fleiß können wir den Wettkampf nicht gewinnen. **6.** Das Fußballspiel findet unter schlechten Wetterbedingungen statt. **7.** Aus Angst vor einer Verletzung spielt der Stürmer Franz Kaiser nicht mit. **8.** Das ganze Gebäude ist aus Stahl und Glas. **9.** Ich nehme die alten Pfannen von meiner Oma gerne zum Kochen. **10.** Bei heftigem Schnee kann man die Bergstraße nicht befahren. **11.** Er hilft dir nur aus Mitleid. **12.** Die Übung hilft gegen Rückenschmerzen.

S. 128 Ü 8 ■ In Deutschland, am Arbeitsplatz, mit einem kurzen Mittagsschlaf, Nach einer 30-minütigen Siesta, mit Koffein, im Büro, Für unsere Leistung, zwischen 10.00 und 11.00 Uhr, am späteren Nachmittag, am frühen Morgen, um 13.00 Uhr

■ 6 Adverbien und Partikeln

Fragewörter

S. 129 Ü 1 ■ Wie viel/Was, Wie, Wie lange/Bis wann, Warum, Wo, Wann

S. 130 Ü 2 (Beispielsätze zum Thema Urlaub) ■ Wohin fahren Sie? Wo verbringen Sie Ihren Urlaub am liebsten? Wie lange waren Sie letzten Sommer im Urlaub? Wie viel hat der Urlaub gekostet? Wie oft waren Sie schon in Spanien? Wie war das Wetter in Spanien? Warum wollen Sie immer ans Meer fahren?

S. 131 Ü 3 ■ **1.** Wie alt sind Sie? **2.** Wo wohnen Sie? **3.** Wann sind Sie nach Berlin gekommen/gezogen? **4.** Warum leben/wohnen Sie in Berlin?/Warum sind Sie nach Berlin gezogen? **5.** Was haben Sie studiert? **6.** Wo arbeiten Sie?/Was sind Sie von Beruf? **7.** Wie lange arbeiten Sie schon dort? **8.** Wie gefällt Ihnen Ihre Arbeit? **9.** Wie viele Kinder sind/lernen in Ihrer/einer Klasse? **10.** Was ist Ihr Hobby? **11.** Wie oft spielen Sie Volleyball? **12.** Warum gefällt Ihnen diese Sportart?

S. 131 Ü 4 ■ **1.** Wie viele Mitarbeiterinnen und Mitarbeiter brauchen wir? **2.** Wo können wir weitere Informationen finden? **3.** Woher bekommen wir finanzielle Unterstützung? **4.** Wie oft treffen wir uns in der Woche? **5.** Wann können wir mit ersten Ergebnissen rechnen? **6.** Wie viel kostet das Projekt insgesamt?

S. 131 Ü 5 ■ wie, Wie lange, wie viel, wann, wie hoch, wie viel, Wo, wie, wann

S. 132 Ü 1 ■ **1.** Worüber freust du dich? Ich freue mich über das gute Ergebnis. **2.** Womit arbeitet ihr? Wir arbeiten mit einem neuen Programm. **3.** Worüber ärgert sich Ingo? Er ärgert sich über den Stau. **4.** Woran denkt Herr Klein? Er denkt an die Einnahmen der Firma. **5.** Worüber habt ihr geredet? Wir haben über die Fußballergebnisse geredet. **6.** Wofür interessierst du dich? Ich interessiere mich für Politik. **7.** Womit hat der Koch die Soße gewürzt? Er hat sie mit Chili gewürzt. **8.** Worauf wartet ihr? Wir warten auf den Beginn des Feuerwerks.

S. 132 Ü 2 ■ **1.** Womit bist du heute zur Arbeit gefahren? **2.** Woran nimmst du teil? **3.** Worüber sprichst du? **4.** Worauf freust du dich (schon)? **5.** Worum willst du dich bewerben? **6.** Womit bist du nicht zufrieden?

Adverbien

S. 134 Ü 1 ■ **1.** Frau Fischer ruft Sie später zurück. **2.** Ich schreibe die E-Mail gleich. **3.** Kollege Schmitz geht oft um 12.30 Uhr zum Mittagessen. **4.** Frau Müller ist nie krank. **5.** Wir haben momentan viele Aufträge. **6.** Herr Seifert stellt morgen das neue Projekt vor. **7.** Ich finde den neuen Projektleiter besonders sympathisch. **8.** Die Kundenberaterin muss täglich fünfzig E-Mails beantworten. **9.** Wir bleiben heute Abend ein bisschen länger im Büro.

S. 134 Ü 2 ■ **1.** vormittags **2.** mittags **3.** nachmittags **4.** abends **5.** samstags und sonntags

S. 134 Ü 3 (Beispielsätze) ■ Dann muss man das Waschpulver einfüllen und das Programm wählen. Anschließend schließt man die Tür und drückt auf den Einschaltknopf. Zuletzt muss man die Maschine ausschalten und die Tür öffnen. Danach kann man die Wäsche herausnehmen und aufhängen.

S. 135 Ü 4 ■ **1.** unten **2.** abends **3.** selten **4.** ein bisschen **5.** später

S. 135 Ü 5 (Beispielsätze) ■ **1.** Wenn Sie aus der Mensa kommen, dann gehen Sie nach rechts und dann gleich wieder nach rechts bis zum Ende der Straße. Dort befindet sich links/auf der linken Seite die Bibliothek. **2.** Wenn Sie aus der Bibliothek kommen, dann gehen sie nach rechts. In der Mitte der Straße befindet sich rechts/auf der rechten Seite die Verwaltung. **3.** Wenn Sie aus dem Verwaltungsgebäude kommen, dann gehen Sie am besten nach rechts bis zum Ende der Straße und dann nach links. An der ersten Seitenstraße müssen Sie nach links. Das Campusmanagement ist dann gleich auf der rechten Seite. **4.** Wenn Sie vom Campusmanagement kommen, dann gehen Sie zuerst nach links und dann nach rechts. Weiter geradeaus bis zur nächsten Seitenstraße. Dort gehen Sie rechts. Die Aula befindet sich im ersten Haus rechts. **5.** Wenn Sie von der Aula zur Cafeteria wollen, dann gehen Sie am besten durch den Garten. Gehen Sie aus dem Gebäude hinten raus, durch die Mensa, wieder zum Hinterausgang und dann einfach geradeaus. **6.** Wenn Sie von der Cafeteria zum Sekretariat für Studierende wollen, gehen Sie einfach nach links. Das Studierendensekretariat befindet sich im ersten Haus links. **7.** Wenn Sie aus dem Sekretariatsgebäude kommen, dann gehen/fahren Sie nach rechts und dann geradeaus bis zum Kreisverkehr. Sie fahren in den Kreisverkehr und nehmen die zweite Ausfahrt. Dann geht es ein Stück geradeaus und Sie sind auf den Parkplätzen direkt vor dem Sportplatz.

Redepartikeln

S. 136 Ü 1 ■ **1.** Was machst du denn da? **2.** Das sieht doch schön aus, oder? **3.** Das ist doch der Kaffee von gestern. **4.** Das ist ja ein wunderschöner Ring. **5.** Das kann doch nicht wahr sein! **6.** Schau mal, das ist doch das Auto von Max, oder? **7.** Wie siehst du denn aus? Du bist ja ganz blass.

S. 136 Ü 2 ■ **1.** Wann kommt denn der neue Mitarbeiter? **2.** Wann beginnt denn die Sitzung? **3.** Wo warst du denn? **4.** Warum ist denn Andreas nicht da?

■ 7 Einfache Sätze

Position der Verben

S. 138 Ü 1 ■ **1.** Heute kocht Michael das Abendessen. **2.** Heute kauft Renate im Supermarkt ein. **3.** Gestern hat Renate die Kinder zur Klavierstunde begleitet. **4.** Heute hilft Michael den Kindern bei den Hausaufgaben. **5.** Gestern sind Renates Eltern zum Abendessen gekommen. **6.** Heute liest Renate den Kindern ein Märchen vor. **7.** Heute arbeitet Michael abends noch lange.

S. 138 Ü 2 ■ Gestern sind wir hier angekommen. Es regnete in Strömen. Zuerst sind wir ins Hotel gefahren. Das Hotel ist in der Nähe der Museumsinsel. Am Nachmittag haben wir das Neue Museum besucht. In diesem Museum befindet sich die weltberühmte Nofretete. Sie ist wirklich sehr schön. Neben unserem Hotel ist ein italienisches Restaurant. Dort haben wir gestern Abend Pizza gegessen. Heute steht das Brandenburger Tor auf unserem Besuchsplan. Ich melde mich später wieder.

S. 139 Ü 3 ■ **1.** Warum hast du dich mit Gertrud gestritten? **2.** Ich kann dich mitnehmen. **3.** Das Geschäft ist sonntags geschlossen. **4.** Musst du heute länger im Büro bleiben? **5.** Wird das Auto morgen repariert? **6.** Wir sind ins Stadion gegangen. **7.** Wann hast du das Paket zur Post gebracht? **8.** Ich habe dich angerufen.

S. 139 Ü 4 ■ **1.** Woher kommen Sie? **2.** Sind Sie mit dem Zug gefahren? **3.** Wie lange hat das gedauert?/Wie lange sind Sie gefahren? **4.** Kennen Sie unser Firmengebäude schon?/Kennen Sie die Firma schon? **5.** Möchten Sie etwas trinken? **6.** Trinken Sie den Kaffee mit Milch und Zucker? **7.** Wie lange arbeiten Sie schon bei IPROTEX? **8.** In welcher Abteilung arbeiten Sie? **9.** Kennen Sie Herrn Klein? **10.** Warum ist Herr Klein nicht (mit)gekommen?

S. 139 Ü 5 ■ **1.** Haltet Abstand zu den Bildern! **2.** Macht keine Fotos! **3.** Fasst die Kunstwerke nicht an! **4.** Redet nicht so laut! **5.** Rennt nicht durch die Räume! **6.** Schaut euch die Bilder genau an! **7.** Hört dem Museumsführer gut zu! **8.** Schreibt bis morgen einen Aufsatz über das schönste Bild!

Position der anderen Satzglieder

S. 141 Ü 1 ■ **1.** Meine Cousine schenkt ihrer Tochter zu Weihnachten ein Fahrrad. **2.** Piet zeigt seinen Freunden auf dem iPad die Urlaubsfotos. **3.** Wir servieren unseren Gästen heute Abend ein leckeres Menu. **4.** Petra hat ihm die Dokumente gegeben. **5.** Maria bittet ihren Bruder um Hilfe. **6.** Wir senden dem Kunden morgen die Rechnung. **7.** Konrad bespricht das Problem nach der Mittagspause mit Frau Huber. **8.** Viele Geschäftsleute interessieren sich für Informationen über die Schweiz.

S. 141 Ü 2 ■ **1.** Roberta entspannt sich einmal in der Woche beim Yoga. **2.** Andreas liest abends oft einen Krimi. **3.** Jörg joggt morgens im Park. **4.** Anna trifft sich am Samstag mit ihren Freundinnen. **5.** Anke geht nach der Arbeit in die Sauna. **6.** Bertus kocht am Wochenende meistens etwas Leckeres. **7.** Maike trainiert regelmäßig in einem Fitnessstudio. **8.** Regine nimmt sonntags zur Entspannung ein heißes Bad.

S. 142 Ü 3 ■ **a)** wir haben geschäftliche Beziehungen zu einer Firma in Dresden. Ungefähr zehn Beschäftigte unserer Firma müssen mehrmals im Monat nach Dresden reisen. Nun suchen wir für unsere Mitarbeiterinnen und Mitarbeiter ein geeignetes Hotel. Können Sie uns ein spezielles Angebot für die Übernachtung unterbreiten?
b) wir danken Ihnen für Ihre Anfrage vom 12. April. Im Anhang finden Sie unser Angebot. Unseren festen Kundinnen und Kunden gewähren wir einen Rabatt von 20 Prozent. Allerdings muss uns Ihre Firma eine Minimalzahl von 20 Übernachtungen im Monat garantieren. Im Preis inbegriffen sind ein reichhaltiges Frühstück und die kostenlose Benutzung unseres Fitnessraumes. Bisher sind unsere Hotelgäste mit unseren Leistungen sehr zufrieden. Das können Sie auch auf unserer Website unter „Bewertungen" nachlesen. Gerne erwarten wir Ihre Reservierungen und freuen uns auf Ihren Besuch.

S. 143 Ü 1 ■ **1. c)** als **2. a)** wie **3. e)** als **4. b)** als **5. d)** wie

S. 143 Ü 2 ■ **1.** Heute geht es mir besser als gestern. **2.** Otto trägt heute das gleiche Hemd wie Gustav. **3.** Alkoholische Getränke sind in Schweden teurer als in Deutschland. **4.** Im Winter sind die Nächte länger als im Sommer. **5.** Ein Gepard kann schneller laufen als ein Pferd. **6.** Giftschlangen töten mehr Menschen als andere Tiere. **7.** Max trainiert genauso hart wie Moritz. **8.** Schalke 04 hat mehr Tore geschossen als der FC Bayern München. **9.** Ich finde das Buch spannender als den Film. **10.** Die Preise für Lebensmittel sind in diesem Jahr höher als im letzten Jahr.

Negation

S. 144 Ü 1 ■ **1.** Ich fahre nicht mit dem Bus. **2.** Der Hausmeister kommt heute nicht. **3.** Ich kann das Dokument nicht bearbeiten. **4.** Ich möchte die E-Mail nicht sofort beantworten. **5.** Ich habe das Buch nicht gelesen. **6.** Das mache ich nicht. **7.** Der Schmuck ist nicht sehr wertvoll. **8.** Er kann dich nicht hören. **9.** Wir arbeiten sonntags nicht. **10.** Ich kann nicht Golf spielen.

S. 145 Ü 2 ■ **1.** Ich gehe jetzt nicht ans Telefon. **2.** Heute findet keine Besprechung statt. **3.** Ab morgen ist Herr Neumann nicht im Büro, er ist auf Dienstreise. **4.** Frau Schmidt kommt morgen auch nicht, sie fühlt sich nicht wohl. **5.** Sie hat keine schwere Grippe, nur eine Erkältung. **6.** Sie hat auch kein Fieber. **7.** Ich habe die Unterlagen noch nicht kopiert. **8.** Die Kaffeemaschine funktioniert nicht. Wir können keinen Kaffee trinken.

S. 145 Ü 3 ■ 1. Thomas mag keine Haustiere. **2.** Thomas tanzt nicht gern. **3.** Thomas ist nicht oft unterwegs. Thomas ist nicht freundlich. **5.** Thomas hat keine Freunde. **6.** Thomas möchte keinen Garten. **7.** Thomas kann nicht gut kochen. **8.** Thomas ist mit seinem Leben nicht zufrieden.

S. 145 Ü 4 ■ 1. keinen **2.** keinen **3.** kein **4.** keine **5.** keine **6.** nicht **7.** nicht **8.** keine **9.** nicht **10.** keine **11.** nicht **12.** nicht

S. 146 Ü 5 ■ Man darf **1.** auf dem Balkon nicht grillen. **2.** keine Haustiere halten. **3.** im Treppenhaus keine Bilder aufhängen. **4.** keine Plastikabfälle/Plastikabfälle nicht in den Biomüll werfen. **5.** nicht auf das Dach steigen. **6.** den Hausmeister nicht unnötig stören. **7.** nachts nicht Klavier oder andere Instrumente spielen. **8.** keine Fahrräder/Fahrräder nicht in den Hausflur stellen. **9.** keine Werbung in die Briefkästen stecken.

S. 146 Ü 1 ■ 1. Lassen Sie die Gebrauchsanweisung nicht ins Dänische übersetzen! **2.** Organisieren Sie die Werbekampagne nicht selbst! **3.** Sie dürfen die Erfindung nicht erst im nächsten Jahr zum Patent anmelden! **4.** Ich bekomme nicht 5 000 Euro Honorar.

S. 147 Ü 2 ■ a) 1. Der Komponist Wolfgang Amadeus Mozart spielte nicht Trompete, sondern Klavier. **2.** Der Dichter Johann Wolfgang von Goethe wurde nicht in Köln geboren, sondern in Frankfurt am Main. **3.** Die Schriftstellerin Herta Müller wurde 2009 nicht mit dem Friedensnobelpreis ausgezeichnet, sondern mit dem Literaturnobelpreis. **4.** Der erfolgreiche Fußballer Franz Beckenbauer spielte nicht in der österreichischen Nationalmannschaft, sondern in der deutschen. **5.** Nicht Franz Schubert komponierte den „Ring der Nibelungen", sondern Richard Wagner. **6.** Die wohl bekannteste Autorin der Schweiz, die im Jahr 1879 die Romanfigur Heidi erschuf, hieß nicht Emilie Spyri, sondern Johanna Spyri. **7.** Der Philosoph Rudolf Steiner hat nicht die erste Sportschule gegründet, sondern die erste Waldorf-Schule. **8.** Der österreichische Arzt Sigmund Freud beschäftigte sich nicht mit dem Körper der Menschen, sondern mit der Psyche. **9.** Erzherzogin Maria Theresia führte im 18. Jahrhundert in Österreich nicht die allgemeine Wehrpflicht ein, sondern die Schulpflicht. **10.** Der Physiker Albert Einstein erhielt 1921 den Nobelpreis nicht für die Entwicklung der Relativitätstheorie, sondern für die Deutung des fotoelektrischen Effekts. **11.** Martin Luther hat im 16. Jahrhundert nicht griechische Gedichte ins Deutsche übersetzt, sondern die Bibel. **12.** Nicht Richard Strauß schrieb viele berühmte Walzermelodien, sondern Johann Strauß. **13.** Der Komponist Johann Sebastian Bach lebte und arbeitete nicht in Köln, sondern in Leipzig.
b) 2. Gestern Abend hat er nicht ein Bier getrunken, sondern sechs. **3.** Seine Ferien hat Tobias nicht in Italien verbracht, sondern an der Ostsee. **4.** Er hat kein Haus in Nizza gekauft, sondern ein Eis in Warnemünde. **5.** Abends hat er keinen/nicht Kaviar gegessen, sondern Gemüseeintopf. **6.** Er hat keine zehn Millionen Euro auf seinem Bankkonto, sondern zehn Euro. **7.** Nächstes Wochenende fährt er nicht nach Paris, sondern nach Bad Tölz. **8.** Sein Bruder arbeitet nicht als Modedesigner in München, sondern als Verkäufer.

S. 148 Ü 1 ■ 1. Doch, ich habe meinen Laptop mit. Nein, ich habe meinen Laptop nicht mit. **2.** Doch, ich treibe noch Sport. Nein, ich treibe keinen Sport mehr. **3.** Doch, wir gehen zur Weihnachtsfeier. Nein, wir gehen nicht zur Weihnachtsfeier. **4.** Doch, ich esse gern Gemüse. Nein, ich esse nicht gern Gemüse. **5.** Doch, sie liebt ihn noch. Nein, sie liebt ihn nicht mehr. **6.** Doch, das Foto gefällt mir. Nein, das Foto gefällt mir nicht. **7.** Doch, der Zug ist pünktlich. Nein, der Zug ist wieder nicht pünktlich. **8.** Doch, ich habe ein Handy dabei. Nein, ich habe kein Handy dabei.

S. 148 Ü 2 ■ 1. Hast du nicht mit der Personalchefin gesprochen? **2.** Hast du den Film nicht gesehen? **3.** Habt ihr das Deutsche Museum nicht besucht? **4.** Hast du die E-Mail noch nicht geschrieben? **5.** Habt ihr die Rechnung noch nicht bezahlt?

■ 8 Zusammengesetzte Sätze

Hauptsätze

S. 150 Ü 1 ■ 2. g **3.** e **4.** b **5.** a **6.** d **7.** f

S. 150 Ü 2 ■ 1. sondern **2.** aber **3.** denn **4.** aber **5.** denn **6.** sondern

S. 150 Ü 3 ■ 1. sondern **2.** sondern **3.** aber **4.** aber **5.** sondern

S. 151 Ü 1 ■ 1. Gerda mag Krimis, deshalb verpasst sie keine Krimiserie. **2.** Mathildes Hobby ist Gartenarbeit, deshalb findet sie Sendungen über Landschaftsgestaltung sehr interessant. **3.** Georg interessiert sich für die Umwelt, deshalb sieht er viele Dokumentarfilme über das Thema. **4.** Karl mag Zeichentrickfilme, deshalb nutzt er verschiedene Streamingportale. **5.** Paula will sich über die Ereignisse in der Welt informieren, deshalb sieht sie sich jeden Abend die Tagesschau an. **6.** Kathrin ist Romantikerin, deshalb mag sie Liebesfilme mit Happy End. **7.** Laura ist zurzeit krank, deshalb sitzt sie den ganzen Tag vor dem Fernseher.

S. 152 Ü 2 ■ 2. a **3.** d **4.** f **5.** b **6.** g **7.** e

S. 152 Ü 3 ■ 1. Ich habe nicht viel Geld, deshalb mache ich diesen Sommer nur einen kurzen Urlaub. **2.** Gerda verdient sehr gut, trotzdem ist sie sehr sparsam. **3.** Rita mag Kinder, deshalb möchte sie Kindergärtnerin werden. **4.** Olga hat ein sehr schlechtes Abiturzeugnis, trotzdem möchte sie Medizin studieren. **5.** Ich habe Halsschmerzen, deshalb bleibe ich zu Hause. **6.** Lea interessiert sich für Tiere, deshalb geht sie jeden Mittwoch in den Zoo. **7.** Jenny will nicht gestört werden, deshalb schaltet sie ihr Handy aus.

S. 152 Ü 4 ■ 1. deshalb **2.** und **3.** sondern **4.** trotzdem **5.** denn **6.** aber **7.** deshalb **8.** denn **9.** und

Adverbiale Nebensätze

S. 154 Ü 1 ■ 1. weil ich heute nicht arbeiten muss. **2.** weil ich zum Essen eingeladen wurde. **3.** weil der Deutschkurs heute ausfällt. **4.** weil das Semester zu Ende ist. **5.** weil ich mein erstes Gehalt bekommen habe. **6.** weil ich eine neue Stelle gefunden habe. **7.** weil ich meine Sprachprüfung bestanden habe. **8.** weil ich mich verliebt habe.

S. 154 Ü 2 ■ a) 1. John ist gestresst, weil er heute Nachmittag seine Arbeitsergebnisse präsentieren muss. **2.** Elias lernt nicht, obwohl er morgen eine wichtige Prüfung hat. **3.** Lucas hat Paul nicht zu seiner Geburtstagsparty eingeladen, obwohl sie gute Freunde sind. **4.** Jana darf nicht Auto fahren, weil sie erst 16 ist. **5.** Denis spricht kein einziges Wort Italienisch, obwohl er seit zwei Jahren in Rom wohnt. **6.** Kathrin hat mich am Wochenende nicht angerufen, obwohl sie es mir versprochen hat. **7.** Ilona isst jeden Tag eine Tafel Schokolade, obwohl sie abnehmen möchte. **8.** Johanna nimmt Nachhilfestunden in Mathematik, weil sie sehr schlechte Noten hat.
b) 1. Weil er heute Nachmittag seine Arbeitsergebnisse präsentieren muss, ist John gestresst. **2.** Obwohl er morgen eine wichtige Prüfung hat, lernt Elias nicht. **3.** Obwohl sie gute Freunde sind, hat Lucas Paul nicht zu seiner Geburtstagsparty eingeladen. **4.** Weil sie erst 16 ist, darf Jana nicht Auto fahren. **5.** Obwohl er seit zwei Jahren in Rom wohnt, spricht Denis kein einziges Wort Italienisch. **6.** Obwohl sie es mir versprochen hat, hat Kathrin mich am Wochenende nicht angerufen. **7.** Obwohl sie abnehmen möchte, isst Ilona jeden Tag eine Tafel Schokolade. **8.** Weil sie sehr schlechte Noten hat, nimmt Johanna Nachhilfestunden in Mathematik.

S. 155 Ü 3 ■ a) 1. wenn die Geschichte spannend ist. **2.** wenn der Film nicht zu lange dauert. **3.** wenn die Hauptfigur sympathisch ist. **4.** wenn der Film eine wahre Geschichte erzählt. **5.** wenn der Film ein Happy End hat.
b) 1. wenn der Film nicht synchronisiert ist. **2.** wenn der Film nur aus Actionszenen besteht. **3.** wenn die Heldin oder der Held am Ende stirbt. **4.** wenn die Dialoge nicht witzig sind. **5.** wenn die Leute im Kino ihr Handy nicht ausschalten.

S. 155 Ü 4 ■ 1. Als Otto noch klein war, hat er am liebsten mit Matchboxautos gespielt. **2.** Als Max und Moritz noch klein waren, haben sie sich immer gestritten. **3.** Als Anna sieben Jahre alt war, hat sie zum ersten Mal einen Kuchen gebacken. **4.** Als ich acht Monate alt war, habe ich meinen ersten Schritt gemacht. **5.** Als Boris ein Jahr alt war, hat er sein erstes Wort gesagt. **6.** Als Finn drei Jahre alt war, ist er zum ersten Mal ins Puppentheater gegangen.

S. 155 Ü 5 ■ **1.** Als **2.** wenn **3.** Als **4.** Wenn **5.** als **6.** als **7.** als **8.** wenn

S. 156 Ü 6 ■ weil, wenn, Als, weil, Wenn, Wenn

S. 156 Ü 7 ■ **1.** a **2.** c **3.** c **4.** c **5.** b **6.** a **7.** b

S. 156 Ü 8 ■ Wenn, weil, Als, Obwohl, als, weil, Obwohl, Wenn

Dass-Sätze

S. 158 Ü 1 ■ **1.** dass der Hausmeister seit zwei Wochen krank ist? **2.** dass die Direktorin Ärger mit dem Verwaltungsleiter hat? **3.** dass wir den großen Auftrag nicht bekommen haben? **4.** dass die Einnahmen zurückgegangen sind? **5.** dass die Firma sparen muss? **6.** dass die Weihnachtsfeier dieses Jahr ausfällt? **7.** dass wir eine neue Kollegin bekommen? **8.** dass die neue Kollegin in London studiert hat?

S. 158 Ü 2 ■ **1.** Analysen haben gezeigt, dass Flugzeuge die sichersten Verkehrsmittel sind. **2.** Eine Umfrage hat ergeben, dass die meisten Menschen an die Liebe auf den ersten Blick glauben. **3.** Ein Forschungsteam hat entdeckt, dass Mäuse singen können. **4.** Umfragen haben gezeigt, dass kreative Berufe glücklich machen. **5.** Untersuchungen haben ergeben, dass die Deutschen jeden Tag im Durchschnitt 7,75 Stunden schlafen. **6.** Eine Studie ist zu dem Ergebnis gekommen, dass der Mensch sieben bis acht Stunden Schlaf braucht. **7.** Forschende der Universität Wageningen haben herausgefunden, dass Zimmerpflanzen psychischen Stress reduzieren. **8.** Eine Umfrage hat ergeben, dass sich Eltern und Kinder am häufigsten über Ordnung und Sauberkeit streiten.

S. 158 Ü 3 ■ **1.** Ich glaube, dass der Autoverkehr zunimmt. **2.** Ich finde, dass die Windenergie eine gute Lösung für die Energieprobleme ist. **3.** Ich bin der Meinung, dass wir viele Tierarten besser schützen müssen. **4.** Ich weiß, dass die Menschen zu viel Abfall produzieren. **5.** Ich denke, dass wir etwas gegen die Luftverschmutzung tun müssen.

Infinitiv mit *zu*

S. 160 Ü 1 ■ **1.** b **2.** d **3.** e **4.** c **5.** f **6.** a

S. 160 Ü 2 ■ **1.** die Fahrtkostenabrechnung zu machen. **2.** die Gäste vom Bahnhof abzuholen. **3.** alle E-Mails zu beantworten. **4.** das Flugticket für seine Dienstreise zu buchen. **5.** die Projektunterlagen zu kopieren. **6.** an der Besprechung teilzunehmen. **7.** den Bericht zu schreiben. **8.** in die Kantine essen zu gehen. **9.** die neue Kollegin zu begrüßen.

S. 160 Ü 3 ■ **1. a)** Martin will nach Österreich fahren. **b)** Martin hat vor, nach Österreich zu fahren. **2. a)** Martin will im Hotel „Bergsicht" übernachten. **b)** Martin hat vor, im Hotel „Bergsicht" zu übernachten. **3. a)** Martin will den ganzen Tag Ski fahren. **b)** Martin hat vor, den ganzen Tag Ski zu fahren. **4. a)** Martin will abends im Restaurant essen. **b)** Martin hat vor, abends im Restaurant zu essen. **5. a)** Martin will an einem Skiwettkampf teilnehmen. **b)** Martin hat vor, an einem Skiwettkampf teilzunehmen. **6. a)** Martin will den Skiwettkampf gewinnen. **b)** Martin hat vor, den Skiwettkampf zu gewinnen.

S. 160 Ü 4 ■ **1.** Carla hat Lust, heute Abend auszugehen. Otto möchte lieber fernsehen. **2.** Carla hat den Auftrag, am Wochenende eine Projektidee zu entwickeln. Otto soll am Wochenende einen Bericht für seinen Chef schreiben. **3.** Carla hat vor, ihren Urlaub im Ausland zu verbringen. Otto möchte in Deutschland bleiben. **4.** Carla hat mal wieder den Wunsch, die Wohnung umzuräumen. Otto will nichts verändern. **5.** Carla macht es Spaß, Englisch zu lernen. Otto muss Englisch lernen.

S. 161 Ü 5 ■ **1.** dir im Haushalt zu helfen. **2.** dreimal in der Woche das Abendessen zu kochen. **3.** dich jeden Tag fünfmal anzurufen. **4.** weniger Zeit mit meinen Freunden zu verbringen. **5.** dir immer zuzuhören. **6.** dir jede Woche Blumen zu schenken. **7.** immer nett zu deiner Mutter zu sein. **8.** vorsichtiger zu fahren.

S. 161 Ü 6 ■ **1.** Benno darf Saxofonstunden nehmen. Seine Eltern erlauben Benno, Saxofonstunden zu nehmen. **2.** Benno darf nach 20.00 Uhr nicht Saxofon üben. Seine Eltern erlauben Benno nicht, nach 20.00 Uhr Saxofon zu üben. **3.** Benno darf sich kein neues Handy kaufen. Seine Eltern erlauben Benno nicht, sich ein neues Handy zu kaufen. **4.** Benno darf nach der Schule zu seinem Freund gehen. Seine Eltern erlauben Benno, nach der Schule zu seinem Freund zu gehen. **5.** Benno darf nicht bei seinem Freund übernachten. Seine Eltern erlauben Benno nicht, bei seinem Freund zu übernachten. **6.** Benno darf in den Ferien an einem einwöchigen Musikkurs teilnehmen. Seine Eltern erlauben Benno, in den Ferien an einem einwöchigen Musikkurs teilzunehmen.

Fragesätze als Nebensätze

S. 163 Ü 1 ■ **1.** wo die Unterlagen für die Besprechung sind. **2.** ob Frau Müller die Unterlagen kopiert hat. **3.** wann die Besprechung anfängt. **4.** ob Herr Klein die Präsentation vorbereitet hat. **5.** ob die Praktikantin die belegten Brötchen bestellt hat. **6.** ob es in der Kantine auch belegte Brötchen gibt. **7.** ob die Gäste schon angekommen sind. **8.** warum der Kopierer nicht geht. **9.** wo die Kaffeemaschine steht. **10.** in welchem Büro die Besprechung stattfindet.

S. 163 Ü 2 ■ *Ich möchte gerne wissen/Können Sie mir sagen,* **1.** wie viel eine Rundfahrt mit dem Bus kostet? **2.** wie lange ein Stadtspaziergang durch die Altstadt dauert? **3.** was das älteste Gebäude der Stadt ist? **4.** wo man Karten für die Oper kaufen kann? **5.** ob man mit öffentlichen Verkehrsmitteln zur Oper fahren kann? **6.** welche Museen am Sonntag geöffnet haben? **7.** ob es zurzeit besondere Ausstellungen gibt? **8.** in welchen Restaurants man gut und preiswert essen kann? **9.** ob man die Prospekte kostenlos mitnehmen darf?

S. 163 Ü 3 ■ **1.** ob ich allein zu Hause war. **2.** wann ich Frau Krüger zum letzten Mal gesehen habe. **3.** was für ein Mensch Frau Krüger ist. **4.** ob Frau Krüger mit jemandem Ärger hatte. **5.** wie mein Verhältnis zu Frau Krüger ist. **6.** ob Frau Krüger oft verreist ist. **7.** ob Frau Krüger oft Besuch hatte. **8.** ob mir sonst noch etwas Besonderes aufgefallen ist.

S. 164 Ü 4 ■ **Beispielsatz:** a **1.** c **2.** a **3.** b **4.** b **5.** a **6.** a **7.** b **8.** c

Relativsätze

S. 165 Ü 1 ■ **1.** f **2.** a **3.** d **4.** b **5.** c **6.** e

S. 166 Ü 2 ■ **1.** das Geschenk **2.** der Ball **3.** die Schauspielerin/der Schauspieler **4.** Neujahr **5.** der Lebenslauf **6.** das Lehrbuch **7.** die Nachbarn **8.** das Wetter

S. 166 Ü 3 ■ **1.** der uns gerade überholt hat? **2.** die ich gestern in den Kühlschrank gestellt habe? **3.** die ich auf den Kopierer gelegt habe? **4.** mit dem ich vor einer Stunde gesprochen habe? **5.** den Frau Müller mitgebracht hat? **6.** die die Personalabteilung gestern an alle geschickt hat?

S. 166 Ü 4 ■ **1.** Martha hat ein Kleid bekommen, das ihr nicht passt. **2.** Paul hat einen Papagei bekommen, der sprechen kann. **3.** Ina hat Stiefel bekommen, die viel zu hohe Absätze haben. **4.** Sarah hat eine Opernkarte bekommen, die sie in Geld umtauschen will. **5.** Onkel Ralf hat ein Buch über Gartenarbeit bekommen, in dem viele Informationen über Obstbäume stehen. **6.** Paul hat einen neuen Hometrainer bekommen, für den er gar keinen Platz mehr hat. **7.** Inka hat einen Fotoapparat bekommen, mit dem sie professionelle Fotos machen kann. **8.** Ella hat ein Smartphone bekommen, das eine sehr gute Kamera hat.

Quellenverzeichnis

Textquellen

S. 113,8: Inf. aus: Brigitte Vetter: Safe Cities Index: Das sind die sichersten Städte der Welt. reisereporter.de, 29.20.2022 [https://www.reisereporter.de/artikel/14189-safe-cities-index-2021-die-sichersten-staedte-der-welt], **S. 164, 4 (7):** Inf. aus: Umfrage in Deutschland zu den beliebtesten Getränken bis 2022. Statista, 19.07.2022 [https://de.statista.com/statistik/daten/studie/170892/umfrage/ranking-der-meistgekauften-konsumierten-getraenke/] **164,4 (8):** Inf. aus: Janet Schayan: Man spricht Deutsch. deutschland.de, 20.02.2018 [https:// www.deutschland.de/de/topic/kultur/deutsche-sprache-ueberraschende-zahlen-und-fakten]

Bildquellen

AdobeStock: **S. 20**/DanBu.Berlin, **S. 23**/Maksym Povozniuk, **S. 27**/ifeelstock, **S. 40**/pixfly, **S. 41**/Eagle2308, **S. 53**/JustLife, **S. 63**/golubovy, **S. 66**/DenisProduction.com, **S. 75**/JackF, **S. 84**/Krakenimages.com, **S. 92**/Svyatoslav Lypynskyy, **S. 99**/highwaystarz, **S. 107**/juniart, **S. 108**/BGStock72, **S. 109**/Piotr, **S. 113**/Henrique, **S. 123**/fottoo, **S. 126**/JFL Photography, **S. 134**/Africa Studio, **S. 138**/eyetronic, **S. 145**/Patrick S/peopleimages.com, **S. 146**/fizkes, **S. 156**/Markus Mainka, **S. 163**/Gestur, **S. 166**/juliasudnitskaya, **S. 167**/lenets_tan, **S. 171**/Wellnhofer Designs, **S. 173**/Christian Schwier

Zeichnungen: Jean-Marc Deltorn